論·健康佈道
Ministry of Healing

出版序、前言、目錄

出版序

　　耶穌一生的工作，醫病的時間比傳道的時間還多，祂每每趁著醫治的機會，將屬天的真理種植在人心中，這就是祂做工的本意，一面解除人們肉體的痛苦，一面供應人們在靈性上的需要。並且祂為了讓大家了解這道理，並說到「我給你們作了榜樣，叫你們照著我向你們所作的去作。」(約翰福音13：15)，就是期望我們能效學祂的榜樣，做一個醫治人的佈道士。

　　作者除了強調從耶穌身上學習醫藥佈道之外，並獨具慧眼指出醫藥佈道的特性，以及健康改良的價值和服務他人之精神的重要性。她清楚地說明一位現代的佈道士，其目的在於學習健康的生活方式，理解深層的屬靈真理；她並對所有處在病痛中的人們，指明大醫生耶穌基督才是她書中的焦點。

　　原著自1905年發行以來，雖歷經百年，但其精髓並沒有隨著時間和世界的改變而流失，從前舊世界的需求，同樣也是今日世界的需求。又因本書流淌出生命、希望、鼓勵、醫治的精彩話語，所以在美出版後，各國相繼翻譯出版，發行多種語言。

　　因此，秉持著推廣醫藥佈道的精神，我們重新出版了這本膾炙人口的古典書籍，同時我們也推薦您閱讀作者另一本影響當代最深遠的名著《論飲食》，此書奠定了歐美健康觀念的基礎，並在《國家地理雜誌》文章中所提到的美國加州羅馬林達市「長壽村」得到驗證。

期望藉由此書，讓大家能夠更了解耶穌當初傳講福音的方式，以及作者健康改革的概念和創舉，效法耶穌精神，成為服務眾人的佈道士，將福音廣傳。

時兆編輯部　謹誌

論・健康佈道
Ministry of Healing

前言

這世界現已病入膏肓，凡人類居住之地，無不飽受災難痛苦。每一雙伸出的手，都在求援。

然而造物主最初創造人類的目的，並不是要人類背負痛苦，或因疾病動彈不得，更不是要人類因疾病而體力衰微、無法得享高壽。有些疾病乃因上帝所制定、掌管生命的法則遭人公然違反所致。於是罪進入人心，人類失去對上帝——生命健康之源的依靠，接下來人類只好承受越界後帶來的苦果——疼痛、疾病、死亡。

了解身體的規律，使自己的生活習慣與身體運作之原則相符，是我們的首要義務。我們需要了解邁向真正幸福的這些諸多關鍵因素——快樂甜蜜的家庭、規律的生活型態、保持良好的人際關係。

疾病侵襲時，要與醫藥機構配合，並與大自然努力合作，可以使身體強健、恢復健康。此外，另一個更重要、也更為關鍵的問題，那就是我們和造物主之間的關係，祂賜給人類生命，就是為了使人能夠永保幸福，祂為我們做了一切準備，迄今祂仍依然關心人類的福祉。

本書作者懷愛倫女士，是一位在生活實務上有著豐富經驗、更有難得的洞察力和知識的女性。她能為男女老少、為人父母者，甚至一般民眾或專業人士，帶來廣大且豐盛的信息。這些信息關乎生命及其原則、健康與必備知識、疾病與治療方法、心靈上的疾病及其解決之道。

4

　　本書用詞簡明扼要、通俗易懂，對學習者有指導意義，能帶給沮喪之人希望、給予病人喜樂、給疲倦者安寧。數十年來，本書已在許多國家發行並不斷再版，成千上萬的人也因其中助人的信息得著益處，此書亦有十幾種不同主要語言的版本。

　　這部作品以生命可以活得更豐盛的方式，向我們展示了其實我們可以有著簡單、甜美的生活，並充滿了歡欣和喜樂·懷氏托管委員會小誠摯希望本書能幫助所有奉行「施比受更為有福」為主旨的服務機構，充分成就並實現其使命。

懷氏著作託管委員會

論・健康佈道
Ministry of Healing

第一篇・真實的醫藥佈道士

叫我傳福音給貧窮的人，
差遣我報告被擄的得釋放，
瞎眼的得看見，
叫那受壓制的得自由，
報告上帝悅納人的禧年。

第 1 章・我們的模範

「我在你們中間，如同服事人的。」

我們的主耶穌基督來到這個世界上，是作一個服務人群而不厭倦的僕人。祂來「代替我們的軟弱，擔當我們的疾病」（太8:17），以期輔助人類一切的需要。人們的重擔——疾病、悲哀、罪孽——祂來卸除。祂的使命就是使人類完全恢復原來的狀況。祂來是要將健康、和平、完美的品格，賜給世人。

到耶穌跟前來求助的人，各有不同的景況，各人的需要也隨之而異；然而凡來求助的人，沒有一個不是得了幫助後而去的。從耶穌那裏，有一條醫治之能的河，源源不絕地流著；人的身體、思想、靈性，就藉此而成為完全。

救主的工作是不拘地點，也不受時間限制的。祂的仁愛是沒有限制的。祂那教訓和醫治人的事業，是有如此大的範圍，甚至在巴勒斯坦全地也沒有這樣大的建築，可以容下到祂面前來的群眾。在加利利的青山之旁，在行人來往的大道之上，在海邊、在會堂裏，無論什麼地方，只要有病人到祂跟前，那裏就是祂的醫院。在各城各鎮，凡是祂所經過的地方，祂都按手在痛苦者的身上，醫治他們。如遇有心中願意接受祂福音的人，祂就將天父的慈愛應許他們，安慰他們。祂終日為一般來到祂面前的人服務，到晚上還要去看顧那些白天必須為一家生計勞碌的人。耶穌擔負了拯救人群的無限重擔。祂深知人類若不從本質和意志上根本改革，就必全數滅亡。這就是祂心靈上的重擔，其重量是無人能領略的。從幼年、青

年，一直到成年，祂總是隻身一人。然而凡來到祂面前的，就是身處天庭。祂一天天地遭受艱難和試煉，一天天地與罪惡相接觸，也一天天地看見罪惡在祂所要設法救援的人身上是有多大的勢力。只是祂並未失敗、灰心。

在一切事上，祂無不使自己的心意絕對服從自己的使命。祂在一切的事上都服從了父親的旨意，因此就榮耀了自己的一生。在祂幼年的時候，祂的母親有一次在拉比（猶太教師）的學校裏尋見了祂，對祂說：「我兒，為什麼向我們這樣行呢？」祂卻回答說：「為什麼找我呢？豈不知我應當以我父的事為念嗎？」（路2:48-49）從這個回答，我們就可知道祂一生工作的關鍵了。

祂的生活是一種時刻犧牲的生活。祂在這個世界上是無家可歸的；不過有幾個仁愛的朋友，款待祂如過路的旅客而已。祂為了我們的緣故來度一種最貧乏的生活，來往於困苦缺乏的人中，盡祂的職務，大施服務。祂往來於許多曾得祂幫助的人中，卻沒有人認識祂，也沒有人尊敬祂。

祂是時常忍耐、時常歡樂；一般困苦的人都奉祂為平安和生命的使者。祂明白男女老少個人的缺乏，就都召請他們說：「到我這裏來。」

耶穌一生的工作，醫病的時候要比傳道的時候多。祂所行的奇蹟，證明了祂說的話——祂來不是要毀滅，乃是要拯救。祂無論到什麼地方去，祂的仁慈的消息早已在祂未到之先傳開了。凡是祂所經過的地方，就有一般受祂恩慈的人，慶祝自己所得到的健康，並且試用他們新得到的能力。大隊的群眾就都圍著他們，要從他們的

口中聆聽主在他們身上所行的作為。許多人初次所聽見的聲音，就是祂的聲音；初次所講的，就是祂的名字；初次所看見的就是祂的面貌。他們怎會不愛耶穌，頌讚祂、榮耀祂呢？祂走過各城各鎮的時候，是像一條巨大有力的河流，向人類散布生命和福樂。

> 「西布倫地，拿弗他利地，就是沿海的路，約旦河外，外邦人的加利利地，那坐在黑暗裏的百姓看見了大光；坐在死蔭之地的人有光發現照著他們。」（太4:15-16）

救主又趁著每一次醫好人的機會，將神聖的真理種在人的心中。這原是祂做工的本意。祂之所以將地上的幸福賜給人，是因為祂要轉移人心的趨向，使之接受祂恩惠的福音。

耶穌也可以在猶太國的師傅中，占一個最高的地位；只是祂寧可將福音傳給貧苦的人。祂周遊遍地，使無論大街小巷的人，都可以聽見真理的道。在海邊、在山旁、在城裏的街道上、在會堂裏，都有祂的聲音在那裏講解《聖經》。祂也常常在聖殿的外院教訓人，以致外邦人也可以聆聽祂的講論。

耶穌的教訓與法利賽人和文士的講解《聖經》是絕對不同的，以致引起了大眾的注意。當時猶太的拉比專重遺傳，專重人類的理學和推論。他們常把人對於《聖經》所說所寫的話，代替了《聖經》本身。耶穌的教訓卻以上帝的道為主題，祂時常用「經上記著說」或是「經上說什麼呢？」或「你念的是怎樣呢？」這種口吻，去回應問道的人。每當有機會時，無論是對朋友或仇敵，祂都將真道告訴他們。祂宣傳福音的方法是很明白的，也是很有力量的。祂的言語足以在先知和先祖的教訓上，加上一層新的光輝，以致人們

對於《聖經》就能有新的領會。凡聽祂講論的人，以前從未見到上帝話中，是有這樣深切意義的。

像耶穌那樣的傳道上是從來未有的。祂是天上的王，卻能自己降卑，取了我們的形像，以期站在人的立場上，來應付人的需要。耶穌——立約的使者——將救恩的消息傳給天下萬民——自主的、為奴的、貧窮的、富貴的。祂那大醫師的聲名，傳遍了巴勒斯坦全地。一般身患疾病的人，都來守候在祂所要經過的路上，希望求祂的幫助。也有許多人切心要來聽祂講論，或者受祂按手為榮。這樣，光榮的王穿了人類卑賤的裝束，從這城走到那城，從這鎮到那鎮，隨地傳揚福音，醫治病人。

耶穌也參加每年的大節期，並對一般勤勤於外表儀節的民眾講述天上的事，將永生放在他們的眼目之中。祂把那智慧之庫中的財寶獻在眾人面前。祂所用的話是極淺近的，沒有什麼人會不懂或誤會。凡在悲哀或痛苦中的人民，祂都用一種特別的方法去幫助。凡是靈性生病的人，祂就以一種溫柔謙恭的慈愛，為之服務，使他們得著醫治、增添力量。

這位偉大的教師，祂利用民眾熟悉的事物，作為接近他們的途徑。祂所用以表揚真理的方法，足以使聽者的腦中留下一種永久神聖的印象和同情，使他們覺得祂所講的是和他們的福利觀念絕對相合的。祂的教訓是如此直接，祂的例證是如此的適當，祂的出言是如此的和婉而愉快，使得聽的人不由得心為之震動。祂對困乏的人說話之間所顯的誠懇和直率的態度，使祂的一字一句都成為聖了。

祂的一生真是何等忙碌啊！因為祂沒有一天不到困乏悲傷的貧

民家裏去，向意志頹廢的人加以鼓勵，對痛苦遭難的人施以慰藉。祂存著寬大仁愛的胸懷和慈悲體貼的心地，遊行各處，做這項救苦救難的工作。所到之處，祂總是帶給人幸福。

耶穌不但為貧苦的人服務，同時也設法與富人接觸。祂結識了一般富有財產學識的法利賽人、猶太的貴族、羅馬的官長；應他們的邀請，赴他們的筵席，與他們的志趣和職業相熟稔，以期贏得他們的心，而將那永久不滅的財寶顯示他們。

耶穌來到世上是要表現人若接受從上而來的能力，就可以度一種毫無污點的生活。祂用著始終不倦的忍耐和同情的憐助，去接濟人們的缺少。祂用仁慈的輕撫掃除人們精神上的疑雲和倉皇，把仇恨改為友愛，把疑慮化成信任。

祂若歡喜對什麼人說：「來跟從我！」聽見這話的人，就會起身跟從祂。世俗的迷戀都被打破了。人心的自大和貪欲，一聽見了耶穌的聲音也就消失了；那人就會得著解放，起來跟從救主。

弟兄的愛

耶穌對於人類的眼光是不分國界、宗族、階級，一視同仁的。當時猶太國的文士和法利賽人，要把天上的恩賜挾為本國的私益，而排除世上其餘的上帝一家之人。只是耶穌來打破每一堵隔閡的牆。祂來顯明祂的恩賜和慈愛是像宇宙間的空氣、陽光，和滋潤地土的雨露一樣漫無止境的。

耶穌以自己的一生，創設了一種沒有階級觀念的宗教；在這種宗教之內，無論是猶太人、外邦人、自由的、為奴的，都在上帝的

面前彼此平等，團結一體，情同手足。耶穌的行為是不受政策問題影響的。無論是鄰舍、陌生人、朋友、仇敵，祂都沒有什麼差別看待。祂的心裏只看見有一個人渴求著生命的水。

祂總不丟棄一個人為沒有價值的，卻是向每一個人的身心靈施行醫治。在無論哪一等人中，祂總是宣示一種適合時代和環境的教訓。人對他人所做的每一冷酷和侮辱的態度，只使祂更覺得人類是何等地需要人子的體貼。祂總是努力要激發那最粗暴最無望的人，叫他們生出希望，保證他們可以達到毫無斑點、毫無邪念的地步，叫以得到一種美善的品格，顯為上帝的兒女。

祂時常遇見一般已在撒但的桎梏之下流落而無力擺脫的人。對這種頹唐、病苦，和因試探而倒地的弱者，耶穌就要說出最溫和最慈憐的話；這種話恰是那可憐的人所需要而能明白的。祂又遇見許多正在與那靈性之敵相對肉搏的人。這種人祂就鼓勵他們堅持到底，保證他們必得勝利；因有上帝的天使在他們旁邊，要使他們得勝。

祂以同情的心地和懇摯的交際，表示祂也承認人類的尊貴，所以祂也去坐在稅吏的席上，受上賓的款待；那麼人就也會努力自愛，以求不負祂的信任。祂的話落在人們渴慕的心裏，具有賜生命和幸福的能力。人就受了新的感動；本來在社會上被棄的人，現在也有得到新生命的可能了。

耶穌雖是猶太人，亦毫不顧忌地與撒馬利亞人聯絡，置那些法利賽人的習俗於不顧。不管法利賽人的成見如何，祂都依然接受這等被鄙棄之人的款待。祂在撒馬利亞人的屋中與他們同睡，同桌

共食——與他們共分他們的手所預備的食物——在他們的街上教訓人，待他們以極真誠的友愛和禮貌。當祂用這人類的同情之話，把他們的心與自己拉攏之時，祂的神恩也就連猶太人所拒絕的拯救一同授給他們了。

個人之工

耶穌不錯過每一個傳揚救恩的機會。且聽祂對那撒馬利亞婦人所說奇妙的話。當時祂正坐在雅各井旁，恰巧有一個撒馬利亞婦人來打水。她聽見這位陌生旅客說：「請給我水喝」時就感到異常驚奇。祂固然是要得著涼爽一飲，卻也是要開一條路，以致可以把生命的水給她。當下婦人說：「祢既是猶太人，怎麼向我一個撒馬利亞婦人要水喝呢？原來猶太人和撒馬利亞人沒有來往。」耶穌回答說：「你若知道上帝的恩賜，和對你說『給我水喝』的是誰，你必早求祂，祂也必早給了你活水……凡喝這水（井裏的水）的，還要再渴；人若喝我所賜的水就永遠不渴；我所賜的水，要在他裏頭成為泉源，直湧到永生。」（約4:7-14）

耶穌對於這一個婦人表示何等的關心啊！祂所說的話是何等的誠懇而流利啊！那婦人聽了祂的話，就放下水瓶，到城裏去對她所認識的人說：「你們來看！有一個人將我素來所行的一切事都給我說出來了，莫非這就是基督嗎？」《聖經》又說：「那城裏有好些撒馬利亞人信了耶穌。」（約4:29, 39）至於這幾句話從那時直到現在所發生救人的影響，又有誰能計量呢？

無論在什麼地方，若有人情願從心裏接受真理，耶穌就情願指導他們。祂向他們顯示那位鑒察人心的天父，和祂所悅納的工作。

對於這種人祂就不用比喻，乃是要如同對井旁的撒馬利亞婦人一樣說：「和你說話的（我）就是祂。」

第 2 章 · 服務的日子

「世界從未有過像這樣的幾天，天庭居然挪到人間來了。」

在迦百農漁夫的家裏，彼得的岳母「害熱病甚重」。「就有人告訴耶穌」，「耶穌把她的手一摸，熱就退了」（路4:38；可1:30；太8:15），她就起來招待救主和祂的門徒。

這個消息一時之間就傳開了。耶穌行這個神蹟的時候恰是安息日，眾人因為懼怕拉比（猶太的教師），就不敢在日落以前來求耶穌醫治。安息日一過去了，城中的居民，就都從家裏、鋪子裏、街市中，向耶穌所在的小屋裏擠去。病人有的用床抬來，有的撐著拐杖，有的有朋友扶著的，都是搖搖擺擺、狼狽不堪地來到救主面前。

時間一分一秒地過去，他們絡繹不絕地來去；因為無人知道這位大醫師明天還在不在他們中間。迦百農城中從未見過這種景況。全城的空氣充滿了歡呼和解放的聲音。耶穌繼續不停地做祂的工作，直到每一個人的痛苦都得了解除。夜深了，眾人才散去，西門的家裏才恢復了安靜。這長而熱鬧的一天才算過去了，救主才得以安息。然而在全城酣睡之際，救主卻又在「天未亮的時候，……起來，到曠野地方去，在那裏禱告。」（可1:35）

到了清晨，彼得和他的同伴來見耶穌，對祂說，迦百農的民眾已在找祂了。但是他們希奇地聽耶穌說：「我也必須在別城傳上帝國的福音，因我奉差原是為此。」（路4:43）

18在迦百農全城歡騰之際，人們對於耶穌工作的本意恐怕要有忘

卻的危險。耶穌不願人注意祂是一個專行奇事，或者只是一個醫治肉體疾病的醫師。祂要設法叫人來歸向祂，把祂當救主。民眾雖很急切地以祂為一位王，要在地上立國，祂卻要把他們的心思轉過來，從世俗的事移到屬靈的方面。因為祂的工作若只有世俗的成功，就必受著阻礙了。

這一般人的希奇，反引起了耶穌精神上的不安。祂的一生，一點也沒有顯耀自己的心思攙雜在內。世人對於地位財產和才幹所能給予的榮譽與人子是不相干的。人類所用無論什麼求尊榮和權勢的方法，耶穌都不用的。祂還沒有降生幾百年前，預言中論到祂早已有話說：「祂不喧嚷，不揚聲，也不使街上聽見祂的聲音。壓傷的蘆葦，祂不折斷；將殘的燈火，祂不吹滅。祂憑真實將公理傳開。」（賽42:2-3）

法利賽人用嚴格的儀式和外表的禮拜與善事，來求自己的尊榮。他們用長篇大論的談話，來表明自己對於宗教的熱心。他們的辯論，又響亮、又長久，人在路上常可以看見一般有學問的律法師彼此因意見的不合，在那裏怒目吼聲地爭執著。

可是耶穌的生活卻完全不是這樣的。祂的一生並沒有顯出什麼放聲的辯論，並沒有顯出什麼專重虛浮的禮拜，更沒有顯出什麼求人稱讚的舉動。耶穌隱藏在上帝裏面，上帝也在祂兒子的品格上面顯出來了。這一種啟示，就是耶穌所要引導人民的心思明白的。

那公義的日頭並沒有用強烈的榮光突然照射世界，使人頭昏目眩。《聖經》指著耶穌說：「祂出現確如晨光。」（何6:3）破曉的清光是很和緩很平靜地漸臨大地，把黑暗驅散，使世界轉醒。那公義

的日頭也何嘗不是這樣地上升，「其光線有醫治之能。」（瑪4:2）

「看哪！我的僕人，我所扶持、所揀選、心裏所喜悅的。」（賽42:1）

「你就作貧窮人的保障，作困乏人急難中的保障，作躲暴風之處，作避炎熱的陰涼。」（賽25:4）

「創造諸天，鋪張穹蒼，將地和地所出的一併鋪開，賜氣息給地上的眾人，又賜靈性給行在其上之人的上帝耶和華，祂如此說：我耶和華憑公義召你，必攙扶你的手，保守你，使你作眾民的中保，作外邦人的光，開瞎子的眼，領被囚的出牢獄，領坐黑暗的出監牢。」（賽42:5-7）

「我要引瞎子行不認識的道，領他們走不知道的路；在他們面前使黑暗變為光明，使彎曲變為平直。這些事我都要行，並不離棄他們。」（賽42:16）

「航海的和海中所有的，海島和其上的居民，都當向耶和華唱新歌，從地極讚美祂！曠野和其中的城邑，並基達人居住的村莊都當揚聲；西拉的居民當歡呼，在山頂上吶喊！他們當將榮耀歸給耶和華，在海島中傳揚祂的頌讚。」（賽42:10-12）

「諸天哪，應當歌唱！因為耶和華做成這事。地的深處啊，應當歡呼！眾山應當發聲歌唱，樹林和其中所有的樹都當如此。因為耶和華救贖了雅各，並要因以色列榮耀自己。」（賽44:23）

祂顯出榮耀，門徒就信祂

施洗約翰坐在希律的監獄中，守候著，觀察著救主的工作，他不禁失望、懷疑起來了，就差兩個門徒傳話給耶穌道：「那將要來的是祢嗎？還是我們等候別人呢？」（太11:3）

救主並沒有立時答覆他們的問題。他們正愕然站著的時候，一般困苦的人都在向耶穌跟前走來。那位大醫師的聲音開通了聾子的耳朵。祂的一句話和祂的手一摸，開了瞎子的眼睛，瞎子就看見了日光，看見了自然界的景色、親友的面貌，也看見了那位拯救者的實容。主的聲音，達於垂死者的耳中，他們就起來恢復了原有的健康和強壯。麻痺的瘋子，服從祂的吩咐，他們的瘋狂消失了，就俯伏拜祂。還有一般被「拉比」所唾棄為「污穢」的苦工和農民，也都來圍著祂，祂就把永生的話告訴他們。

一天是這樣地過去，約翰的門徒看見這一切，也聽見了這一切。末後耶穌就召他們來，叫他們把所見所聞的事去告訴約翰，並且說：「凡不因我跌倒的就有福了。」（太11:6）兩個門徒就照樣去說，這已經夠了。

約翰記起預言中論起彌賽亞道：「耶和華用膏膏我，叫我傳好信息給謙卑的人，差遣我醫好傷心的人，報告被擄的得釋放，被囚的出監牢；報告耶和華的恩年⋯⋯安慰一切悲哀的人。」（賽61:1-2）拿撒勒的耶穌就是應許要來的那位。從祂對於貧苦病困之人的服務，就可以確實證明祂是從上帝而來的了。祂的榮耀已在祂降格遷就來處於我們同等的地步上彰顯出來了。

耶穌的作為不但表示祂是彌賽亞，也足以使人知道祂的國度是要怎樣成立的。祂使約翰得到的教訓，與從前使以利亞在曠野中看見的事，沒有什麼兩樣。「那時，耶和華從那裏經過，在祂面前有烈風大作，崩山碎石，耶和華卻不在風中；風後地震，耶和華卻不在其中；地震後有火，耶和華也不在火中。」（王上19:11-12）火過了以後，上帝就用微細的聲音對先知說話。耶穌的工作也未嘗不是這樣的。祂來並不推翻王位、改江山，祂不用耀武揚威的外表來吸引人；卻以自己一生的犧牲和慈愛向人的心說話。

上帝的國度不是因外表的招搖而來的，乃是藉著祂的道在人的心中所發生的和緩的感應，藉著祂的靈在人內心所起的作用，就是使人的靈性與上帝相通。上帝就是天國的中心，天國能力最大的彰顯是在乎人的品性化成耶穌完善的品格。

凡跟從耶穌的人，須做世上的光；可是上帝並不吩咐他們盡力自己發光。祂不讚許人用什麼存著滿足個人欲望的觀念去彰顯自身的好處。祂要人的性靈整個被天上的規律所浸沾，那麼他們與世人接觸時就能夠把他們內心裏的光發射出來了。他們堅實的忠誠，在生活的一切舉動上，都足以發出光輝。

財產、高位、貴重的設備、建築、器具，以及種種討人稱讚專謀虛榮的事業，都不是上帝工作進行方面的必需品。世俗的榮耀，無論如何威武，在上帝的眼中都是無價值的。上帝看那永遠和看不見的事，要比一切看得見和暫時的事可貴得多。不過暫時和看得見的事，如果是足以表顯那永久和看不見的事，那才可算是可貴的。世上最精選的美術品也不足與那品格的美——聖靈在人心中做工的

結果——所能相比擬的。

上帝將祂的兒子賜給我們的世界之時，就是將那永不消滅的寶物賜給人類。自有天地以來，人的一切財寶若與這個寶物相較，就不值一文了。耶穌來到這個世界上，滿帶著永遠的愛，站在人們面前，這就是我們藉著與耶穌聯絡所要接受、顯示，並要轉給別人的寶物。

人在上帝工作上的效率，要看他的熱忱和犧牲的精神到何等程度為準則——看他如何彰顯耶穌恩惠改化人生的能力為規格。我們須與世俗分別，因為上帝已把祂的印記放在我們身上，因為祂在我們身上顯出祂自己愛的品格。我們的救贖者用祂自己的義遮蓋我們。

上帝揀選男女為祂辦事的時候，並不顧慮他們有否世俗的財產、世俗的學識、世俗的口才。祂所問的就是：「他們是否走在謙虛的路上，好讓我可以把我的道教導他們呢？我能否把我的話放在他們口中呢？他們能代表我嗎？」

人心的殿能接受上帝的靈有多少，那麼上帝所能使用的也就有多少。上帝所悅納的工作就是反照祂形像的工作，祂的跟從者須持有祂那永存原則之不能抹去的特性，以之作為他們在世人面前的印信。

「祂必用膀臂聚集羊羔，抱在懷中。」

耶穌在城中的街道上服務人的時候，一群母親就抱著她們患病和垂死的孩子，在人群中擁擁擠擠地挨到耶穌面前，要得祂的醫治。

看哪！這些母親神態疲倦，面色蒼白，似乎將要失望了，卻仍是很堅決很耐心地等著。她們擔著那勞苦的重擔，來尋求救主。她們被潮水似的群眾擠到後面去的時候，耶穌卻一步一步地向她們走去，一直走到她們旁邊。於是她們心中的希望便油然而生。她們一看見耶穌在注意她們，並且看見祂眼中顯出如此的慈愛和憐憫，就快活得掉下淚來了。

救主從這許多婦人中揀出一位來，給她一個機會道：「要我為你作什麼？」她就嗚嗚咽咽地說出自己最大的缺少道：「主呀，求祢醫好我的孩子。」耶穌把孩子從她手中接過來；孩子身上的疾病，一經耶穌的手接觸，就消失了。蒼白的死色也消除了；孩子的血管中立刻有發出生命的潮流流著；滿身的筋肉就得了力量。耶穌又對那位母親說些和平安慰的話，以後就有別人同她一樣急切地走上前來，求耶穌幫助。耶穌照樣又使出祂賜生命的神力，於是大家就頌讚那位行奇事的耶穌基督。

我們常講起耶穌一生的偉大，和祂所行的神蹟。可是祂對於小事的注意，卻是更足以證明祂的偉大。

當時猶太人常歡喜把小孩子領到拉比那裏，請祂按手祝福他們；但是門徒以為救主的工作太重要了，不可受這種事情的纏擾。一般母親來想求祂祝福她們的孩子時，門徒就向她們顯出很不歡喜的神氣。他們以為這些孩子太幼稚了，不該享受與耶穌見面的利益，所以就想耶穌不樂意見他們。可是救主明白一般母親的心懷，是要照著上帝的話教養自己的子女。祂已經聽見了她們的祈禱。祂自己也吸引她們來到祂的面前。

有一個母親帶著她的孩子離家找耶穌。在路上她碰見了一個鄰舍，就把自己的事告訴了她。那位鄰舍也希望耶穌祝福她的孩子，這麼一來，就有幾個母親帶著自己的孩子聚在一起了。有的孩子已經過了幼年或少年的時代，長成青年了。當那些母親說出自己的心願時，耶穌也聽見了她們吞吐畏縮的要求，並且很同情於她們，只是祂等著要看門徒怎樣對待她們。後來祂看見門徒責備她們，祂就指點他們的錯誤說：「讓小孩子到我這裏來，不要禁止他們；因為在上帝國的，正是這樣的人。」（可10:14）祂把孩子們抱在懷裏，按手在他們頭上，照著他們的母親所要求的祝福了他們。

　　母親們都得了安慰，回到家裏，從耶穌的話中受了莫大的鼓勵，得了新的愉快，就負著自己的責任，滿有希望地努力去教導自己的兒女了。

　　假使我們可以看見這一小群人以後的生活，我們就會看見這些母親怎樣時常叫他們的兒女回憶那天的景象，又對他們重述救主的慈聲恩言。我們也可以看見後來這些孩子長大起來，因怎樣想念救主的幾句話而免於離棄那條為主的被贖者而設的道路。

　　今天的耶穌基督，與從前走在人間的耶穌，同為仁慈的救主。祂從前怎樣在猶太地方把孩童聚在懷中，現在也怎樣毫不改變地是一切慈母的助手。我們家中的孩童，與從前歷代的孩童，同是祂寶血的代價。

　　耶穌知道每一個母親心中的擔負。祂自己既有一個在饑寒和患難之中掙扎的母親，因此祂能同情每一位勞苦的母親。祂在世的時候既走了很長的路去寬慰一個迦南婦人焦急的心，當然祂也肯照樣為今日

的母親效勞。祂既在拿因城中使寡婦的獨生子復活，並在十字架上受苦時，還記得自己的母親，當然祂對於現今作母親者的煩悶，也是表同情的。人們一切悲哀，一切缺少，祂都必安慰，都必幫助。

凡心中帶著煩惱和困苦的母親，都可以來就近耶穌，就必從祂那裏找到恩惠，足可以幫助她們管理自己的兒童。那門是敞開著，為每一位願把自己的重擔卸在救主腳前的母親，祂曾說：「讓小孩子到我這裏來，不要禁止他們。」（可10:14）現在祂仍在邀請做母親的人，把孩子帶來受祂的祝福。

在一般到祂面前來的孩童之中，耶穌看見將來要做後嗣，承受祂恩惠，成為祂國中之百姓的男女。祂也看到其中有幾個人日後還要為祂殉身捨命。祂知道這些兒童聽從祂的道，接受祂為救贖主，要比一般成人——大都是充滿了世俗的聰明，心腸剛硬的——爽快得多了。在教導兒童時，祂便把自己的身分和性格，降低到他們同樣的地位。祂——天上的主宰——回答孩童的問題，並把祂的重要教訓，化為簡明，以求適合他們幼稚的悟性。祂把那真理的種子，種在他們的心中，日後就會發芽生長，結果直到永生。

耶穌對門徒說，不要禁止孩童到祂面前，這話同時也是對各世代祂的信徒——教會的職員、牧師、幫助做工的、一切基督徒——說的。耶穌現今也在召引孩童，祂也叫我們「讓小孩子到我這裏來；」這就是說，如果你們不加攔阻，他們就會來的。

諸位，不要讓你們那不是基督徒的行為誤表耶穌。不要因你們冷酷的態度，使小孩遠離上帝。總不要使孩童覺得如果你們也在天國，那麼天國對他們便不是一個美好的地方了。不要說宗教是兒童

所不能明白的事，也不要在你們的動作上給兒童一種暗示，使他們覺得人在孩童時期不必接受基督。不要使他們得到謬誤的印象，以為耶穌的宗教是黯淡的，以為人必須丟盡一切使生命快樂的事物，才可來親近救主。

當聖靈在那裏感化兒童的心之時，你們要與聖靈合作。告訴他們說救主是在呼召他們，使他們知道，在童年天真之時把身心獻給救主，必使救主感到無可比喻的快樂。

救主以無窮的慈愛，對待祂以自己寶血買來的人。他們既受了祂的愛，便是屬乎祂的了。祂以說不出的戀慕望著他們。祂的心懷是敞開的，不但是對那受極好訓練最討人喜歡的兒童敞開，卻也對一般因遺傳的關係或教養方面的忽略、而在品格上有可惡的習慣的孩子敞開著。有許多作父母的人，並不知道自己對於兒女的不良習慣負有多大的責任。他們既養成兒女作惡的習慣，卻又沒有那種慈愛和智慧去改正他們。但耶穌卻以憐憫的心對待這種兒童，因祂深知兒童習慣之養成的原因。

為耶穌做工的基督徒，可在吸引這種行走錯路的兒童歸向救主的事上作耶穌的使者。藉著智慧和機警的方法，就可使他們的心與自己的心相融洽，給他們勇氣和希望，並且可以藉著耶穌的恩惠，見他們改革了品格，以致「在上帝國裏的正是這樣的人」這句話，可以在他們身上實現。

五個麥餅兩條魚，餵飽了五千人

耶穌在海邊講道，眾人整天緊緊地跟著祂和眾門徒，祂恩慈的

話，是如此簡純，如此清楚，以致他們的心靈上有如得了基列的乳香一樣。耶穌神妙的手，已使病者恢復健康，使將死的人重得生命。這一天對於眾人，正如天堂降在地上一般，以致他們也忘了已有多長時間沒有進食了。

太陽漸漸地西沉，眾人還留戀著不肯離去。最後門徒到耶穌面前來，請祂為眾人自身的緣故，打發他們回去。有許多人是從很遠的地方來的，從早晨到現在還沒有吃過什麼東西。或者他們在附近的市鎮上可以得到食物。但是耶穌說：「你們給他們吃吧！」（太14:16）又轉過來問腓力說：「我們從哪裏買餅叫這些人吃呢？」（約6:5）

腓力舉目觀看這人山人海的情形，就覺得為這許多人預備食物，真是一件辦不到的事，於是他便回答耶穌說，就是二十兩銀子（約折合現在美金34元）的餅，叫他們各人吃一點，也是不夠的。

耶穌問在他們中間可以找到多少食物。安得烈答道：「在這裏有一個孩童，帶著五個大麥餅、兩條魚，只是分給這許多人，還算什麼呢？」（約6:9）耶穌吩咐把所有的拿來給祂，又叫門徒使眾人在草地上坐下，於是祂就拿起食物，「望著天祝福，擘開餅，遞給門徒，門徒又遞給眾人。他們都吃，並且吃飽了，把剩下的零碎收拾起來，裝滿了十二個籃子。」（太14:19-20）

耶穌使這許多人吃飽，是行了一種神力的奇事，然而祂所給他們吃的東西，是何等的平淡呀——不過麥餅和魚，是加利利漁夫日常的食物。

耶穌未嘗不可以使眾人享受一種很豐盛的筵席，只是僅為饜足食欲而備的食物，便不能使他們得到有益的教訓。耶穌要從這神蹟上面使眾人得到樸實的教訓，如果現在的人都能有一種樸素的習性，像當初亞當和夏娃那樣依著天然的定律過日子，那麼人類需要的供應，必可富足有餘了。可惜人因為存心自私，放縱食欲，以致過分的過分，不足的不足，惹出許多罪惡和困苦。

耶穌並不想用滿足個人奢侈之欲望的手段，來吸引民眾歸向袖。這一大群的人民，在這長長興奮的一日之後，已是疲倦飢餓。耶穌給他們這淡薄的一餐，足以證明袖的權能，和袖對於他們平日生活需要的關心。救主並沒有應許凡跟從袖的人可以得著世上的奢華；他們的生活也許常為饑寒所迫，十分困難；可是主曾應許必為他們預備日用的飲食和生活方面之必需品，而且袖又應許比世上一切事物更寶貴的東西，就是袖要住在他們裏面，成為他們永久的安慰。

眾人吃飽以後，還有許多剩下的食物，耶穌吩咐門徒說：「把剩下的零碎收拾起來，免得有糟蹋的。」（約6:12）這兩句話的意思，不單是叫門徒把零碎的食物收拾在籃裏，卻也含有雙關的教訓，就是說不可糟蹋東西。我們對於暫時的利益，不可放棄。凡足以使一個人得益處的事，我們不可忽視。凡足以使世上饑渴之人得著飽足的事物，都應該收拾起來。我們對於從天上來足以使人靈性得飽足的糧食，也必須照樣珍惜。我們要靠著上帝的每一句話而生活。上帝所說的話，沒有一句是可以失落的。凡是與我們永遠得救的問題有關的話，無一句是我們可以忽略的，沒有一句話是應該落在地上無用的。

這件麥餅的神蹟，教訓我們依靠上帝。耶穌使五千人吃飽之時，並沒有什麼現成的食物。表面上祂沒有什麼方法可用。地方是荒野，人數倒有五千，婦人和孩子還不算。耶穌並未請他們跟來，乃是他們自己因極願見耶穌的面，才自動自願地跟著來的；但是耶穌知道他們聽了祂一天的教訓，一定是飢餓疲乏了。他們離家很遠，夜色已漸籠罩大地。其中還有許多人，也無錢買食物。那位為了眾人的緣故在曠野禁食四十天的主，卻不忍眾人餓著肚子回家。

耶穌所處的境地，是上帝的旨意使然；祂就依靠祂的天父，去接濟這個需要。我們在危難的時候，也該依靠上帝。在一切急難之中，我們都應該尋求耶和華的救濟；祂的接濟是源源不絕的。

耶穌在這一件神蹟中所行的事，是從父那裏得來的；祂把所有的分給門徒，門徒又分給眾人，眾人又彼此分享。所以凡與耶穌聯合的人，必從祂手中接受生命的糧食，也要分給別人，耶穌的門徒是世人與耶穌間交通的指定工具。

門徒聽見了救主的吩咐說：「你們分給他們吃。」種種的難題，就在他們腦海中出現了。他們問：「我們要到附近村莊去買食物嗎？」但是耶穌卻這樣說：「你們給他們吃吧！」門徒把一切所有都拿來交給耶穌，可是耶穌並不叫他們自己吃，卻叫他們給眾人吃。食物在耶穌手中一倍一倍地增多，門徒把手伸到耶穌面前，總沒有空空收回的。這一點點的儲糧，已夠眾人之需了。等到眾人都吃飽了以後，門徒才得與耶穌同吃那天上賜的寶糧。

我們見了一般貧苦、愚陋、和遭難之人的缺少，心中常是多麼難過，要自問道：「我們這一點微弱的力量和有限的資財，怎能供

應這極大的需要呢？我們還是等著，讓才幹大些的人或者團體來擔任這件事吧。」但是耶穌說：「你們給他們吃。」你們應將所有的錢財、光陰、和才能，使用出來──把你們的麥餅交給耶穌。

你們所有的，也許不夠使幾千人飽足，但總可以使一個人吃飽。這一個人的糧食到了耶穌手裏，就可以供給許多人了。要像門徒一樣，把你們所有的拿出來，耶穌就必使你們所有的加倍起來。凡誠心實意依靠祂的人，祂必酬報他們。在表面上看去似乎是一點菲薄的食物，卻要成為極豐盛的筵席。

「少種的少收，多種的多收⋯⋯上帝能將各樣的恩惠多多加給你們，使你們凡事常常充足，能多行各樣善事。如經上所記：祂施捨錢財，賙濟貧窮，祂的仁義存到永遠。那賜種給撒種的，賜糧給人吃的，必多多加給你們種地的種子，又增添你們仁義的果子，叫你們凡事富足，可以多多施捨。」（林後9:6-11）

第3章・上帝和自然界相連接

在碧綠的幽谷、叢林、山麓，耶穌與祂在天上的父交往。

　　救主在世上的生活，是一種與上帝和自然界相連接的生活。祂在這種連接之中，就向我們展顯了有能力之生活的祕訣。

　　耶穌是個熱心服務，操勞不倦的工人。在人類之中從未有什麼人擔負過像祂那樣重大的責任。從未有什麼人為世上的罪惡和憂愁，擔過像祂那樣沉重的擔子。從未有什麼人心中火熱，像祂那樣為求人類的幸福而勞力，但是祂的一生卻還是個健康的人。無論在肉體或心靈方面，祂都是印證著那只被殺獻祭的羔羊，是「無瑕疵、無玷污的」（彼前1:19）。祂的肉身和心靈雙方都是一種例子，足以表示在上帝的旨意之中，人服從了祂的律法所應該達到的地步。

　　眾人在耶穌的臉上，可以看出一種神聖的慈憐和自覺的能力相調和的神態。祂的全身似乎是被一種屬靈生活的空氣包圍的。祂的態度是柔和謙恭，但是同時卻也有一種雖不顯露卻不能完全隱藏的威嚴，足以感化眾人。

　　耶穌在世傳道的時候，常有一群假冒為善的奸人與祂尋仇，要謀害祂的性命。祂的一舉一動都有奸細從旁窺伺，要從祂的口中找尋把柄。當時國內最靈敏、最有教育的人，都在設計如何在與祂辯論的事上將祂打倒。但是他們到底無隙可乘，在陷害耶穌的計畫上常遭失敗，在這位卑微的加利利教師面前常蒙羞辱。耶穌的教訓之中含有一種人所從未知道的生氣和能力。就是祂的敵人也只好承認

說：「從來沒有像祂這樣說話的。」（約7:46）

耶穌的童年，雖處窮困之中，卻未受惡時代風俗的腐化。祂雖在木匠鋪中做工擔負著家庭生計的重任，卻常在學習順從和勤勞之餘，到自然界的景物之中去休息，從研究宇宙間的奧祕方面增長知識。祂切心研究上帝的道。祂最快樂的時候，便是放下工作到田野裏去，在幽靜的山谷中默想，在山邊或樹林之中與上帝來往。祂常在清晨之時，往隱密的地方沉思凝想，查考《聖經》，或向天父祈求。祂用歌聲歡迎晨光。祂用感謝的歡唱提振工作時間快樂的精神，並把天上的快樂帶給一切疲乏頹唐的人。

耶穌在世做工的時候，祂的生活大部分是在戶外，祂從這地到那地，都是步行的。祂的教訓也大都是在野外宣講。在訓練門徒的時候，耶穌往往從擾嚷的城中把他們帶到安靜的田間，因為這幽靜的環境，與祂所要教訓他們的儉樸、篤信、克己的道理比較適合一些。耶穌離加利利海不遠的山邊樹林選召了十二個門徒，祂的「山邊寶訓」也是在那裏講的。

耶穌歡喜把民眾聚在野外空曠的地方，或樹木青蔥的山旁，或湖光飄渺的岸上。這樣使他們置身在祂自己所創造的一切之中，祂就可以把他們的思想，從為人的事上移注到天然的事上了。在自然界的生長和發育方面，就足以顯示天國的原理。如果人能睜開眼睛觀察山嶺，和上帝奇妙的作為，他們就可以學習神聖真理之中的寶訓。到將來的日子，這位神聖教師的教訓，將要藉著天然的事物向他們重述，使他們的思想得以提高，使他們的心得著安息。

與耶穌一同做工的門徒，耶穌常給他們一點時間，以便他們可

以回家去休息，但是門徒卻不能使耶穌離開祂的工作。祂終日為一般聚集在祂面前的人服務，在晚上或清早，祂就到山上清幽聖潔的地方與祂的父相晤。

有很多時候，祂與仇敵和當時拉比們的假教訓抗爭到一個精疲力乏的地步，以致祂的母親和弟兄，以及祂的門徒，都以為祂的生命恐怕要從此犧牲了。然而到祂一天勞碌完畢，去祈禱回來後，他們卻看見祂臉上顯出平安的神態，祂的全身都顯示活潑有力的樣子。每天早晨祂是這樣先與上帝親近了一會兒就出來，將天上的亮光傳揚人間。

安靜的時間

門徒剛從他們第一次傳道的旅行回來，耶穌就叫他們到曠野地方去歇一歇。那時正值他們因傳福音得了勝利興高采烈的時候，忽然施洗約翰被希律王殺死的消息傳來，這真是一件極其痛心的事。耶穌知道祂之讓施洗約翰死在監裏，足已使門徒在信心方面受了極重的試煉。祂見他們淚痕滿面的樣子，就動了仁慈之心，便對他們說：「你們來，同我暗暗地到曠野地方去歇一歇。」（可6:31）那時耶穌的聲音和眼睛還含著眼淚呢！

在加利利海的北邊靠近伯賽大，有處很幽靜的地方。那時正值春天，樹木長得青蔥可愛，正可作為耶穌和祂門徒的一個退身之處。當下他們就乘著小船動身渡湖到了那裏，他們便可以與那喧嚷的群眾隔離，得著休息。門徒在此也可聽耶穌談話，不受法利賽人譏駁和非難的纏擾。他們希望在這地方享受一些與主融洽的樂趣。

耶穌與祂所愛的門徒相聚一起，只有一點點的時間，可是這一點點的時間對於他們是何等的寶貴呀！他們彼此談論福音的工作，和使他們的工作更有效力更加足以動人的方法。耶穌把真理的寶庫向他們開著，他們就得了神力的鼓動，滿心感受了希望和勇氣。

但是不多一刻，眾人又來尋找耶穌了。眾人想祂大概又是到慣常休息的地方去，所以便都跟著來了。耶穌希望得一點工夫的休息，也不能如願。但是這位好牧人的純潔仁慈的心裏對於這班坐立不寧渴慕真理的人，只有仁愛和慈憐。祂終日為他們的需要服務，到晚上就打發他們回家休息。

這位專為別人謀利益而生存的救主，也覺得有時必須放下祂那無窮無盡的工作，和供應的服務，去求休息，並接續與祂的父親近。那些圍住祂的群眾散去之後，祂就到山裏去，在那裏獨自與上帝同在，全心切意地為那些困苦貧乏有罪的人祈求。

耶穌雖對門徒說，莊稼多，工人少，卻未叫他們一定要一刻不停地去操勞，乃叫他們「當求莊稼的主，打發工人出去收祂的莊稼。」（太9:38）祂對現今勞苦疲乏的工人，也像對祂最初的門徒一樣，用極仁慈的話說：「你們來同我暗暗地……去歇一歇。」

凡受著上帝的訓練之人，也都少不了這種安靜的時間，與自己的心、與上帝、與自然界相來往。他們須表現一種與世界及其風俗和習慣不同的生活；在追求明白上帝的旨意方面，他們也須有一種個人的經驗。我們須聽見上帝對我們個人的心說話。我們若制止了一切別的聲音，肅靜地守候在祂面前，那麼我們心靈的安靜，就可以使上帝的聲音更加清晰了。祂吩咐我們說：「你們要休息，要知

道我是上帝！」（詩46:10）這是與上帝連結最有效的預備方法。在急忙的人群之中，在人生萬般緊張的擾嚷和動作之中，凡有這種休養的人，就必有一種光明和平的空氣圍繞他。他的心靈和肉體雙方都必收受一種新的力量。他的人生必發出一種馨香之氣，並能顯示一種神聖的能力，足以深入人們的內心。

第 4 章・信心的撫摸
信心是那伸入廣漠無垠的手臂。

「我只摸祂的衣裳，就必痊癒。」（太9:21）說這句話的人是一個可憐的婦人。她與病魔奮鬥已有十二年了，以致生活上感受很大的痛苦。她所有的財產，也因請醫買藥而用盡了；然而她所得的結果，不過是「無法診治」而已。但當她聽見了那位「大醫師」的時候，她的希望又重新振作起來了。她想：「只要我能走近和他談話，我就得痊癒了。」

那時耶穌正應了管會堂人睚魯的請求，到他家裏去醫治他的女兒。睚魯誠摯地呼求說：「我的小女兒快要死了，求祢去按手在她身上，使她痊癒，得以活了。」（可5:23）這句話已感動了耶穌慈悲的心腸，所以祂立刻就與睚魯同去。

他們進行很慢，因為有許多人跟隨左右，甚為擁擠。救主在人群中行走的時候，來到了那病婦所站的地方。她已經再三試著要接近救主，但總被別人擠到後面。現在她的機會到了。她無法與祂談話，也不願阻礙祂那緩慢的行進。但是她曾聽見痊癒是因撫摸祂的衣裳而來的；深恐失去了唯一的機會，所以便急急趕上一步，心裏說：「我只摸祂的衣裳，就必痊癒。」

耶穌明白她腦中一切的思想，所以便向她那邊走去。祂覺得她那極大的需要，也願意幫助她去表現信心。

正當祂經過時，她便走向前來，只輕輕地把耶穌的衣裳摸了一

下。那時她便曉得她已被治癒。她一生的信心，都放在那一摸上了，於是她的痛苦與軟弱，立時全都消滅。她立刻感覺好像電流經過身體似的，覺得身體已經健康了。「她便覺得身上的災病好了。」（可5:29）

這感恩的婦人，願意向那位大能的醫治者表示謝意；她在這一摸所生的功效，比十二年來許多醫師所施行的診治，已經大得多了；但是她不敢前來。她存了感謝的心，正想離開群眾。忽然耶穌止步，往周圍觀看而問道：「摸我的是誰？」

彼得很奇怪地望著耶穌道：「夫子，眾人擁擁擠擠緊靠著祢，祢還問摸我的是誰嗎？」（路8:45）

耶穌說：「總有人摸我，因我覺得有能力從我身上出去。」（路8:46）祂能從群眾不輕意的觸摸中，分別出信心的撫摸。一定有人具了深遠的目的前來摸祂，並且也得著答覆了。

耶穌並非是為求自己曉得起見，才發出這個問題。祂要藉此教訓民眾，與祂的門徒和這婦人。祂要以希望來感悟那些痛苦的人。祂要表明那治癒的力量乃是由信心而來的。這婦人的信心，絕不能就此過去而不受嘉獎的。上帝必藉她那感謝的承認而被榮耀。耶穌要這婦人明白祂讚許她信心的行為。祂不願意她得著一半祝福就離去，也不願她不曉得祂是領會她的痛苦，並富有愛心而讚許她這樣的行為——就是相信凡來就近祂的人，祂都能拯救到底。

耶穌望著那婦人，堅持要知道誰摸過祂。她曉得藏也無用，於是戰戰兢兢地走到前面，跪在主的腳前。她一面流著感謝的眼淚，

一面在眾人面前說明她為何要摸祂的衣裳，以及怎樣立時得以痊癒。她恐怕摸衣服是一樁無禮的行為，但是耶穌沒有發出一個責備的字眼。祂所說的都是讚許她的話，是從一個富有慈悲與充滿同情的心中而出的。祂很溫柔地說：「女兒，妳的信救了妳；平平安安的去吧。」（路8:48）這幾句話在她是多麼愉快啊！現在她不用因懼怕得罪耶穌而不敢盡情地快樂一番了。

那些因好奇而緊緊擠在耶穌身旁的民眾，並沒有得到偉大的力量。但那有信心而摸祂衣裳的病婦，卻得了醫治。所以凡在屬靈的事上，不經意的接觸與有信心的接觸，二者是有區別的。單信耶穌基督是世界的救主，永遠不能使靈性得以痊癒。得救的信心，不單是承認福音的真理就完了。真實的信心，乃是認耶穌基督為個人的救主。上帝將祂的獨生子賜給世人，叫我因信祂而「不至滅亡，反得永生。」（約3:16）當我按耶穌的吩咐而來就祂的時候，我就當相信我接受了祂的救恩。現在我過的生活，「是因信上帝的兒子而活，祂是愛我，為我捨己。」（加2:20）

有許多人以為信心乃是一種意見。其實救贖的信心乃是一種交易，凡是接受耶穌基督的人，藉此得與上帝聯合，有了立約的關係。凡人有了活的信心，就有更強的精力和誠摯的信仰，因此藉著耶穌基督的恩典，便有得勝的能力了。

信心是一個比死更有力的征服者。病人若能受引導以信心注視那位有力的醫治者，我們必將看到奇妙的結果。這樣，身體和心靈都將得著生命。

在救援一般受不良習慣挾制的人之時，與其向他們指出前途的

災禍和失望，倒不如使他們的目光轉向耶穌，使他們注意天上的榮耀。用這個方法拯救他們的身體和靈性，要比把一切墳墓的威嚇，放在這些可憐失望的人眼前好的多了。

「祂便救了我們，並不是因我們自己所行的義，乃是照祂的憐憫。」

有一位百夫長的僕人，患了癱瘓。照羅馬風俗，僕人都是奴隸，在街市被人買賣，他們所受的待遇，大部分都很苛刻且暴虐；但是這位百夫長卻待他的僕人很和善，十分希望他的病可以復原。百夫長雖沒有見過耶穌，可是聽別人的報告，他已絕對地相信了耶穌。他深知耶穌有能力醫治他僕人的癱病。雖則當時的猶太人大都專重形式，但是這位羅馬的官長卻總承認他們的宗教勝於自己的信仰。至於那分隔征服者和被征服者之國家成見和仇隙的界線，他都早已排除了。他對於上帝的事務，已表示一種尊重的態度；對於敬拜上帝的猶太人，他以仁愛對待。他聽了別人的報告，就覺得耶穌的教訓，確是能適合靈性需要的教訓。他心中所有一切屬靈的思想，都與救主的教訓相呼應。可是他始終覺得自己似乎不配向耶穌求什麼，所以他便請猶太長老去求耶穌醫治他的僕人。

猶太的長老來把這事告訴耶穌，並求祂說：「祢給他行這事是他所配得的，因為他愛我們的百姓，給我們建造會堂。」（路7:4-5）

但是耶穌正往百夫長家走去的時候，在路上就遇見他差來的幾個人說：「主啊，不要勞動，因祢到我舍下，我不敢當！」（路7:6）

救主仍舊往前走，卻遇見百夫長親自來迎接，並說：「我也自以為不配去見祢，只要祢說一句話，我的僕人就必好了。因為我在

人的權下，也有兵在我以下，對這個說：『去！』他就去；對那個說：『來！』他就來；對我的僕人說：『你做這事！』他就去做。」（路7:7-8）

他又說：「我握有羅馬的威權，我手下的兵丁都尊重我的威權。祢握有至高上帝的威權，所以凡屬受造之物無不服從祢的命令。祢可以吩咐疾病離開，疾病就會聽從祢。只要祢講一句話，我僕人就能痊癒了。」耶穌對他說：「照你的信心，給你成全了。」那時，他的僕人就好了。（太8:13）

猶太的長老把百夫長推薦給耶穌是因為他愛「我們的百姓」。他們說他是「配得的」；因為他「給我們建造會堂」。但是百夫長自己卻說：「我不敢當。」不過他也不怕來求耶穌幫助。他不仗自己的好處，只相信救主的慈愛。他唯一的理由，就是他自己的缺少。

每一個罪人來尋求耶穌，也是如此。「祂便救了我們，並不是因我們自己所行的義，乃是照祂的憐憫。」（多3:5）你覺得因為你是罪人，所以就不能希望得著上帝的賜福嗎？須知耶穌來到世上，原是要救罪人。我們在上帝面前沒有一樣能討上帝歡喜的。無論何時我們只有求上帝顧念我們孤苦可憐境況，藉此表示我們實在少不了祂的救助。掃除一切依仗自己的心理，才可以望著髑髏地的十字架說：「今在十架跟前，望主醫我罪病；我無一樣可誇，只誇我主捨命。」

「你若能信，在信的人，凡事都能。」（可9:23）使我們與天庭相連，使我們有力量與黑暗的勢力相抗的，就是信心。上帝已在

耶穌裏為我預備了方法，制服一切惡性，抵抗一切試探，無論它是多麼厲害。但是有許多人因為覺得自己缺少信心，所以就不去與耶穌接近。來吧！這些卑賤孤苦的人，都該來投誠於救主的恩慈之下。不要看自己，只要看耶穌。

主在人間之時，既醫治患病的人，趕出人身上的惡鬼，現在仍不失其為偉大的救主。祂曾應許說：「到我這裏來的人，我總不丟棄他。」（約6:37）這個應許真如生命樹上的葉子，要緊緊地握住它。你們到祂面前去的時候，要相信祂必接受你們，因為祂已這樣應許過。你們這樣做，就絕不致於滅亡——永遠不致滅亡。

> 「惟有基督在我們還作罪人的時候為我們死，上帝的愛就在此向我們顯明了。」（羅5:8）

> 「上帝若幫助我們，誰能敵擋我們呢？上帝既不愛惜自己的兒子為我們眾人捨了，豈不也把萬物和祂一同白白地賜給我們嗎？」（羅8:31-32）

> 「我深信無論是死、是生、是天使、是掌權的，是有能的，是現在的事，是將來的事，是高處的、是低處的，是別的受造之物，都不能叫我們與上帝的愛隔絕，這愛是在我們的主基督耶穌裏的。」（羅8:38-39）

「主啊！祢若肯，就必能叫我潔淨了。」

在東方所知道的一切疾病之中，最可怕的就是痲瘋了。它那傳染力和難治的特性，以及在患者身上的可怕影響，雖是極勇敢的人，聽了也莫不毛骨悚然。猶太人看這種病是犯罪的刑罰，故稱之

為「鞭子」或「上帝的手段」。因為它的毒極深，無法斷根，而且是致命的，所以把它看作是罪的表號。

照猶太儀文的律法，患痲瘋的人，是被視為不潔淨的。凡他們所接觸的事物，都算是不潔淨。連他們所呼吸的空氣，也算是污濁的。所以人患了痲瘋，便要像已死的人一樣與人類隔絕，凡被人疑為罹患這病的人，就須親自到祭司那裏接受查驗斷定。如果真的發現患了痲瘋，他就必須離開自己的家族，從以色列的會眾之間被隔離，去與其他同患痲瘋的人住在一起。就是官長和君王也逃不出這個規例。如果皇帝患了這可怕的病，那麼他也必須放下他的國權，與社會斷絕關係。

患痲瘋的人，非但要離開自己的親戚朋友去獨自承受這惡疾的咒詛，還得宣布自己所遭遇的災禍，撕破自己的衣服，口裏且要喊著「不潔淨，不潔淨」，以警告旁人避開他的污穢。這種呼叫的聲音，又是淒切，又是悲慘，足使聽者心中油然生出恐懼和厭惡。

在耶穌所服務的區域中，受這種痛苦的人很多。其中有一個人，聽見了耶穌的作為，心中燃起希望和信心。他想只要能到耶穌那裏，就可以得治癒了。然而他怎樣才能找得到耶穌呢？他自顧這樣一個永被社會唾棄的人，怎麼可以到那位醫治者那裏去呢？耶穌肯不肯醫治他呢？祂會不會也像法利賽人和當地的大夫一樣，反而咒詛他幾句，驅逐他快離開人前嗎？

他想到以前所聽見一切論到耶穌的消息。凡有求於祂的人，從沒有一個遭拒絕的。於是這困苦的人，就打定了主意要去尋救主。他自己雖不能進城，但也許有一天他可以在山間的路上碰到耶穌，

或在祂到鄉間講道的時候找到祂。困難很大，但這是他唯一的希望。

　　長大痲瘋的人遠遠地站著，難得有一句話從耶穌口裏傳入他的耳朵。他看見耶穌按手在病人身上。他看見瞎子、癱子、跛足的，和各種患病垂死的人，都恢復了健康，起身讚美上帝的拯救。他的信心於是格外堅強起來了。他一步一步地向那聽講的人群走去，越走越近了。律法的禁令，眾人的安全，和別人對於他的厭惡和懼怕，他都忘記了。他滿心只存著得醫治的希望。

　　他的樣子，實在令人生厭。他所患的病，已經深深地侵蝕他的內部，他那腐爛的身體，真是令人不忍直視。眾人看見了他，就急急地向後退去，嚇得彼此相擠，要避免與他接觸。有的人想要阻止他走近耶穌，卻是徒然。他一點也不看他們的手勢，也不聽他們的聲音。他對於他們那種厭惡他的態度，完全視若無睹。他所看的，只有上帝的兒子，所聽見的，不過是賜生命給將死之人的聲音。

　　他搶到耶穌面前，俯伏在祂腳下說：「主若肯，必能叫我潔淨了。」（太8:2）耶穌回答他道：「我肯，你潔淨了吧！」（太8:3）說著就伸手摸他。

　　痲瘋者身上立刻起了變化。他的血液潔淨了，神經靈活了，肌肉堅實了。他那粉白而布滿疤痂的皮膚消失了，變成像幼兒般細嫩的皮膚。

　　要是祭司知道醫好痲瘋者的事實，他們會因恨耶穌而下一種不誠實的判斷。耶穌要得一個公正的檢驗。所以吩咐他不要告訴別

人，在關於這個神蹟的謠言未曾傳開之前，立刻到聖殿裏去獻禮物。在接受禮物以前，祭司必須在獻祭者身上施以檢驗，以證實他是否完全痊癒。

他接受了檢查。那以前斷定他為痲瘋者的祭司，現在也證明他已痊癒了。治癒的人重與家人和社會相見。他覺得康寧的幸福確是極可貴的。他恢復了人的精力，恢復了原有的家庭，他真快樂極了。雖然耶穌警告他不要宣傳這事，他卻不能隱藏自己所受醫治的事實，歡天喜地到處傳揚那位再造他的恩人之能力。

這人到耶穌面前來的時候，「滿身是癩」。痲瘋的毒，貫穿了他的全身。門徒想阻止耶穌摸他，因為凡與痲瘋者接觸的人，自己也就不潔淨了。但是耶穌按手在痲瘋者身上，卻沒有受什麼沾染，反使那痲瘋得了潔淨。罪的痲瘋病，也是如此──毒深、致命、人的能力不能洗淨。「滿頭疼痛，全心發昏。從腳掌到頭頂，沒有一處完全的，盡是傷口、青腫與新打的傷痕。」（賽1:5-6）但是耶穌到世上來住在人間，並不受人類罪惡的沾染。祂之在場，就是罪人得醫治的能力。凡來俯伏在祂腳前抱著信心懇求說「主啊，祢若肯，必能叫我潔淨了」的人，就必聽見祂的回答道：「我肯，你潔淨了吧。」

有的時候，耶穌並不使求的人立刻得著醫治。但當這位患痲瘋者來請求祂時，耶穌就立刻醫治了他。我們若求世上的福樂，上帝或者不會立刻應允我們的祈求；或在我們的祈求之外另賜一種東西給我們，但是我們若為脫離罪惡祈求，就沒有不立刻蒙允准的。祂的旨意就是要洗除我們的罪孽，使我們做祂的兒女，使我們能過一

種神聖的生活。

> 「基督照我們父上帝的旨意，為我們的罪捨己，要救我們
> 脫離這惡的世代。」「我們若照祂的旨意求什麼，祂就聽
> 我們，這是我們向祂所存坦然無懼的心。既然知道祂聽我
> 們一切所求的，就知道我們所求於祂的，無不得著。」
> （加1:4；約壹5:14-15）

「你們心裏就必得享安息」

耶穌俯視一般困苦心負重累的人、一般失望心凋蔽的人、一般想藉世俗的快樂來滿足靈性欲望的人，就請他們都來從祂那裏得安息。

祂很和藹地對一般勞苦的人民說：「我心裏柔和謙卑，你們當負我的軛，學我的樣式，這樣，你們心裏就必得享安息。」（太11:29）

耶穌這話是對每一個人說的。世上的人，無論自己知道不知道，各個都背負著很重的擔子，壓得喘不過氣，只有耶穌基督能卸除。我們所負的最重的擔子，就是罪擔。如果我們一直背下去，就難免不被壓倒。但是那無罪的一位已做了我們的替代。「耶和華使我們眾人的罪孽都歸在祂身上。」（賽53:6）

祂已擔當了我們的罪擔，要從我們疲乏的肩上卸去我們的擔負，使我們得著安息。憂愁和掛慮的擔子，祂也必承當。祂請我們把一切的憂慮都卸在祂肩上；因為祂把我們帶在心上。

我們人類的「長兄」是坐在永遠的寶座旁邊。祂留心看著每一個轉臉向祂，以祂為救主的人。從經驗方面祂知道人類的軟弱，我們的缺失和我們最大的試探；因祂「也曾凡事受過試探，與我們一樣，只是祂沒有犯罪。」（來4:15）祂是在照顧你這上帝軟弱的子民。你受了試探嗎？祂能救你。軟弱嗎？祂會使你堅強。你沒有知識嗎？祂必使你開豁。你受了傷嗎？祂必醫治。耶和華「數點星宿的數目」，卻也「醫好傷心的人，裹好他們的傷處」（詩147:3-4）。

你無論有什麼掛慮，無論受了什麼試探，盡可以去向上帝訴說，你的精神要受著鼓勵，堅持下去。上帝必替你開路，使你脫離困窘和艱難的羅網。你自己越覺悟自己的軟弱無力，就越可以藉著主的力量成為剛強。你的擔子愈重，就愈可以因有耶穌的代求而得莫大的安息。

環境或許要使朋友隔絕；汪洋大海，茫茫的白水，或許能使我們與地上的親友天各一方。但是沒有環境、沒有距離，能使我們與救主隔開。我們無論到什麼地方，祂總是在我們的右邊，攙扶、維持、供給、鼓勵我們。耶穌對於祂所贖之人的愛，比母親對孩兒的愛還大。我們有一種特殊的權利，可以在祂的愛裏得著歇息，可以說：「我要信靠祂，因祂為我捨命。」

人的愛會改變；可是上帝的愛是永不改變的。我們只要求祂幫助，祂就會伸手救護我們。

「『大山可以挪開，小山可以遷移；但我的慈愛必不離開你，我平安的約也不遷移。』這是憐恤你的耶和華說的。」（賽54:10）

第5章・靈性的醫治

「要叫你們知道人子在地上有赦罪的權柄。」

來求耶穌醫治的人，有許多都是自取之病；但是祂還是醫好他們，並不加以拒絕。而且主的能力一進入他們的心，他們就覺悟了自己的罪孽，以致有許多人不但得了肉體的醫治，連靈性的疾患也就痊癒了。

迦百農的癱子，便是其中之一。像那患痲瘋的人一樣，他已失去了一切復原的盼望。他的疾病是一生犯罪的結果，又因為心裏懊悔，所以他的痛苦就愈覺深切了。他曾去向法利賽人和一般大夫求治，但是結果非但不得醫治，反被他們斥為罪人，說他永遠不會痊癒，必死在上帝的怒氣之下。

癱子幾乎完全失望了，乃又聽見耶穌的作為。他聽說有許多像他一樣痛苦犯罪的人，都被耶穌醫好了，於是他燃起希望之心，覺得自己只要可以到救主面前，一定也可以得著痊癒。然而再想到自己疾病的根由，他的希望之心就頓時減退了。不過他總不要放棄治癒的可能。

他最大的心願便是要從罪的重擔之下脫身。他很急切地想要去見耶穌，要接受赦罪及與天庭復合的保證。然後照著上帝的旨意，不論是死是活，他都甘心了。

他那「無用的肉」已呈死亡之象，急不容緩，他就央求朋友把他用床抬到耶穌面前，蒙他們慨然應諾。但是救主所在之處的房屋

四圍，是這樣地擠滿了人，以致這位病人和抬他的朋友，莫說不能接近耶穌，就是連耶穌的聲音也無法走近聽清。那時耶穌在彼得家裏講道。照著他們的規矩，門徒貼近耶穌坐著，還有「法利賽人和教法師在旁邊坐著；他們是從加利利各鄉村和猶太並耶路撒冷來的。」（路5:17）其中有些人是來做探子的，要尋找把柄控告耶穌。此外還有各國的人。社會上的各等階級混雜一起，有的是好奇的，有的是來看熱鬧的，有的是不相信的，也有的是真正熱烈虔誠來聽教訓的。

「主的能力與耶穌同在，使祂能醫治病人。」（路5:17）生命的靈布溢於群眾之間，只是法利賽人和文士不能察覺。他們不覺得自己有什麼缺少，所以耶穌的醫治與他們是無分的。正如《聖經》上說，祂「叫飢餓的得飽美食，叫富足的空手回去。」（路1:53）

抬著癱子的人，一再努力想從人群中擠進去，總是徒勞無功。那病人也左顧右盼地表示一種難言的痛苦。現在所盼望的幫助已經近了，他怎肯放棄呢？最後，他便設法叫他的朋友把自己抬上房頂，拆開屋瓦，從上面縋到耶穌面前。

救主的講論被打斷了。祂俯視他憂傷的面貌，看著他眼中一種籲求的神情。祂很明白這位被罪壓害之人心中有什麼渴望。他還在家裏的時候，耶穌已感動了他的良心。當他悔悟自己的罪愆，並且相信耶穌的能力足以使他痊癒，救主的慈愛就惠及了他的心靈。

耶穌看見他第一點信心的火星如何發長起來，以至於接受自己為罪人唯一的救主；也看見他每一次努力想要到自己面前來，他的信心就堅強一次。現在吸引他來的，也正是耶穌自己。於是他就用

音樂般的聲音對他說：「小子，放心吧，你的罪赦了。」（太9:2）罪的重擔從病人心靈上滾落了。他不能疑惑。耶穌的話證明祂有鑒察人心的能力。誰能否認祂有赦罪的權柄呢？絕望變為希望，逼緊的黑暗變為光明的喜樂。那人肉體的痛苦消失了，全身都起了變化。他也不再要求什麼，只是默然地靜躺著，因為太快活了，反而開不了口。

當這奇怪的事一一發生之時，有許多人都是屏息注目地留心看著。許多人覺得耶穌這話也是對他們說的。他們的靈性豈不也生了罪的疾病嗎？他們豈不也急欲脫離這種重擔嗎？

唯有法利賽人恐怕失了自己在民間的勢力，就在心裏說：「祂說僭妄的話了。除了上帝以外，誰能赦罪呢？」（可2:7）

耶穌注視他們，以致他們感到了畏懼而退縮，耶穌說：「你們為什麼心裏懷著惡念呢？我說『你的罪赦了』，或說『你起來行走』，哪一樣容易呢？但要叫你們知道，人子在地上有赦罪的權柄」；就對癱子說：「起來！拿你的褥子回家去吧！」（太9:4-6）

於是那被人用床抬來的人，就立刻生氣勃勃地站了起來，「拿著褥子，當眾人面前出去了；以致眾人都驚奇，歸榮耀與上帝說：『我們從來沒有見過這樣的事！』」（可2:12）

要使那腐敗的身體恢復健康，非創造的力量不為功。現在對那將死的癱子說話使他重得生命的，就是從前將生命賜給泥土造成之人的造物主。祂既使那人的身體恢復生氣，也就用同樣的能力去更新他的心。那位創造世界：「說有，就有，命立，就立」

（詩33:9）的主，也將生命賜給了死在過犯罪愆之中的人。肉體的治癒，不過是治癒內心之力的一個表示而已。耶穌吩咐癱子起來行走，祂說：「叫你們知道，人子在地上有赦罪的權柄。」

癱子從耶穌那裏得了肉體和靈體雙方面的醫治。他必須先有健全的靈，才能享受肉體的健康。耶穌也必須先使他得著思想的解放，潔淨他心靈的罪孽，才可以醫治他肉體的疾患。這一層教訓是不可忽視的。在現今的世界上，受肉體疾病痛苦的人，真不知有幾千幾萬。他們都像那癱子一樣企望聽見「你的罪赦免了」這種的消息。他們的病根，無非都是罪的重擔，以及其良心上的不安和虧缺。所以除非他們去就那位治心靈的醫士就不會得到解放。只有祂一人所給的平安，才足以恢復身心雙方的精力和健康。

耶穌治癒癱子一事在民眾身上的影響，似乎是使他們看見天開了門，顯出了那更美之世的光輝來。那受著醫治的人，從人群中毫不費力地拿著褥子，步步稱頌上帝地走回去時，一般人就大家退後讓路，驚駭萬狀地望著他，彼此暗自低聲說：「我們今日看見非常的事了。」（路5:26）

在癱子的家裏，也滿庭歡呼。不久之前，全家的人都看見他很慢地被人抬了出去。現在卻又見他挾著自己的被褥，毫不費力地回來，就快樂得流出眼淚，幾乎不相信真有這一回事了。他元氣十足地站在他們面前。他那本來不能動的手腕，現在居然可以伸縮自如了。他那毫無生氣的死灰色的肌肉，現在居然紅潤白嫩了。他的舉步也很自在穩定。他的臉上每一條紋路之中，都顯出快樂的態度；本來罪惡痛苦的神色，一變而為純潔快樂的笑容了。感謝的聲音便

從這個家庭裏上達於天，上帝便從祂的兒子得了榮耀，因耶穌基督已使絕望的人有生路，使頹廢的人重得精力。這人和他的全家，就完全情願為主捨身，沒有疑雲遮蔽他們的信心，沒有猜疑足以破壞他們對於救主的忠誠，因為主已使他們暗淡的家庭重得光明。

> 「我的心哪，你要稱頌耶和華！
>
> 凡在我裏面的，也要稱頌祂的聖名！
>
> 我的心哪，你要稱頌耶和華！
>
> 不可忘記祂的一切恩惠！
>
> 祂赦免你的一切罪孽，
>
> 醫治你的一切疾病。
>
> 祂救贖你的命脫離死亡，
>
> ……以至你如鷹返老還童。
>
> 耶和華施行公義，
>
> 為一切受屈的人伸冤。……
>
> 祂沒有照我們的罪過待我們，
>
> 也沒有按我們的罪孽報應我們。
>
> 天離地何等的高，
>
> 祂的慈愛向敬畏祂的人也是何等的大！……
>
> 因為祂知道我們的本體，
>
> 思念我們不過是塵土。」（詩103:1-14）

「你要痊癒嗎？」「起來拿你的褥子走吧！」

> 「在耶路撒冷，靠近羊門有一個池子，希伯來話叫作畢士
> 大，旁邊有五個廊子；裏面躺著瞎眼的、瘸腿的、血氣枯

乾的許多病人，等候水動。」（約5:2-3）

　　池裏的水，有時候是會動的。當時的人，大概都相信「水動」是一種神力的作用，凡在水動以後第一個跳入水中的人，無論有什麼疾病，就會痊癒的。所以當時到池邊去求痊癒的人，真是千百成群地擁擠不堪。一等到水動，大家就奮不顧身地向前擁去，互相踐踏，以致一般較為軟弱的人和一般婦女小孩，有的連池子的旁邊也不能到，有的雖然到了池邊，但竟死在岸上。池的四周，築有廊子，藉以遮擋日間的熱氣和夜間的冷風。有許多人雖整天整夜地守在那裏，時時爬到池邊去看看水動，但無非是徒然希望而已。

　　那時耶穌正在耶路撒冷。祂獨自行走，彷彿心裏在禱告默想。祂來到池邊，便看見這一群狼狽不堪的病者，那樣急切地守候著要得到他們心目中所以為唯一痊癒的機會。祂急望使出他那醫治的能力，使這些患病的人個個得著痊癒。只是那天恰是安息日，聖殿中來往禮拜的人很多。祂知道這種醫治的行為，會引起猶太人的偏見，反縮短了自己的工作。

　　但是救主後來又看見一個非常可憐的人，就是那已瘸腿三十八年的人。他的病大部分原因是自己不良的習慣所致，且也被人視為上帝的刑罰。時間流逝，他是無親無故地獨自一人過著那痛苦冗長的歲月，也不想再可以得著上帝的慈憐了。在大家以為水將要動的時候，有些哀憐他的人，便把他抬來放在廊子旁邊。然而到了那「緊要關頭」，卻沒有人幫助他下水。眼見水是在那裏攪動，只是他自己總未能離岸一步。前面還有許多擁擠的群眾，個個都想謀自己的好處，哪容你這個毫無能力的人沾益呢！他那剩餘一點的精

力，也因這樣屢次的失望和心中的憂慮，竟日漸消退了。

癱腿的人躺在自己的褥子上，時時伸首引領望著池裏的水。忽然有一個慈祥憐愛的臉望著他，對他說：「你要痊癒嗎？」他心中有了盼望。他覺得多少總能得著一點幫助。然而想到每次水動時的情況，他的希望之心就冷了。他轉過頭去，沒精打彩地答道：「先生，水動的時候，沒有人把我放在池子裏；我正去的時候，就有別人比我先下去。」（約5:6-7）

耶穌就吩咐他說：「起來，拿你的褥子走吧！」（約5:8）病人聽了這話，心中就生出了新的希望。他注視著耶穌，覺得祂的面容、他的聲調，確有異於常人。祂的身上似乎確有慈愛和能力發出。癱腿的人，就絕對信靠耶穌的話，毫不遲疑地站起身來了。他的全身，竟也活動自如，如同常人一般了。

每根筋骨，每一根脈絡，都有了新生命的洋溢，殘廢的肢體，恢復了健全的活動。他跳起身來，大踏步地回家去了，一路頌讚上帝，不斷慶賀自己所新得的能力。

耶穌並沒有一定應許給那癱腿的人什麼神聖的幫助。那人或者也可以說：「主啊，祢若能使我痊愈，我就聽從祢的吩咐。」他或者也會因猶豫遲疑而失落痊癒的唯一機會。然而他並不疑惑。他完全相信耶穌的話，完全相信自己已經得了痊癒，所以他就立刻起來，上帝也就立刻給他力量起來。他既肯走，就真的走了。因為服從耶穌基督的話，他便得了痊癒。

　我們的罪，已使我們遠離了屬上帝的生活。我們的靈性已癱瘓

了。就自身講來，我們實在沒有力量做一個聖潔的人，正如那殘廢的人無力行走一樣。有許多人已覺悟了自己無能為力的狀態，並且竭力地希望要得一種屬靈的生命，使自己可以與上帝和合。可是他們的希望，終屬徒然無益。於是他們就在失望之中呼喊說：「我真是苦啊！誰能救我脫離這取死的身體呢？」（羅7:24）這種在苦海中奮鬥掙扎行將失望的人，應當向上仰望。救主以說不出的仁愛慈憐，正俯視著祂自己寶血所取贖的人說：「你要痊癒嗎？」祂吩咐你起來，做一個強健安泰的人。相信主的話吧！不要等到你自己覺得痊癒，卻要定主意事奉祂，依著祂的吩咐而行，那麼你就必得著力量，無論你有什麼不良的習慣，有什麼根深蒂固束縛身心的情欲，上帝都能夠，也極願意幫助你一概擺脫。祂能把生命賜給「死在過犯之中」的人。（弗2:1）祂必解放那軟弱不幸而被罪的鐵鏈所捆縛的凶犯。

罪的知覺，毒化了人的生命之源。但是耶穌說：「我來擔當你的罪，我必給你們平安。我已用我的血救贖了你。你是屬我的。我的恩惠，必強固你薄弱的意志。我必消除你對於罪惡的懺悔和隱痛。」在各種試探侵襲你，憂慮煩惱環攻你，四面的壓迫和失望的事圍繞你，緊逼你，使你幾乎灰心的時候，只要仰望耶穌，那麼你四周的一切黑影就必都被祂在場的榮光驅散淨盡了。在罪惡與你奮鬥，要轄制你的靈性、壓住你的良心之時，你要仰望耶穌。祂的恩慈，足以制服一切罪惡。要將你那顫弱無定的感激之心，轉向耶穌。守住前面的希望。耶穌等著要收留你做祂一家的人。祂的能力，必輔助你的懦弱。祂必一步一步地引導你。你只要假手於祂，聽祂領你的路就是了。

總不要以為耶穌離你很遠。須知祂是常在你的身旁。祂的慈顏，偎護著你。尋求祂吧！祂是極願意被你找到的。祂非但要你摸祂的衣裳，還希望你與祂同行同走，時刻相通。

「去吧，從此不要再犯罪！」

住棚節才過，耶路撒冷的祭司和拉比們在謀害耶穌的計畫上已經失敗了。當晚「各人都回家去了，耶穌卻往橄欖山去。」（約8:1）

耶穌離開了喧嚷擾亂的城市，和熱望的民眾，以及狡獪多計的拉比們，走向幽靜的橄欖樹叢中，好獨自親近上帝。到了第二天清晨，祂仍到聖殿裏去，民眾圍住祂，祂就坐下教訓他們。

不久祂就受到打擾了。有一群法利賽人和文士來找祂，拉著一個戰戰兢兢的婦人，粗聲暴氣地說她犯了第七條誡命。他們把她推到耶穌面前，用一種虛偽的恭敬之狀說：「夫子，這婦人是正行淫之時被拿的。摩西在律法上吩咐我們把這樣的婦人用石頭打死。祢說該把她怎麼樣呢？」（約8:4-5）

他們這種虛偽做作的恭敬之下，深深地隱伏著謀害耶穌的奸計。要是耶穌說，釋放那婦人，他們就可加以蔑視摩西律法的罪。要是說她該死，那麼他們就可以在羅馬人面前控告耶穌擅奪了羅馬的權限。

耶穌看著他們——看見那羞愧無地自容而驚恐萬狀的可憐女子，又看見那些猙獰可怖而毫無惻隱之心的「大人物」。祂那純潔無疵的心神，不忍再看這種景象了。祂只做沒有聽見他們的詢問，

俯身上來，眼望著地，在灰塵中寫起字來。

那些控告的人，見耶穌這種遲延而似冷淡的樣子，就不耐煩起來了，於是他們就走上幾步，催促耶穌注意這件事。但是他們的目光跟著耶穌的視線移到祂腳前的地上之時，他們的聲音就沉寂了。原來，那地上寫的正是他們自己祕密的罪。

耶穌直起身來，望著這些滿腹陰謀的長老說：「你們中間誰是沒有罪的，誰就可以先拿石頭打她。」（約8:7）說著又彎下腰來，逕自用指頭在地上寫字。

耶穌並未丟開摩西的律法，也沒有侵奪羅馬的權限。那些控告的人已敗訴了。現在他們外面所披的虛偽的聖潔已是破裂了。他們站在那位聖潔無比的主面前，是有罪而且已被定罪。因怕自己的祕罪將要揚開在大眾面前，他們就抱頭俯首一個一個地溜開了，只剩下他們欺弄的女子與慈悲的救主在一起。

耶穌站起來，對那婦人說：「那些人在哪裏呢？沒有人定妳的罪嗎？」她說：「主啊，沒有。」耶穌說：「我也不定妳的罪。去吧，從此不要再犯罪了！」（約8:10-11）

先是那婦人哆哆嗦嗦地站在耶穌面前。「你們中間誰是沒有罪的，誰就可以先拿石頭打她」這句話進入她耳裏時，無異是死刑的宣判。她不敢抬頭看救主的臉，只是閉目屏息等著自己的死期來到。可是出其不意，她卻看見那些控告她的人，個個都是神色愴惶默然地走開了；然後又聽見這含有無限生機的話道：「我也不定妳的罪。去吧，從此不要再犯罪了！」她的心溶化了，就俯到耶穌腳

前，她心中說不出的感激之愛，在痛哭聲中表示了出來。她流著悲酸的眼淚，承認了自己的罪愆。

此時她的生命便開闢了一個新紀元；她開始了一種純潔、和平、一心歸信上帝的新生活。在提拔這個墮落生靈的舉止上，耶穌是行了一件比較醫治肉體最險惡之症更大的神蹟；祂治好了足以致人永死的靈性之病。這懺悔的婦人成了耶穌忠實的門徒。她死心塌地地犧牲一切，熱心事主，表示她對於主的寬宏仁慈的感戴之心。世人對於這誤入歧途的婦人，只是辱罵譏笑而已。然而那「無罪的一位」，卻憐恤她的弱點，對她伸出一隻幫助的手。當時那些假冒為善的法利賽人都侮辱她、誹謗她，唯耶穌吩咐她說：「去吧，從此不要再犯罪了！」

耶穌知道每一個人的靈性狀況。罪人的過犯越大，就越需要救主。人在仇敵的羅網之中被纏得越緊，主的神聖之愛和慈憐的同情，也就越發向他伸得近。祂已用自己的寶血，簽了人類的赦罪書。

用這種重價贖來的人，耶穌豈願他們成為仇敵引誘的狩獵品。祂絕不願意我們被死亡克服。那在獅子洞中封住獅子的口，又在烈火的窯中與祂的忠僕同走的一位，也未嘗不照樣願意為我們宣勞，降伏我們品性上一切的過失。今天祂還站在那賜恩的壇前，把凡需要祂幫助之人的祈禱轉呈上帝。祂不拒絕痛哭悔過的人。凡到祂面前來求赦免和恢復的人，祂必定很慷慨地予以饒恕。祂並不把自己所要顯示的事，完全告訴什麼人，但是祂吩咐每一個驚慌恐怖的人，壯膽努力。凡願意的人，都可以依靠上帝的能力與祂復合；祂就必與罪人復合。

凡到耶穌面前去求躲藏的人，耶穌就會把他提拔起來高出一切控告和舌頭的攻擊。無論什麼人或什麼惡靈都不能指摘這種人。耶穌基督把他們合在自己人形神性的品格一起。他們就站在那位偉大的擔罪者之旁，站在上帝寶座那裏照出的光明之中。

「耶穌的血洗淨我們一切的罪。」（約壹1:7）

「誰能控告上帝所揀選的人呢？有上帝稱他們為義了。誰能定他們的罪呢？有基督耶穌已經死了，而且從死裏復活，現今在上帝的右邊，也替我們祈求。」（羅8:33-34）

「強暴人所搶的也可以解救。」

對於風、對於浪、對於被鬼附著的人，耶穌都表示祂有統治的全權。祂使風浪止息，使翻騰的海平靜，也慰藉凡被撒但攪擾壓迫的人。

那天，在迦百農的會堂裏，耶穌正對眾人講著自己釋放罪奴的使命。忽然有一陣可怕的呼叫聲打斷了祂的話頭。一個瘋子從人群中直衝出來，喊著說：「拿撒勒人耶穌，我們與祢有什麼相干，祢來滅我們嗎？我知道祢是誰，乃是上帝的聖者。」

耶穌責備那鬼說：「不要作聲，從這人身上出來吧！」鬼把那人摔倒在眾人中間，就出來了，卻也沒有害他。（路4:35）

那瘋子痛苦的原因，也是在他自己的生活之中。他已蠱惑於罪的樂趣之中，以為此生可以盡情地作樂了。因為沒有節制，專事浮躁嬉戲，他高尚的個性便受了傷害，於是撒但就得統轄了他的全

身。等他悔改，已是太遲了。等到他願意犧牲一切財寶和快樂，以恢復他的人性之時，他已在那惡者的掌握之中無能為力了。

在救主的面前，他又受激動而生出了解放的希望；只是那惡鬼仍在他裏面抵抗耶穌的能力。那人正想求耶穌救助的時候，鬼就用他的嘴說自己的話，使他發出一種慘痛可怕的吼聲。那被鬼所附的人，也多少有些明白自己已到了一位能夠解放自己的主面前；然而他正想走進去攀援那大能之手的時候，他的身子卻被身外的一種勢力所支配，他的口裏，卻說出了魔鬼的話。

那人自己求釋放的欲望和撒但的能力所起的一種爭鬥，實在是劇烈極了。這受盡痛苦的人，在此次與那毀壞他人性的仇敵爭鬥上，似乎已有難免喪失性命的趨勢了。但是救主使出祂的權柄發令釋放了這個罪奴。那被鬼附過的人，就在驚奇的眾人面前得了自主的自由。

他發出快樂的聲音，頌讚上帝的拯救。方才閃炫著瘋狂之火的紅光的眼睛，現在映現著鍾靈之氣，溢流著感激的熱淚。眾人都驚呆了。等到他們再能開口的時候，就彼此對問說：「這是什麼事？是個新道理啊！祂用權柄吩咐污鬼，連污鬼也聽從了祂。」（可1:27）

如今有許多的人，也如迦百農被鬼附的人一樣處在惡靈的管轄之下。凡故意違離上帝律法的人，就是向撒但的權力之下投身。有許多人以罪惡為兒戲，以為無論何時要離開就可以離開的；豈知他的誘惑就必越受越深，到末後他才發覺自己已被一種大於本身的能力所控制住，以致身不由己，無法擺脫那神祕的能力了。祕密的罪

惡，或無窮的欲望，也足以征服他，使他像迦百農被鬼附的人一樣成為無能為力的俘虜。

然而他的境況不是無望的。除非我們自己答應，否則上帝是不會鉗制我們的思想的；然而每一個人都有一種自由，可以選擇自己歡喜受哪一種權力的管束。墮落的人，無論如何墮落；惡劣的人，無論如何惡劣，絕對沒有不能到耶穌面前來求得拯救的。那被鬼附的人，不能禱告，只能說撒但的話；然而他心裏的祈求，主已聽見了。凡需要幫助之人的呼聲，雖不能從口中發出，但上帝也必垂聽。凡願意與上帝立約的人，絕不會落在撒但的手裏，或被自己的劣性所征服。

> 「勇士搶去的豈能奪回？該擄掠的豈能解救嗎？但耶和華如此說：就是勇士所擄掠的，也可以奪回；強暴人所搶的，也可以解救。與你相爭的，我必與他相爭；我要拯救你的兒女。」（賽49:24-25）

人若抱著相信的心，敞開心門迎接救主，那麼他身上的變化，實在是驚奇的。

「我已經給你們權柄勝過仇敵一切的能力，斷沒有什麼能害你們。」

耶穌所差出去的七十個門徒，也像十二使徒一樣受了出乎尋常的能力，這種能力，就是他們使命的印證。到工夫作成以後，他們就歡歡喜喜地回來說：「主啊！因祢的名，就是鬼也服了我們。」耶穌回答說：「我曾看見撒但從天上墜落，像閃電一樣。」（路10:17-18）

從此以後，跟從耶穌的人，應把撒但看為已被征服過的仇敵。耶穌在十字架上，就是要為他們取得勝利；這種勝利，祂要他們接受為他們自己的勝利。祂說：「我已經給你們權柄可以踐踏蛇和蠍子，又勝過仇敵一切的能力，斷沒有什麼能害你們。」（路10:19）凡屬性靈痛悔的人，就有聖靈的全能之力作他們的後盾。

凡抱著忍耐和信服的心求主保護的人，耶穌絕不讓他在仇敵的勢力之下經過。撒但固然是有力的，但是，感謝上帝，我們卻有一位大能的救主，祂曾把那惡者從天上摔下來。我們如果誇張撒但的能力，撒但就快樂。為什麼不講耶穌？為什麼不誇口耶穌的能力和慈愛呢？

圍繞天上寶座的應許之虹就是一個永久的憑據，證明「上帝愛世人，甚至將祂的獨生子賜給他們，叫一切信祂的，不至滅亡，反得永生。」（約3:16）這虹向全宇宙證明上帝永不丟棄祂那些與罪惡奮鬥的兒女；它也對我們保證，上帝的寶座存在一日，我們就必得到一日的能力和保護。

第6章・蒙救作服務

「你回家去，到你的親屬那裏，將主為你所做的是何等大的事，是怎樣憐憫你，都告訴他們。」

　　這是加利利海上的清晨。耶穌和祂的門徒在波濤狂暴的海上過了一夜，已到岸了。晨曦似乎帶著和平的福祉，照射在海面和地上。然而他們才踏上岸，就看見一種比海浪翻騰更可怕的景象。兩個被鬼附的人從墳塋裏出來，向他們直衝而來，似乎像是要把他們撕裂。這兩個人的身上，還掛著束縛他們而被他們掙斷的鍊條。他們的肉破了，流著鮮紅的血；灼灼可怖的目光，從他們那長而散亂的頭髮之中照射了出來。他們的模樣，簡直是像野獸，哪裏還像什麼人。

　　門徒和他們的同伴都嚇跑了；但是一會兒他們覺得耶穌沒有與他們在一起，回轉頭來找祂，見祂仍在原處站著。那平靜過風浪而以前又戰勝過撒但的主，絕不在附鬼的人面前逃走。那兩個人咬著牙齒口流白沫地到祂面前，耶穌就伸出祂那隻止住風浪的手，他們就不能再靠近祂了。他們站在祂面前，狂暴卻是無力。

　　耶穌用權柄吩咐污鬼從他們身上出來。這兩個不幸的人，就覺悟在他們身旁的一位，乃是能夠拯救他們脫離那使人受苦之鬼的主。他們便俯伏在救主的腳下，求祂的憐憫；但是他們一開口，污鬼就藉著他們而喊道：「上帝的兒子，我們與祢有什麼相干？時候還沒有到，祢就上這裏來叫我們受苦嗎？」（太8:29）

　　邪靈被逼而釋放了他們的獵物，於是這被鬼附著的人就有了驚

人的改變。這兩個人的思想之中，就有光照了進去。他們的眼睛裏，就有了理智的光線。他們那久已毀損成為撒但之形像的容貌忽然轉為和善了。他們那滿染血跡的手也安靜了。於是他們就提起嗓子，頌讚上帝。

當時那從人身被逐的污鬼，就入了豬群，使牠們都遭了滅亡。放豬的人，急急地去傳開這個消息，於是全城的人都來見耶穌。兩個被鬼附著的人，本是當地的大害，如今卻穿了衣服，頭腦清醒地坐在耶穌腳下，聽祂的教訓，並且讚揚那位使他們痊癒者的名。然而一般見此奇事的人，並不歡樂。他們看一群豬的損失，似乎比這兩人脫離撒但轄制的事還要重大。他們就滿心惶恐地圍住耶穌，並央求祂離開他們。耶穌答應他們的要求，就立刻上船到對岸去了。

但這兩個附鬼而得復原之人的態度，卻是大不相同了。他們要與他們的拯救者作伴。有祂同在，他們就覺得可以不怕那消耗他們人性使他們受苦的污鬼。耶穌正待上船的當下，他們就緊緊地靠近祂，跪在祂的腳前，懇求留在祂的左右，以便可以常聽祂的教訓。但耶穌卻吩咐他們回家去，把主為他們所作的大事告訴別人。

他們有一種工作要做——到一個不信道的家裏去傳揚他們所得自耶穌的幸福。要他們離開救主確是很為難的。他們與不信道的同鄉交談的時候，不免要遭遇極大的困難。況且他們與社會的久隔，似乎也已使他們消失了做這種工作的資格。可是耶穌一指出他們的責任，他們就樂於遵從。

他們非但在自己的家族和親戚之間傳揚耶穌，更是走遍了低加波利，到處傳揚祂的拯救之能和自己怎樣被脫離污鬼的實情。

格拉森地方的人，雖不接待耶穌，耶穌卻不任憑他們處在自取的黑暗裏。他們之所以求耶穌離開他們，原是因為還沒有聽見過祂的教訓，也不知道自己是在拒絕什麼。因此祂就差遣他們所不拒絕的人，把真理的光芒照耀他們。

　　撒但使群豬淹死，是要使百姓離棄救主，以致可以阻止福音在那地方傳開。但是這一件事，卻更使人注意耶穌，無形中反而轟動了全城。救主自己雖已離去，然而祂所醫好的兩個人仍留在那裏見證祂的權能。那曾是黑暗君王之工具的人，現已成了上帝兒子的使者，變為發光的利器。等到耶穌再到低加波利時就有成千的人從四鄉各處前來，聚集在祂面前，聽祂講論救恩的道理，直有三天之久。

　　這兩個附鬼蒙救的人，是最早奉耶穌差派到低加波利一帶去傳道的人。他們之聽耶穌的話，為期極短。他們的耳朵從沒有聽見過耶穌講過一次道，絕不能像那些日常與耶穌同處的門徒一樣教訓人。然而他們也可以把自己對於救主權能的所見所聞所感告訴別人。這就是每一個心裏被上帝的恩慈所動的人所能做與當做的事，也就是我們的主所要的見證。現今世界之日就淪亡，就是因為缺少這種工作之故。

　　宣傳福音，不可把它視為僵化的理論，乃要以其為一種足以改革人生的活的能力。上帝要祂的僕人證明人類藉著祂的恩惠可以有耶穌化的品格，也可以快樂歡呼地得到祂大愛的保證。祂要我們證明除非凡肯接受救恩的人都被贖了回來，都恢復了做祂子女的神聖權利，祂是絕不滿意的。

即使以前行為極其觸怒於祂的人，祂也無不慨然接納；他們悔改，祂就把聖靈分給他們，差遣他們到不忠心的人中去傳揚祂的仁慈。人雖墮落到做撒但工具的地步，仍可由耶穌的能力化成公義的使者，並且奉差出去向人告訴上帝怎樣憐憫他，怎樣為他成就極大的事。

「我要永遠頌揚祢」

迦百農的婦人因信心的撫摸得了醫治之後，耶穌就要她承認她所得的福氣。福音所供的恩賜，原不是可以偷得或在暗中享受的。「耶和華說：你們是我的見證。」（賽43:12）

我們對耶穌忠誠的承認，是上帝特選的顯示耶穌之法。我們當照著古代聖人所講的話來承認主的恩惠；但是最有實效的，莫如我們自己親身所經歷的見證。我們如能在自己的身上表示一種神力的作用，就是為上帝作見證了。各人的生活彼此都有不同的，個人經歷也是大部分互相迥異的。上帝要我們把那帶著個人色彩的頌揚歸獻給祂。這種至高至寶的頌揚和褒榮，再加上一種像耶穌的生活，就能發出一種銳不可當的能力，足以造成生靈的得救了。

把上帝所賜給我們的每一恩賜牢記在心，是我們自己的好處。因為這能堅固我們的信心，使我們多上加多地常向主求。我們聽見別人的經驗，或別人的信心，無論怎麼多，還不及自己從上帝所受的最小恩典那樣足以激勵我們。凡因接受上帝的恩惠而生出反應的人，必像有水的花園。他的健康必一天一天地有增無減；他的生命之光必在幽暗之中發出光來，上帝的威榮必在他身上顯現。

「我拿什麼報答耶和華向我所賜的一切厚恩？我要舉起救恩的杯，稱揚耶和華的名。我要在祂眾民面前向耶和華還我的願。」（詩116:12-14）

「我要一生向耶和華唱詩！我還活的時候，要向我上帝歌頌！願祂以我的默念為甘甜！我要因耶和華歡喜！」（詩104:33-34）

「誰能傳說耶和華的大能？誰能表明祂一切的美德？」（詩106:2）

「你們要稱謝耶和華，求告祂的名，在萬民中傳揚祂的作為！要向祂唱詩歌頌，談論祂一切奇妙的作為！」（詩105:1-2）

「要以祂的聖名誇耀！尋求耶和華的人，心中應當歡喜！要尋求耶和華與祂的能力，時常尋求祂的面。」（詩105:3-4）

「因祢的慈愛比生命更好，我的嘴唇要頌讚祢。我還活著的時候要這樣稱頌祢；我要奉祢的名舉手。我在床上記念祢，在夜更的時候思想祢；我的心就像飽足了骨髓肥油，我也要以歡樂的嘴唇讚美祢。因為祢曾幫助我，我就在祢翅膀的蔭下歡呼。」（詩63:3-7）

「我倚靠上帝，必不懼怕。人能把我怎麼樣呢？上帝啊，我向祢所許的願在我身上；我要將感謝祭獻給祢。因為祢救我的命脫離死亡。祢豈不是救護我的腳不跌倒、使我在生命光中行在上帝面前嗎？」（詩56:11-13）

「我的上帝啊！我要鼓瑟稱讚祢，稱讚祢的誠實！以色列的聖者啊，我要彈琴歌頌祢！我歌頌祢的時候，我的嘴唇和祢所贖我的靈魂都必歡呼；並且我的舌頭必終日講論祢的公義，因為那些謀害我的人已經蒙羞受辱了。」（詩71:22-24）

「主耶和華啊……祢是我所倚靠的。……我必常常讚美祢。」（詩71:5-6）

「我必叫祢的名被萬代記念，所以萬民要永永遠遠稱謝祢。」（詩45:17）

「你們白白的得來，也要白白的捨去。」

我們不可把福音的召請縮小，只送給挑選的少數——一些我們以為接受了可以使我們蒙著榮譽的人。這信息乃是要傳給眾人的。上帝賜福祂的兒女，並不是單為他們，乃是為全世界。上帝把恩典賜給我們，是要我們轉分別人，以致可以擴大恩賜的範圍。

在雅各井旁與耶穌講話的撒馬利亞婦人，一找到了救主就立刻去帶別人來見祂。她之為傳道者，要比耶穌自己的門徒更見實效。門徒並未覺得撒馬利亞是怎樣一個有希望的地方。他們的思想只顧到將來要有一種偉大的工作要做，卻並未見到四周就有豐盛的莊稼要收。然而他們所鄙棄的婦人竟把全城的人都號召來聽耶穌。她立刻把真光帶給同鄉的人。

這位婦人的工作，足以代表一種實際信仰耶穌之人的工作。每一個忠實的門徒，乃是生於上帝國中的傳道士。他一認識了耶穌，

就會發出一種使別人也認識耶穌的心願。他絕不能把這救拔人、潔淨人的真理，放置在自己的心裏。凡喝那活水的人，就成了活水的泉源。受者就變成了施者。耶穌的恩惠在人的心靈之中，猶如沙漠中的甘泉，湧流著要頤養眾人，使一般垂死的人，急欲飲那生命之水。做這種工夫，比我們專為自己利益而工作要得更大的福氣，因為我們在努力把救恩的好消息傳開的時候，自己就得與救主接近了。主論到凡領受祂恩惠的人，說：

> 「我必使他們與我山的四圍成為福源，我也必叫時雨落下，必有福如甘霖而降。」（結34:26）

> 「節期的末日，就是最大之日，耶穌站著高聲說：人若渴了，可以到我這裏來喝。信我的人就如經上所說：從他腹中要流出活水的江河來。」（約7:37-38）

受的人須轉授別人。現在請求幫助的呼聲，正從四方而來。上帝召人甘心樂意地去為別人服務。有永不毀壞的冠冕要得著；有天上的國要進去；這在無知中日漸淪亡的世界是要受開導的。

> 「你們豈不說『到收割的時候還有四個月』嗎？我告訴你們，舉目向田觀看，莊稼已經熟了，可以收割了。收割的人得工價，積蓄五穀到永生。」（約4:35-36）

「我就常與你們同在，直到世界的末了。」

門徒看了耶穌之奇美的榜樣，足有三年。他們天天與祂同行，聽祂對勞苦擔重擔的人說激勵的話，看祂向疾病痛苦的人顯出偉大的神能。到祂將要離開他們之時，祂把權能和恩惠賜給他們，要他

們奉祂的名繼續進行祂的工作，將祂博愛療治的福音之光發射四方；同時，救主也應許常與他們同在。祂雖不在世上，但有聖靈相通，祂反與他們更見親近了。

門徒所做的工作，也是我們所當做的。每一個基督徒都是傳道的人。我們須存著仁慈憐憫的同情之心，去服事需要幫助的人，用無私的熱誠，去設法減輕那些處於痛苦之中的人的災禍。

人人都可以找著一些事情做。誰也不必以為自己在耶穌的工作上沒有可以服務的地位。救主看每一個人都與祂自己相關。祂成了地上家庭的一分子，使我們能成為天上家庭的一分子。祂是人的「兒子」，所以也是亞當每一個子孫的弟兄。跟從祂的人，不應以為自己是與這將亡的世界無關的。他們原是人類大組織中的一分子，天庭看我們是聖徒的弟兄，也是罪人的弟兄。

千萬愚昧病弱並在罪中的人類，對於耶穌的名字，連聽也沒有聽見過。假使我們與之易地而處，我們將企望他們為我們做些什麼呢？我們也應該盡我們的力量去為他們做這一切。我們每一個人在審判台前，或立穩，或跌倒，都要憑著耶穌的人生標準，就是「你們願意人怎樣待你們，你們也要怎樣待人。」（太7:12）

我們所有勝於別人的地方，不論是教育精雅、高尚的品格、基督徒的訓練，或宗教方面的經驗，都是欠人的債。所以應該盡我們的力量，去服務那些不如我們的人。我們如果有能力，便該扶持柔弱的人。

常見天父之面的榮耀的天使，也歡喜服事天父的小子。凡處在

最絕望的境地，最難制勝自己的惡習性，最需要幫助的人，天使是常在他們左右。脆弱細微而在品格方面有許多可厭之點的人，乃是天使所特別注意的。凡屬自私的心所以為可恥的工作——服事卑下愚賤的人——卻是天庭之中那些純潔無罪者的職責。

當我們流離失所之時，耶穌並不以為天庭是個可貪戀的地方。祂離開了天上的王庭，來就被侮辱的生活，並受極羞恥的死刑。祂原是富有天上無價的財寶，卻成為貧乏，使我們因祂的貧乏而成富足。我們應該跟祂的腳蹤來行。

凡成為上帝兒女的人，應該從此把自己看為天上垂下之救世鏈條的一節，與耶穌同籌救恩計畫，同去尋救失道的人。

許多人以遊歷耶穌在世時所在的地方，走祂所走過的道路，見祂日常在教訓人的湖邊，看祂所常看的山谷，作為一種特殊的福氣。然而我們不必去到拿撒勒、迦百農、伯大尼，也可以走在耶穌的腳步中。在病人的床邊、在窮人的陋室中、在大城市之擁塞的小巷中，在一切人心需要安慰的地方，都有耶穌的足跡。

我們要使飢餓的人有得吃，赤膊的人有得穿，安慰那頹唐灰心的人，在失望的人心中激發希望。

耶穌的愛顯於無私的服務，足以改革作惡的人，比法律的劍和審判廳更有實效。為使犯法的人生出畏懼，法律的刑具是需要的，但是一個仁慈為懷的傳道人所能做的，還不止這一點。在責罰之下變硬了的心，常能被耶穌的愛軟化。

傳道人不但能解除人們肉身的苦痛，也能把罪人領到那位「大

醫師」面前去，這「大醫師」能使他心靈上之罪的痲瘋病得以潔淨。上帝要藉祂僕人的口，使患病、可憐，和被惡靈所附的人都聽見祂的聲音。藉著人的助力，祂要做一位世人意想不到的安慰者。

救主犧牲了自己的生命，為要建立一個能服務痛苦憂傷和受試探之人的教會。一般信徒也許是窮苦、沒有學問或名聲的，但靠著耶穌的力量，他們就能夠在家裏、在鄰里間，甚或天邊地極，做一種工作，其功效是極遠而永久的。

主對從前的門徒說，也對現在跟從祂的人說：

「天上地下所有的權柄賜給我了。所以，你們要去，使萬民做我的門徒。」「你們往普天下去，傳福音給萬民聽。」（太28:18-19；可16:15）

「凡我所吩咐你們的，都教訓他們遵守，我就常與你們同在，直到世界的末了。」（太28:20）

今日沒有好奇的群眾擁到曠野去看耶穌，或聽耶穌講道。耶穌的聲音已不再聞於鬧市之中。大路之旁，也沒有人喊說：「拿撒勒人耶穌經過。」（路18:37）然而這話現在仍是確實的。耶穌如今仍在街市上經過，不過我們看不見祂罷了。祂帶著恩慈的信息到我們家中。祂等著要與凡願奉祂的名服務的人合作。祂在我們中間，醫治我們，又要祝福我們，只要我們肯接待祂。

「耶和華如此說：『在悅納的時候，我應允了你；在拯救的日子，我濟助了你。我要保護你，使你作眾民的中保；復興遍地，使人承受荒涼之地為業。』對那被捆綁的人

說：『出來吧！』對那在黑暗的人說：『顯露吧！』」
（賽49:8-9）

「那報佳音，傳平安，報好信，傳救恩的，對錫安說：你
的上帝作王了！這人的腳登山何等佳美！」（賽52:7）

「耶路撒冷的荒場啊，要發起歡聲，一同歌唱；因為耶和
華安慰了祂的百姓，救贖了耶路撒冷。耶和華在萬國眼前
露出聖臂；地極的人都看見我們上帝的救恩了。」（賽
52:9-10）

論‧健康佈道
Ministry of Healing

第二篇‧醫生的工作

我給你們作了榜樣，

叫你們照著我向你們所作的去作。

第 7 章・上帝與人的合作

病者須由人與上帝合作而復原。

　　在治病的工作上，醫師須與耶穌同工。救主服事人的靈性，也服事人的肉身。祂所傳的福音是一種靈性生活和肉體復原的信息。救人脫離罪惡和救人脫離疾病，兩者是連帶的工作。這同樣的職任，是授予凡屬信從耶穌的醫師。他須與耶穌聯絡，一面解除人們肉體的痛苦，一面也供應人們靈性上的需要。對病人也須作一個恩慈的使者，向他們那為疾病所纏擾之身體和被罪擔所壓害的靈性，同時施下救藥。

　　耶穌是醫業的真首領。祂是最大的醫生，祂常在一群敬畏上帝為人類解除傷痛的醫師身旁做幫手。做醫師的人，一面利用天然的療法治療疾病，一面也當向病人介紹那位能兼治身心雙方痛苦的一位。醫師不過是協助的人，耶穌卻是成事者。醫師不過是設法助成天然的治療作用，而耶穌本身便是治病者。醫師無非想保持生命，而耶穌卻能賜給生命。

治病之源

　　救主在所行的神蹟之中，顯示了一種晝夜不息、常在運行的扶助人和醫治人的能力。藉著自然現象的種種動力，上帝是無時無刻不在養活、建造、恢復我們。無論身體的哪一部分受了傷害，一種修補的程序就會立刻開始；自然的作用就啟動來恢復健全。這種自然修補的動力，就是上帝的能力。一切賜生機的能力，都是從上帝那裏來的。所以人生了病，若得復原乃是上帝使他復原的。

疾病、痛苦、死亡是一種反動勢力的作為。撒但是毀滅者，上帝是恢復者。從前上帝對以色列人說：「我——耶和華是醫治你的。」（出15:26）對於今日那些身體和靈性得以恢復健康的人，這句話仍是一樣真確的。

「親愛的弟兄啊，我願你凡事興盛，身體健壯，正如你的靈魂興盛一樣。」（約參1:2）這幾句話，足以表示上帝對於我們每一個人存有何等的美意。

「祂赦免你的一切罪孽，醫治你的一切疾病．祂救贖你的命脫離死亡，以仁愛和慈悲為你的冠冕。」（詩103:3-4）因為祂就是上帝。

罪為病因

耶穌把疾病治好了以後，常警告那許多受苦的人說：「不要再犯罪，恐怕你遭遇的更加利害。」（約5:14）這話就是使他們知道他們的疾病是因犯上帝的律法而自取的，人惟有順從才可以保持健康。

做醫師的人，應該教導他的病人，使他們知道他們也須在恢復健康的工作上與上帝合作。醫師的經驗越豐富，就越覺得疾病是罪的結果。他知道天然的定律與上帝的十誡，都是神聖的，人必須服從這天然的定律與誡命，才可以保持健康，或恢復健康。他看出許多病痛都是有害的習慣的結果；這些受苦的人，只要能自己盡一點力，就可以恢復健康。做醫生的人，也應該使病人明白一切足以損害體力、智力、靈力的動機都是罪惡的，人必須服從上帝為使人類

得益而設的律法，才可以得享健康。

一個醫師若眼見病人因不良的飲食，或者喝酒，或有別種不良的習慣而受害，卻不去告訴他，這就是在害他了。酗酒之人和放浪淫逸之徒，都急待做醫師的人去明明白白地告訴他們，痛苦是從罪惡來的。凡已經明白生命原則的人，應該熱烈急切地努力抵抗疾病的根源。醫師既眼見病人在痛苦中不住地掙扎，又時刻在做一種解除痛苦的工作，對於消弭疾病的根源一事，怎能漠然不顧呢？他若不教訓人，使人知道嚴格的節制是補救病痛的方法，試問他可以算得虔誠慈悲嗎？

上帝的生命之律

當使人明瞭上帝的誡命便是生命的道路。上帝設立了天然的定例，但是祂的律法並不是一種專制無理的禁令。不論是物質方面或是道德方面的律，凡有一條「你們不可」，就有一個應許在其中。我們若能順從，幸福就在我們腳前。上帝絕不強迫我們行善，不過祂要救我們脫離罪惡，領我們走進良善。

當使人注意上帝向以色列人所宣示的律法。主對於他們日常的生活，有一定的訓令。祂指示他們許多關於健全的身體和健全的靈性的律法，並且應許他們說：「耶和華必使一切的病症離開你。」（申7:15）但是這應許是以順從為條件的。「我今日所警教你們的，你們都要放在心上。」「因為得著它的，就得了生命，又得了醫全體的良藥。」（申32:46；箴4:22）

上帝要我們達到藉著耶穌的犧牲而為我們成就的完善標準。祂

招呼我們揀選正義的一邊，與天上的能力相接，採取那足使我們恢復神形像的方針。在祂寫著的話和那自然界的書本之中，祂已把生命的原則指示了我們。我們的本分就是要去研究明白這些原則，以順服的精神與祂合作，使身體靈性同得復原。

健康的福音

人應該明白他們只有承受耶穌的恩惠，才能夠充分地得到順從的福氣。那使人有能力服從上帝律法的，就是耶穌的恩惠；使人有能力割斷惡習慣的束縛的，也就是耶穌的恩惠。惟有這恩惠的能力，才能夠保守他，維持他，穩穩站在止直的路上。

人若接受了那純潔的福音和福音的能力，他的一切因罪而生的疾患，就可以得著醫治。那「公義的日頭」出現，其「光線有醫治之能」（瑪4:2）。世界所有的一切物質，都不能醫治一個已碎的心，也不能卸除煩惱掃滅疾病使人的心神得著安寧。名譽、本領、才能，都不足以使苦惱的人轉為歡悅，或使已耗費的生命恢復過來。惟上帝的生命進入心中，是人的獨一希望。

耶穌之浸透人的全身的愛，乃是一種偉大的能力。每一重要部分——頭腦、心、神經——這愛的能力都能施以醫治。藉著這能力，人身最高的能力都可以被振興活動起來。人的心靈從此免於罪孽，免於憂悶煩惱——壓倒生命之力的重累。沉靜和安寧也就隨之而來。人的心靈之中被它種了非世上物質所能淹滅的快樂——在聖靈之中的快樂，施健康賜生命的快樂。

我們救主的話：「到我這裏來，我就使你們得安息。」（太

11:28）是醫治思想、身體、靈性各方面病症的良方。人們雖因為自己的過錯而惹了痛苦，主還是用憐憫的心對待他們。他們可以在祂那裏得著幫助。祂必為凡肯信靠祂的人施行大事。

雖然歷代以來罪已根深蒂固地種在人類之中，雖然藉著虛偽奸滑的手段，撒但已把他那解釋聖道的黑影印在上帝的道理上，使人類疑惑祂的良善；可是天父的恩慈和仁愛，卻總不止息地向世界奔流直下。只要人能把他們心靈的窗戶向天開啟，來接受上帝的恩賜，那醫治的功能就會如洪水般地倒進來了。

充分資格之不可少

做醫師的人，若要做耶穌可嘉的同工者，必在工作的各方面力求敏捷。他必切心研究，以致可以有資格擔任醫業的職任，並且時刻努力尋求更高的知識、更精的技巧、更深切的觀察，達到更高尚的標準。每一個醫師應該明瞭那工作無力缺乏效率的人，非但使病人受害，而且也害及同業中人。若以區區小技而自足，他非但使醫務事業的地位降低，更是侮辱了大醫師耶穌。

凡自己覺得不配做醫藥工作的人，就應該揀別的事情做。有的人雖很善於服事病人，但是他們的教育對於醫藥的資格有限，這種人還是擔任輕微些的事，忠忠心心地做一個護士好。他們如果能在精明的醫師手下耐心工作，趁機學習，就可以時時上進，有一天也許能完全達到做醫生的資格。至於年紀輕的醫師，應該與祂——大醫師——同工，「不可徒受祂的恩典。……凡事都不叫人有妨礙，免得這職分（醫師的職分）被人毀謗；反倒在各樣的事上表明自己是上帝的用人。」（林後6:1-4）

上帝對我們的旨意是要我們時時上進。真正的醫藥傳道醫師，應有切實精巧的本領。精於超群才能的基督徒醫師，應該出來加入上帝的工作，在他們可以培養別人作醫藥傳道者的地方服務。

醫師應把上帝之道的亮光收聚在心靈中，且要在恩典裏時刻長進。他的信仰不但要成為他的勢力影響之一，更要成為一種超乎一切的魄力。他的行動須有一種神聖高尚的動機——一種有力的動機，因為是從那位捨棄自己使我們有制勝罪惡之力的主而來的。

醫師若能忠實而且殷勤地在他的事業上精益求精，並將身心獻給耶穌的工作，時時省察自己的心，那麼他就可以察覺他之被召究竟有何等神聖的奧祕。他可以如此鍛鍊、培育自己，以便他的影響所及，四圍的人都可以見到與全智全能的上帝相通的人，所得的智慧和學識是何等的優越。

病房中的神聖助手

醫師的工作，比無論什麼事需要與耶穌有更密切的交通。凡欲在工作上收良好成績的醫師，就非時時刻刻實行一種基督徒的生活不可，病人的生命，是在醫師的手中。一件危急的病症，他只要在診斷方面略一草率，開錯一張藥方，或是開刀時的手術上略有不精，只要毫髮之錯，就可以把人家的性命犧牲，把人家的靈性投入永遠的沉淪。這麼一想，這醫師的工作，是何等地重大，是當如何地寸步不離開那位「神醫」的指導啊！

救主情願幫助每一個到祂面前來求智慧和理智的人。然則做醫師的人，一診一斷都有如此大的關係，還有誰比他們更需要智慧和

清楚的頭腦呢？凡打算延長人生命的人，要仰望耶穌指導他的一切動作。救主就必賜他機智和技巧以應付一切疑難之症。

照護病人的人，實有無上的良機。在設法使病人復原的事上，無論做什麼，該使病人明白醫師是在設法幫助他們與上帝合作抵抗疾病；應該引導病人，使他們覺悟他們每走一步與上帝的律法去湊合，就能夠得到神力的幫助。

病人若知道醫師是敬畏上帝的，那麼他們對於醫生和上帝的話語就有更大的信任。他們覺得在這樣的一位醫師面前受他的診治是很安全的。

相信耶穌的醫師，既認識主耶穌，就有這種權利，可以向祂祈求，請祂光臨病房。每逢施行重大的手術之前，應該求那位大醫師的幫助。一方面也應該使病人確信上帝能保佑他平平安安地度過危險，凡相信上帝的人，無論在什麼苦難中，都可以靠祂而得安全。醫師若不能如此行，就必屢次喪失許多可救之人。要是他能用言語激發病人的信心，使他信靠那位瞭解人的一切痛苦並與人深表同情的救主，並且用祈禱向主陳述病人的需要，那有許多危險的病症，常可以安然治癒的。

只有那位鑒察人心的主，知道有許多病人答應讓醫師開刀時是何等地戰慄和恐懼。他們瞭解自己的危境。他們雖或信靠醫師的手術，但是也知道這不是完全可靠的。但是他們一看見醫師跪下禱告求上帝的幫助，他們的內心就充滿了信任，他們的心門就被感激和信靠所開啟，使上帝的醫治之力可以進來，他們全身的精力都活動起來，生命就占了勝利。

對於醫師，救主的在場也是一個能力的要素。有的時候，他因為覺得責任重大，前途無望，心靈上就發生憂懼，他的手就缺乏精力，但是一想到有那「神醫」在旁扶助指引他，就覺得安穩而有勇氣了。醫師的手經過耶穌的撫摸，就有生氣、安靜，信託和力量了。

等到危險過去，成功顯著的時候，就應該費一點工夫與病人同做禱告。向上帝表示感激的心，因為祂已救了一個人的性命。病人若向醫師說什麼感激的話，醫師就該把稱讚移歸上帝，使病人知道他之得救，是由於那位「神醫」的保守。

凡這樣行的醫師，就是引導他的病人去見那位人所賴以得生的主——就是那位能夠救盡凡到祂面前之人的主。

對於靈性的工作

在醫藥傳道的事業上，應存救人靈性的摯望。做醫師的人，也與傳道的人一樣負有自古以來上帝所託付於人的最大責任。不論他覺得與否，那醫治靈性的責任總是在他身上。

醫師因為終日與今生的疾病死亡相周旋，就常疏忽了來生事實的嚴重。因為專心營救肉身的危難，他們就忘記了靈性的危難。他們所醫治的人，或許正在失掉他永遠的生命。這最後得救的機會一去，將不復回，但是在上帝的審判台前，醫師將重遇這喪失的生靈。

我們常常因在適當的時候，錯過了一句適當的話，就失去了那最可貴的福氣。我們若不等待良機，就必失之交臂。在病人的床邊

不可談起信條或爭論的話。應向受苦的人指出耶穌——就是願意拯救一切憑著信心到祂面前的人的救主。須抱著誠懇慈祥的態度，努力去扶助那在生死存亡之中徬徨無主的生靈。

認識耶穌的醫師——因自己曾在耶穌裏避難，而認主為個人救主的醫師，就知道怎樣對待那戰戰兢兢、罪病滿身，前來求他幫助的人。別人問他「我當做什麼才可以得救」的時候，他知道怎樣回答。他能夠宣述救主的慈愛，也能夠從經驗之中講出悔改和信心的大力。他能夠用簡淺誠懇的話，在祈禱中向上帝陳述那人心靈的缺乏，並且勸勉病人也去向慈悲的主仰求恩典。他既這樣在病人的床邊服事，竭力說安慰人、幫助人的話，主就利用他，也與他一同工作。病人的心思既被移向救主，耶穌的平安就充滿了他的心，於是他所得的心靈的康寧，就會同上帝的神力恢復了肉體的健康。

醫師在醫治病人的當下，也常有機會感動病人的朋友。當他們來站在他床邊，見他的痛苦之狀而未能相助於萬一之時，他們的心是軟化的。他們那不向旁人道及的憂傷，常向醫師說的。在此就可以趁機向他們這些憂傷的人，指出那位曾請一切困苦擔重擔的人來就祂的主了。有的時候，還可以和他們一同並為他們祈禱，把他們的需要，陳列在那位一切疾患的醫治者，一切憂傷的安慰者面前。

上帝的應許

醫師有絕好的機會可以把《聖經》中上帝的應許介紹給病人。他須從那寶藏庫中，拿出新舊物以應各人的需要，隨時隨地說人所欲得的安慰和教訓的話。他的頭腦，應該成為新穎思想的庫房。他對於上帝的道應加以勤力的研究，以致可以熟悉上帝的應許。耶穌

基督在世上教訓人和醫治人時所說的安慰人的話，他必須照樣去對人說。耶穌在世時怎樣醫治，怎樣顯出祂的慈愛，他必須把這些講給人聽。他絕不可以忘記把病人的心思引導歸向耶穌，就是那位大醫帥。

耶穌從前在世上時所運用的力量，也蘊藏在祂的話中。祂醫治、趕鬼、平風、靜浪，使死人復活，都是用祂的話；當時的民眾，也都證明說祂的話是有能力的。祂說上帝的話，正如祂在舊約時代對祂的一切先知和教師說話一樣。《聖經》無非是耶穌的表現。

我們接受《聖經》，當如接受上帝的話一樣，不單視為文字，也當看作祂親口講的話。受苦的人到祂面前來的時候，祂所看見的不單是這一兩個求幫助的人，也看見歷代以來凡有同樣困難而具同樣信心去求祂幫助的人。祂對癱子說：「小子，放心吧！你的罪赦了。」（太9:2）對迦百農的婦人說：「女兒，妳的信救了妳；平平安安地去吧！」（路8:48）這話祂也是對凡願來求祂濟助的、被罪壓害的人說的。

《聖經》的一切應許，也是這樣地直接對我們個人說的，好像面對面親口對我們說的。耶穌把祂的恩典和能力貫注我們，就是借重於這些應許的話；因為這些話就如生命樹上的葉子，能夠「醫治萬民」（啟22:2）。人接受了這些話，放在心中，融會貫通，就能成為品格的能力，使生命從此有所奮興和營養。此外再沒有什麼能有如此的醫治之功。再沒有什麼能增加人的信心和勇氣，使人的全身都受著生機和活力。

　　對那些站在墳墓口戰慄的人，和靈性不勝罪擔之苦的人，醫師應在有機會的時候，對他重述救主的話——因《聖經》上一切的話，都是上帝的話：

「你不要害怕！因為我救贖了你。我曾提你的名召你，你是屬我的。你從水中經過，我必與你同在；你趟過江河，水必不漫過你；你從火中行過，必不被燒，火焰也不著在你身上。因為我是耶和華你的上帝，是以色列的聖者，你的救主。……因我看你為寶為尊，又因我愛你。」「惟有我為自己的緣故塗抹你的過犯；我也不記念你的罪惡。」「不要害怕，因我與你同在。」（賽43:1-4, 25, 5）

「父親怎樣憐恤他的兒女，耶和華也怎樣憐恤敬畏祂的人！因為祂知道我們的本體，思念我們不過是塵土。」（詩103:13-14）

「只要承認你的罪孽，就是你違背耶和華——你的上帝。」「我們若認自己的罪，上帝是信實的，是公義的，必要赦免我們的罪，洗淨我們一切的不義。」（耶3:13；約壹1:9）

「我塗抹了你的過犯，像厚雲消散；我塗抹了你的罪惡，如薄雲滅沒。你當歸向我，因我救贖了你。」（賽44:22）

「耶和華說：你們來，我們彼此辯論。你們的罪雖像硃紅，必變成雪白；雖紅如丹顏，必白如羊毛。你們若甘心聽從，必吃地上的美物。」（賽1:18-19）

「我以永遠的愛愛你，因此我以慈愛吸引你。」（耶
31:3）「我的怒氣漲溢，頃刻之間向你掩面，卻要以永遠
的慈愛憐恤你。」（賽54:8）

「你們心裏不要憂愁。」「我留下平安給你們；我將我的
平安賜給你們。我所賜的，不像世人所賜的。你們心裏不
要憂愁，也不要膽怯。」（約14:1, 27）

「必有一人像避風所和避暴雨的隱密處，又像河流在乾旱
之地，像大磐石的影子在疲乏之地。」（賽32:2）

「困苦窮乏人尋求水卻沒有；他們因口渴，舌頭乾燥。我
──耶和華必應允他們；我──以色列的上帝必不離棄他
們。」（賽41:17）

「造作你，又從你出胎造就你，並要幫助你的耶和華如此
說：……我要將水澆灌口渴的人，將河澆灌乾旱之地。我
要將我的靈澆灌你的後裔。」（賽44:2-3）

「地極的人都當仰望我，就必得救。」（賽45:22）

「祂代替我們的軟弱，擔當我們的疾病。」「為我們的過
犯受害，為我們的罪孽壓傷。因祂受的刑罰，我們得平
安；因祂受的鞭傷，我們得醫治。」（太8:17；賽53:5）

第8章・醫生是教育家

「智慧人的嘴，播揚知識。」

　　真正的醫師就是教育家。他認識自己的責任，不但對於那些在他照料之下的病人有責任，對於他周圍的鄰居身上也有責任。他是個身體方面健康的保護者，也是個道德方面健康的保護者。他不僅要盡力使人明白治病的正法，也要設法教導在生活方面養成正當的習慣，傳揚一種健康的真理。

衛生教育之必要

　　衛生原理的教育，從沒有比現今更為需要了。在現今物質進步的世上，一切安適和便利，以及衛生和治病的方法等各方面，雖都有了長足的進步，可是人體的力量和忍受性的衰落，著實驚人。這是凡關心人類幸福的人所必須注意的。

　　我們物質的文明，反增加了許多破壞良好規例的惡勢力。習慣和時髦，都在向自然挑戰。人們習尚的盛行，和私欲的放縱，都足以一步一步地減低人的智力和體力，使一種難挑的重擔，壓在人的身上，我們舉目四顧，隨處都有放縱私欲、犯法、疾病和困苦的事。

　　有許多人違逆健康的規例是因為不明白，應該有人去指導他們。但是大半的人並非不知，乃是知而不行。應使他們覺悟實行的緊要，要把所知道的實行出來。醫師有許多機會，非但可以把健康的道理告訴人，也可以使他們明白實行的緊要。醫師若能用適當的方法教導人，就能改除許多為害無窮的惡習。

藥物的施用

　　無限制地使用有毒的藥，不但足以種下許多疾病的根苗，且足以引起更大的害處。許多人生了病就一心想要擺脫疾病的痛苦，卻不肯費心去考究病的根源。於是他們便去用一些普通的成藥，這些成藥的性質他們一點也不知道；或者請醫生發一點藥，解除他們惡習的結果，卻毫不想在他們不健康的習慣方面下手改良。要是一樣藥不能立刻見效，他們就再換一樣，於是藥石亂投，害處就無窮了。

　　人應該知道藥物並不全然能使疾病痊癒。固然有的時候藥品足以解救暫時的痛苦，病人好像是因為吃了藥就痊癒了；不過究竟這還是因為自然的力量有這種充分的機能，足以排除藥品中的毒質勝過了種種致病的因由。這疾病的痊癒，並不是藥物的功勞。但是大多時候，藥品不過把疾病從這一種變成那一種，或從身體這一部分遷到那一部分而已。至於藥品裏面所含的毒質，其對於身體的影響，一時似乎沒有發現，卻總是存留在身體內部，之後產生出很大的後患。

　　許多人因為用有毒的藥品，就自取了終身的疾病，以致有許多本來用天然療法可以救治的人，也因此喪失了性命。一般所謂藥品中所含的毒質，足以令人養成一種習慣或癮，使身體和心靈兩受其害。一般廣告的成藥或止痛藥，連有些醫師所用的藥品，都是釀成現今社會最可怕的咒詛，種下酒癮、煙癮、嗎啡癮的根源。

天然的治療之功

　　改良事情的唯一希望，就在乎把正當的原則教導人民。醫師應

使人知道治病的功能不在藥品中，乃在大自然中。疾病不過是自然界在身體裏面對於人違反健康之例所有結果的發洩，所以有了疾病，先應該斷定致病的原由，把不健康的情形改除，把不良的習慣去掉。此後我們就要設法幫助自然排除污物，使身體內部工作重入正當狀態。

天然的療法

新鮮的空氣、陽光、有節制的飲食、適度的休息、適宜的食物、運動、水的應用、信靠上帝——這都是真正的治療。每一個人對於自然的治療之功和應用的方法，都應當有一種知識。我們應當明白醫治病人的原理，也當受一種切實的訓練，以致可以使用我們的知識：這兩樣是一樣要緊的。

要利用天然的方法治病，須有相當的熱誠和細心，是許多人所不願意表現的，天然的治療和恢復是一步一步逐漸而來的；在不能忍耐的人看來，就要嫌得太慢了。放棄有害的私欲，非有克己的精神不可。但是最後我們就可知道，我們若不去阻礙自然之力，那自然自會很巧妙地做成它的工作。凡能恆心遵照自然之律而行的人，就能收到身體和精神雙方健康的報酬。

健康的保持

我們對於健康的保持往往太不注意，然而預防勝於治療。每一個人為自己和他人雙方的利益，都當明瞭生存之律，並且憑著良心去遵行此律。人的身體就是宇宙間最奇妙的一種組織，是每個人所應當認識的。我們須明瞭體內各部器官的作用，和彼此在健康方面

所有連帶的關係。其他如心理與生理相互間的影響，以及管理身心的一切規律，尤其是我們所當研究的。

預備走人生的奮鬥之路

健康不是僥倖得來的，這話我們已聽過無數次了。健康是順從律法的效果。且看比賽各種體力的運動員，就可以明白這一道理了。他們在預備的時候，小心至極；一切嚴格的規則和透徹的訓練，他們都服從；對於自身的起居習慣，尤是處處謹慎。他們知道他們如果疏忽不慎，或者在飲食等等方面過了度，致身體的無論哪一部器官受了損害，或減低了作用的機能，那麼他們一定是要失敗的。

我們如果要在人生的奮鬥方面占勝利，尤其是少不了這種謹慎啊！我們所打的仗，有關永遠的結局，並不是兒戲的戰爭。我們有看不見的仇敵要應付。魔鬼的惡使者是在竭力地要擄掠每一個人。凡屬有害健康的事物，不但使身心衰弱，也足以減低理智和道德方面的能力。人在無論什麼不健康的習慣上放縱，都足以害及他的辨別是非的機能。分辨是非的機能既弱，抵擋罪惡就更困難。抵擋罪惡既更困難，失敗的危機也就愈多了。

「在場上賽跑的都跑，但得獎賞的只有一人。」（林前9:24）在我們所加入的戰爭上，凡能服從正規約束自己的人，各個可以得勝。大概人總以為人生不必樣樣循規蹈矩，好像這是無關緊要的瑣事，不值得我們去注意。然而看到前途的關係和結局，我們就該知道我們所做的事沒有一件是細微的了。我們的每一舉動，都有一分重量，能在人生的天平上斷定我們一生的成功或失敗。《聖經》吩

咐我們說：「你們也當這樣跑，好叫你們得著獎賞。」（林前9:24）

我們的始祖因為不能節制欲念，就失了伊甸的樂園。在凡事上節制，對於恢復伊甸園這一方面所有的關係，是過於我們所能感悟的。

保羅指古時希臘賽會中人的克己精神說：「凡較力爭勝的，諸事都有節制，他們不過是要得能壞的冠冕；我們卻是要得不能壞的冠冕。所以，我奔跑，不像無定向的；我鬥拳，不像打空氣的。我是攻克己身，叫身服我，恐怕我傳福音給別人，自己反被棄絕了。」（林前9:25-27）

改革的根底

改革的進行，在乎對於根本真理有確實的明瞭。照現在的情勢，我們前面有兩種危險：一種是固執狹窄地死守舊觀，一種是漫無限制地急進。上帝的法律，就是真能持久的改革之根本。我們須清清楚楚地講明順從上帝律法的需要，把上帝的一切規例條件常放在人民眼前。這一切都與上帝本身一樣是永存和不可更動的。

古時世人叛道最可悲的一種結果，就是人失了自制的能力。要有真正的進步，非先恢復這種自制的能力不可。

身體乃發展理性和靈性而造成品格的唯一的媒介。所以那靈性的敵人，便從此下手施行他的引誘，使身體的機能漸入衰弱墮落的地步。要是他能在這方面取勝，那麼人的一切就都在他的惡勢力之下了。我們血肉的身體，有一種向下的趨勢，若不受制於一種較高尚的能力之下，一定會造成毀滅和死亡。

人體須被降服。人類高尚的智能應當作主。情感須受意志的管束，而意志的本身則須受上帝的管束。理智的高超能力，受了神恩而成聖，應當掌管我們的生活。

人的良知，必須明瞭上帝的需要。男女們必須醒悟自身需要清潔、脫離一切卑劣的嗜好，和污穢習慣的責任。他們須深深地覺悟自己所有一切的身心的機能，都是上帝所給予他們的禮物，應當盡力善為保守，以便為上帝服務而用。

在古時獻祭（就是福音的表號）的時候，有瑕疵的祭物，絕不可放在上帝的壇上。那預表耶穌的祭物，必須是毫無瑕疵的。上帝的話也說這就是表明了祂的子民所應有的樣式：「聖潔沒有瑕疵」，「上帝所喜悅的」，「活祭」（弗5:27；羅12:1）。

上帝的力量之需要

若沒有上帝的力量，就不會發生純正的改革。人為抵擋自然及養成之趨向而有的屏障，無異怒濤中的沙堤罷了。若不是耶穌基督的生命在我們的生活上成了一種活潑的機能，我們就絕不能抵抗內外相侵的試探。

耶穌到世上來，行了上帝的律法，使人對本性中所有的敗壞心靈的惡念，能有完全的統治。那醫治靈魂也醫治身體的「醫師」，惟祂能使我們戰勝惡欲。祂已開了一切門路，使人能有品格上的完全。

一個人既降服耶穌基督，他的心思意念也就歸在律法的管理之下。但這是王道的律法，乃使每一個被擄之人得自由。人與耶穌基

督合而為一，就得自由。順服上帝的旨意，就是完全人的恢復。

順從上帝，等於從罪的奴役之中得自由，就是從肉體情欲中得釋放。克服己身，戰勝自己的欲念，戰勝掌權的、執政的，戰勝「管轄這幽暗世界的，以及天空屬靈氣的惡魔。」（弗6:12）這是人所做得到的。

在家庭裏的教訓

這種教訓的施行，沒有別的地方比家庭裏更要緊，也沒有別的地方比家庭裏可以收效更大。父母對於人的品格和習慣的根底是有關係的。要興起改革的運動，須先使做父母的人明白上帝對於人的身體和道德雙方所有的律法。叫他們知道，我們在這一切破壞全世界的罪惡之中唯一的保障就是聽從上帝的話。至於他們的責任，須對他們講述，他們不但對於自己有責任，對於兒女更有責任。他們所給予兒女的榜樣，非是順從，即是叛逆。一家的前途和命運，全要視父母的榜樣和教訓而定。父母使兒女怎樣，兒女便成怎樣。

若是能領做父母者去研究他們舉動所發生的結果，並且明白他們的言行榜樣如何能種下並且增加或善或惡的勢力影響，那麼一定可以有一種改變了。許多人就會撤除習俗和遺傳來接受生活的神聖原則。

榜樣的能力

醫師既在人的家裏服事人，在病人的床邊看顧人，解除人的痛苦，從墳墓的門口救人回來，又對將死的人說希望的話，所以他就可以在病人身上得別人所難得的信任和敬愛。即使傳道的人，也沒

有醫師那樣偉大的機會和深遠的感化力。

　　醫師的榜樣和他的言論一樣，都應該絕對地在正義的方面著力。改革的運動須有能在生活上表現自制力的男女幫忙。我們所宣傳的主義，須能自己實行出來方有實力。這世界需要一種實際的榜樣，顯示上帝的恩惠能如何使人類恢復已失的主權，克服自己的身體。由像耶穌的人生來表現福音救人的大能，乃為現今世上所最需要的道理。

　　做醫師的人，常常遇見一般需要好榜樣幫助和激勵的人。許多人在道德方面都是缺少力量的。他們沒有自制的能力，極容易被誘惑所勝。醫師唯在自己的生活上表現正義——能幫助人戰勝一切卑鄙的私欲和有害習慣的正義之力，才能去幫助這一等軟弱的人。醫師身上須顯出上帝力量的作用。如果他在這一點上失敗，那麼無論他的言語怎樣有力、怎樣動人，他的感化力卻總是向惡不向善的。

　　許多來求醫問藥的人，因為自己不良的習慣，在道德上已到破產的地步。他們又軟弱，又受了重傷，也很感覺自己的愚劣無力勝過罪惡。這等人應完全改換環境，使不再有什麼激起他們從前的思想。他們應有高尚的思想，到那純潔的空氣裏來。倘若那些應該做他們良好榜樣的人，自己也是惡習慣的奴隸，那麼他們的影響反足以加深誘惑的勢力，這是何等可怕呢！

醫師與節制的工作

　　到醫師面前來就醫的人，有許多是抽菸喝酒的；這些人是在破壞自己的身體，也在破壞靈性。盡責的醫師，必須使他們明白患病

的原因。然而，如果醫師自己也是抽菸喝酒的，那麼他的話能有什麼價值呢？他自己的良心既責備他，使他想起自己的不節制，那麼要他指出病人的污點，豈不是有些為難嗎？他自己既是抽菸喝酒的，怎能使青年人覺悟菸酒的害處呢？

做醫師的人，若自己是個放縱惡習的人，那麼他怎能站在眾人中間做一個純潔自制的模範？又怎能在節制運動上做一個有能力的工人呢？他自己的呼吸既帶著菸酒的臭味，又怎能在病人的床邊施展良好的服務呢？

做醫師的人，既被麻醉劑等毒物弄得神智不清，他怎能得到人家的信任算是精明的醫師呢？他怎能夠有敏捷的診斷和精密的手術呢？

若是他不遵守治理他自己身體的規例，若是他自甘放縱私欲而不顧身心的健全，那麼他豈不就是表示自己不配受人生命的委託嗎？

工作上的灰心

一個醫師無論多麼精明、忠誠，總不免要遭遇許多顯著的困難和灰心失敗的事。他的工作常不能照著他的心願而成就。他的病人雖在身體方面恢復了健康，然而這對於病人本身和世界也許並沒有真正的益處。有許多人被醫好了，以後無非仍重蹈覆轍，再犯同樣的毛病，再像從前一樣，如醉如狂地陷入那種愚頑惡劣的習慣之中。醫師在他們身上所做的工夫似乎等於白費的。

耶穌也碰見過這樣的事，然而祂並沒有停止為一個受苦的人勞

力。十個長大痲瘋的得了潔淨，其中只有一個感恩的，他還是個外邦的撒馬利亞人。然而耶穌為了這一個，就醫好了十個人。做醫師的若收不到比救主更好的效果，他就應該從那大醫師那裏得一個教訓。《聖經》論到耶穌便說道：「祂不灰心，也不喪膽。」「祂必看見自己勞苦的功效，便心滿意足。」（賽42:4；53:11）

如果世上只有一個人肯接受祂的恩惠與福音，為了救這一個人，耶穌也願來就這種勞苦卑微的生活和可恥的死。所以因我們的工作，如果有一個人得了提拔，升到高尚的地步而能在主的殿裏發光，我們豈不也應當歡呼嗎？

個人的缺少和危險

醫師的責任是辛苦繁瑣的。他必須有一個健全的身體，才可以好好地擔任這一切責任。一個體弱多病的人，絕不能擔任做醫師者的辛苦繁重的工作。一個不能完全制服自己的人，也沒有應付各種疾病的資格。

做醫師的人，常沒有睡眠的時間，連飲食有時也得犧牲；至於社交的樂趣，和禮拜的權利，他也大半不能有分，因此他的生活就似乎常在愁雲之中。他所目睹的痛苦的情形，所看見的病人求救的慘狀，以及與墮落之人的接觸，都足以使他心痛，使他對於人生幾乎絕了希望。

在與疾病和死亡奮鬥之時，醫師所有的精力幾乎都要用到盡頭。這種掙扎的反應，足以試煉他的品格至於極處。在這個時候，誘惑就有了最大的力量。所以做醫師的比無論做什麼事的人，更需要自

制的心、純潔的靈，和信靠上天的精神。為別人、為自己，他都不能蔑視健康的定律。身體方面習慣的疏忽，足以引起道德的疏忽。

唯一的保障

在任何情形之下，醫師的唯一保障就是要踏著條例走路；他須依仗一種惟從上帝而來的堅強意志，以達超越原先的程度。他須在品格的道德上占卓絕的地位。他的生活應時時刻刻地表現他是在那不見的世界面前為人。他必須恆心忍耐，「如同看見那不能看見的主。」

正義的根本就是虔誠。人的生命除非與耶穌一同隱藏在上帝裏面，就沒有能力在人面前長久保持一種純潔堅強的行為。所以人在世上的活動愈廣，他的心也必須與天庭來往愈密。

醫師的職務愈急，責任愈重，他對於神力的需要也就愈甚。他必須從暫時的世事上省下工夫來，思想那永久的事，必須拒絕那緊壓著他要迫他與那能力之「源」隔絕的世俗的侵略。他應比一切人格外虔誠，多禱告、多查經，將自身躲藏在上帝的保護之下。他的生活尤應該時刻留神，務使合乎那在人的心靈之中顯示上帝品德純正仁慈的規例。

人怎樣接受並順從上帝的話，則他的每一舉動和品格的各方面，就必受它的影響和深刻的改革。上帝的話足以潔淨每一個思想，節制每一個意念。凡把上帝的話當作靠山的人，就能克服自己作一個真正強壯的人，也必脫離俗塵，超然升到一種毫不污染的空氣之中。

人若與上帝為伴，那麼，那在異邦的宮庭中保守約瑟和但以理不被腐化的一種堅定不動搖的意志，也必使他的一生純潔無疵，他行為的袍，就必毫無斑點。耶穌的光在他身上必不隱滅。那光明的「晨星」，必永久不變，在他之上閃爍。

　　這樣的人生，就可以在眾人面前做一種能力之源，就可以為凡在困苦艱難之中尋求正道的人，做一盞引路的明燈；對受試煉的人做一個保障；對罪惡做安全的關口。

第三篇・醫藥佈道士和他們的工作

他們「在多國的民中，
如從耶和華那裏降下的露水。」

第 9 章・訓誨與治病

「又差遣他們去宣傳上帝國的道，醫治病人。」

耶穌差遣祂的十二個門徒出去作第一次遊行傳道的時候，吩咐他們「隨走隨傳，說：『天國近了！』醫治病人，叫死人復活，叫長大痲瘋的潔淨，把鬼趕出去。你們白白地得來，也要白白地捨去。」（太10:7-8）

此後祂又差遣七十個人出去，對他們說：「無論進哪一城，……要醫治那城裏的病人，對他們說：『上帝的國臨近你們了。』」（路10:8-9）

耶穌自己和祂的能力也伴著他們，以致他們後來都「歡歡喜喜地回來，說：『主啊！因祢的名，就是鬼也服了我們。』」（路10:17）

耶穌升天以後，門徒仍繼續醫病傳道之工，一切氣象仍不減當年耶穌自己在世時的精神。

「有許多人帶著病人和被污鬼纏磨的，從耶路撒冷四圍的城邑來，全都得了醫治。」（徒5:16）

「門徒出去，到處宣傳福音。主和他們同工。」（可16:20）

「腓利下撒馬利亞城去，宣講基督。眾人聽見了，又看見腓利所行的神蹟，就同心合意地聽從他的話。因為有許多

人被污鬼附著，那些鬼大聲呼叫，從他們身上出來；還有
許多癱瘓的、瘸腿的，都得了醫治。在那城裏，就大有歡
喜。」（徒8.5-8）

門徒的工作

寫〈路加福音〉的路加是一個醫病的傳道上。《聖經》上稱他
叫做「所親愛的醫生」（西4:14）。使徒保羅聽說他的醫術高明，
就去請他出來，把上帝所委託的特殊工作放在他身上。他就和保
羅合作，隨著他游行各處。過了些時，保羅把他留在馬其頓的腓
立比地方，他就在那裏一面治人的病，一面把福音講給人聽，做
了好幾年的工。他做醫生，一面服事人，一面就求上帝的醫治之
能降在受痛苦的人身上，因此傳福音就有了門路。路加在外邦人
中，從醫病的成功方面，得了許多傳揚耶穌的機會。上帝的聖
旨，就是要我們照著使徒的方法去做工。身體的醫治，與福音的
使命，是相聯的。在福音的工作上，訓誨和治病兩者是永不能分
開的。

門徒的工作是要傳福音。上帝已把對普世宣揚耶穌所帶給人類
的一切好消息的責任，交給了他們。這種工作，他們對當時的人民
可說是已做成了，因為在他們的一個世代之中，福音就傳遍了天下
各國。

福音傳給世界，是上帝所託付每一個承認祂名之人的工作。對
世上的罪孽和憂愁，福音是唯一的救藥。所以凡人既知道了福音的
功能，他的第一要務，便是要把上帝恩惠的福音傳播於人間。

人類對於福音的需要

耶穌差祂的門徒出去傳道的時候，世人對於上帝和祂的言語所有的信仰，幾已完全消失了。猶太人從表面上說來，雖是認識耶和華的，然而耶和華的教訓已被他們撇在一旁，以風俗遺傳和人的理論取代。高傲、自私、張狂、貪得無厭等等的欲念，占滿了世人的心。因人既不敬上帝，也就不愛同胞，於是自私的心便大行方便之門，撒但就趁機活動，實行他作亂使人類墮落的計畫。

撒但的使者，俘擄了人類。人的身心本是給上帝住的，今反成了鬼魔的居所。人的五官神經以及一切器官，都受了罪的神祕之力駕馭，放在最可憎的情欲之中；連人的臉上也刻著惡鬼的印子。人既被各種罪惡所附，就在面容上映出罪惡的象徵。

試問今日的世界，呈顯何等的景象？人對於《聖經》的信仰，豈不也被現今所謂「高等批判」（higher criticism，又稱「歷史批判」）和人的理論所推翻，正如在耶穌的時代，被一般遺傳和拉比的教訓推翻一樣嗎？現代人的貪得求遠和專愛娛樂的心，豈不也與從前一樣強烈嗎？在名目上信從基督的人中，連在一般名目上稱為基督教會的基督徒之中，真正服從基督原則管理的能有幾個呢？在生意場上、社會中、家庭裏，連在宗教的範圍之中，有幾個人真能在日常的生活上實行耶穌的教訓呢？這種情景，豈不是真所謂「公義站在遠處，……正直也不得進入。……離惡的人反成掠物」嗎？（賽59:14-15）

我們現在是處在「罪病流行」的時代，那思想精密、敬畏上帝的人，看見這景況就十分驚恐。世上流行的腐敗情狀，實非筆墨所

能形容。我們舉目四顧，看到政治方面，哪一天沒有爭執、賄賂和欺詐的事情？社會方面，哪一天沒有強暴犯法、殘忍、兇殺、自盡，以及種種家破人亡的痛心記錄？說是撒但的使者正在竭力作祟，要擾亂人的思想，毀壞人的身心，還有什麼可疑呢？

世上充滿了這種罪惡的時候，傳福音的人卻還往往抱著漠不關心的態度去傳講，以致在人的良心和生活方面，不足以引起什麼感應。世界上到處都有人渴望著一種他們所沒有的事物。他們企慕一種足以助他們制勝罪惡的能力，一種能救他們脫離罪惡捆綁，把健康安寧和生命給予他們的能力。有許多人從前已知道了上帝之道的能力，現在雖住在不認識上帝的地方，然而他們仍企望上帝的聖容。

二千年前世界的需要，就是今日世界的需要——耶穌所顯示的一種大改革運動，是現今的需要。不過要謀人的靈力、智力、體力方面的恢復，非賴於基督耶穌的恩惠不可。

耶穌感動人的方法

只有耶穌的方法，能有感動人的真功效。救主與人同居、同處，確是一個為人群謀利益的人。祂與人表同情，奉承他們的需要，以此博得他們的信仰，然後再吩咐他們「來跟我」。

用個人的功夫與人接觸聯絡，這是少不了的一步工作。如果能少用工夫講道，多用工夫為個人服務，那麼工作當有更大的果效。困苦的人，須有人去解救；患病的人，需要照顧；憂悶傷心的人，需要安慰；愚昧無知的人，需人教導；缺少經驗的人，需要指示。

我們要與哀哭的人同哀哭，與快樂的人同快樂。這種工作若能具有勸導的能力，和祈禱而來的能力，以及上帝之愛的能力，就不愁沒有功效，也絕不會沒有功效的。

我們須永遠記著醫藥傳道事業的宗旨，是要向患罪病的男女，指出那位除去世人罪孽、死在「髑髏地」的人。望著祂，世人就可以化成祂的模樣。我們須激勵患病受苦的人，使他們望著救主而得生存。傳福音的人，應把那大醫師耶穌基督，時刻放在那些因身體和靈性的病痛而致心灰意懶的人眼前，使他們認識祂是個能醫治性靈身體雙方疾病的唯一大醫師；叫他們知道主對於他們的殘缺狼狽之狀，很有哀憐的心；勸勉他們把自己的身心交託在祂的手裏。祂為要他們有得永生的可能，就不惜捨棄自己的生命。我們應傳述祂的慈愛，宣揚祂救人的大能。

這就是醫藥傳道士至大的責任和優良的機會，而這種優良的機會大概是從個人的工作開路的。上帝常利用我們的努力去解除人身體的痛苦，藉以感化人的心。

醫藥傳道的工作是傳福音的先鋒。醫藥傳道和演講傳道，兩方都是要宣傳福音、實踐福音。

傳道護士的工作

幾乎每一處地方，都有許多人不聽上帝的道，不赴宗教的聚會。如果要使這種人受福音的感化，就非把福音送到他們門上不可。解救他們肉體的痛苦，往往就是感化他們的唯一途徑。解救痛苦，服務病人的護士，可以有許多與他們祈禱、讀經，講論救主的

機會。他們可以為一般意志薄弱，無力制服因情感而生的惡欲的人禱告，也可以與他們一同禱告。在一般戰敗灰心之人的生命之中，給他們一線光明的希望。他們真誠的愛，在不求利己的好行為上顯出來，就能使一些困苦的人，易於信靠耶穌的愛。

許多人對於上帝已失去信仰，對於人也失去了信任。然而他們仍能感激別人的幫助和同情。他們看見有人抱著不求世人頌讚和酬報的精神，去到他們的家裏服事生病的人，安慰傷心的人，使飢餓的得吃飽，赤膊的有衣穿，並以憐憫慈愛的態度，向他們介紹那位一切根源的主，使他們知道他自己不過是傳揚救主仁慈的使者——看見這一切，他們的心就受觸動，感激之意油然而生，信心也就被引發。他們看出上帝是照顧他們的，所以他們的心已預備好，願意聆聽上帝的話。

不論是在國內外、是男傳道士或女傳道士，如果能為病人服務，就更容易感動人，有更多的機會，把真理傳開。尤其是凡到異邦去傳道的婦人，雖在各方面都沒有方法下手做工，卻可以從此找到機會，將福音傳給那裏的婦人。普通簡便的治療法，便能足以解除人的痛苦和疾病，是每一個傳道的人所應當學會的。

教授健康的原則

傳福音的人也應該能夠教授健康的常識。疾病是隨處都有的，若人能注意健康的條例，那麼大多的病痛是可以免除的。人們需要看出講究健康對於他們今生和來生雙方的幸福，是有多麼大的關係。上帝造人，人是上帝的居所。祂把身體賜給人，要人好好地保守。我們應該去提醒世人，使他們覺悟他們對於自己的身體負有何

等的責任。我們應深深地使他們感到《聖經》上有一段話的真意義：

> 「我們是永生上帝的殿，就如上帝曾說：我要在他們中間
> 居住，在他們中間來往；我要作他們的上帝，他們要作我
> 的子民。」（林後6:16）

許多人都需要也極願意領受一種簡易療病方法的教導；用這種簡易的方法療病，可以代替有毒的藥品。關於飲食方面的改良，眾人也大大地需要一些知識。現今世界上飽受了罪惡和苦惱的咒詛，究其根源，飲食方面的不節制，不講究衛生，和種種不良的習慣，也未嘗不是主要原因之一。

在教導人健康原理時，不可忘記改革的大目的——就是使身體思想和心靈得到最高的發展。須對人指明自然之律，就是上帝之律，是為人的利益而設立的。人若能遵守這些定律，那麼它們非但可以增進此生的幸福，更能幫助籌備來生的生活。

要教導人從自然界的事物上認識上帝的慈愛和智慧，引導他們研究人體奇異的組織，和一切保護身體的規律。凡人若能略為看出上帝之愛的證據，並領悟祂律法的精審優良，以及對於遵守者所有的益處，就會另具一副態度來盡他們的本分，遵守所當遵守的律法——不以為是什麼刻苦犧牲的事，乃是一種無窮的福樂。

凡宣傳福音的人，個個都應該把教導健康原理的工作，視為分內的責務。對於這一種教訓，世界有很大的需要，並且是開著大門迎接的。

個人的工作

　　人的智慧，是注重團結的，是偏於中心的，所以無論在什麼地方，都有一種以團體工作來代替個人工作的傾向。我們建造了禮拜堂，成立了各種機關，於是許多人就把仁愛的工作交卸在團體和機關的身上。他們自己既不去和世人接觸，愛心就漸漸地冷淡，變成專顧自己和冷酷硬心的人。愛上帝和愛人的心，從他們的性靈上死去了。

　　耶穌託給祂的門徒一種個人的工作。這種個人的工作是不可以叫別人代做的。服務生病的人，幫助窮苦的人，傳福音給失喪的人；這些工作是不可以交卸在什麼團體或慈善機關身上。個人的責任、努力、犧牲：這是福音的必需品。

　　「你出去到路上和籬笆那裏，勉強人進來，坐滿我的房子。」（路14:23）這是耶穌的吩咐。祂使我們與我們所要濟助的人接觸。祂對我們說，要「將飄流的窮人接到你家中，見赤身的給他衣服」，「手按病人，病人就必好了」（賽58:7；可16:18）。福音的恩典，是要憑著直接的接觸和個人的服務而傳遞的。

人人都當做工

　　古時上帝啟示祂的百姓，並不假手於哪一種特殊階級。但以理是猶大的宗室；以賽亞是王族；大衛是牧童；阿摩司是看羊的人；撒迦利亞是從巴比倫來的一個俘虜；以利沙是耕田的農夫。主揀選先知和王子，也揀選貴族和貧民，做祂的代表，教以真理，差他們去教導世人。

　　凡來分享主恩惠的人，主就派他們為別人作一種工夫。我們每一個人，都要站在自己的身分和地位上說：「我在這裏，請差遣我。」（賽6:8）在牧師、教師、傳道人、護士、醫師的身上，以及每位信徒的身上，不管他是商人、農夫，或以手工技藝為業的人，是有專門職業的人——無論何人，身上都有一種個人的責任，向世人顯示那足以使他們得救的福音，這便是我們的工作。我們的一切企圖和事業，都應該以此為目的。

　　凡擔起主所派給的責任之人，非但能為別人造福，還可以利及自身。他們既感覺自己的責任已盡，那麼這種感覺在他們的精神上就會生出一種反應。灰心的人就會忘記他們的灰心，懦弱的人可以變成剛強，愚昧的人得以化為聰明。無論什麼人，都可在那位召他們的主那裏得到確實可靠的幫助。

教會是一所訓練的學校

　　基督教會成立的目的是服務。它的口號就是服務。教會的教友便是軍隊，要操練起來，預備在他們蒙救的「領袖」統帥之下作戰。教會裏的牧師、教師、醫師和教員所有的責任，是比一般人所想的更重大。他們不但要服務眾人，還應該教他們服務；不但要用正義來教導人，也必須訓練聽的人把所聽見的真理轉傳出去。真理如果不實行，不轉傳，就失了它的一種賜生命的能力和慰撫治療的效用。人若要保守真理的利益，就必須把真理傳給別人。

　　我們對於服事上帝所有的枯燥乏味的態度，須得打破才好。每一個教友都應該為主做一點事。固然有的人所做的事不能像別人那樣多，但是大家都應該盡個人的力量來抵住那普世氾濫的罪惡和疾

病。有許多的人不做工，並不是不願動手，乃是因為沒有人教他們怎樣開始。他們需要指導和鼓勵。

每一個教會都應該成為耶穌之工人的訓練學校。教會須把怎樣帶人查經，怎樣教安息日學學課，怎樣去勸勉未曾悔改的人，以及幫助窮人看顧病者的最好方法，教導信徒。此外還當設立醫護學校、烹飪學校，和各種服務工作的訓練班。在教授方面，除了用口講授，還應該使教友們跟著有高深經驗的指導者出去實地工作。做教員的人，須親自率領著學員去到人民中間服務，使學員與他聯絡同工，好學他的榜樣。一個實際的榜樣，比許多口頭的教訓更有價值。

每一個人都應該儘量鍛煉自己的體力和智力，以致上帝召他的時候，無論要他到什麼地方，他都可以去。以前從耶穌基督那裏降在保羅和亞波羅身上使他們的靈性達到高超地步的恩賜，現在也曾降在熱心服務的基督徒之傳道者的身上。上帝要祂的子民有聰明智慧，以致祂的榮光能夠十分清楚有力，毫無錯誤地顯在我們的世界上。

最有成效的工人

受過教育而將自身奉獻給主的工人，比沒有受過教育的工人，能用更多的方法做工，並且做更偉大的工作。他們所受智力的訓練，足以使他們占到有利的地位。不過普通的人，雖然沒有特殊的天才，未曾受過高深的教育，也可以予人以良好的服務。上帝必取用凡情願被祂取用的人。那具有最偉大最久遠之功效的的事業，不一定是最聰明最有天才的人做的。主的工作需要聽過天上消息的男女去做。耶穌說：「你們當負我的軛，學我的樣式。」（太11:29）凡來應這邀請的人，便是最有用的工人。

至於所需要的，就是有真心的傳道人。一個人的心若是受了上帝的感動，那麼他對於那些還未認識神的慈愛的人，就會大發惻隱之心。他們的景況足以使他深深地感覺一種似乎親歷其境的痛苦。於是他便會拚著自己的性命向前直去，像一位受著上天使命和感動的使者，去做一種天使所能夠合作的工夫。

凡人若從上帝手裏得了深厚的天賦，而把所得的天賦引作自己的私用，那麼經過多少時期的試煉以後，上帝就會讓他們隨自己的意思行事。一方面主必取用那些表面上好像沒有十分高深的天才，不敢十分信任自己的人。祂必使軟弱的人變為剛強，因為他們信靠上帝替他們成就自己所不能成就的事。上帝必接受他們憑著一片誠心而做的工作，親自來填補他們的欠缺。

上帝常常揀選那些只受過一些教育，沒有讀過多少書的人，來做祂的同工。這些人都很殷勤地為主出力，主就報賞他們對聖工的忠誠，他們的殷勤，和他們求知識的熱心。祂看見他們的眼淚，聽見他們的祈禱。像祂從前如何賜福給巴比倫朝庭中的俘虜，今天祂也照樣賞賜智慧和學問給祂的工人。

沒有讀過多少書、社會地位很低的人，有時候靠著祂的恩惠，反而在救人的工作上收到驚人的成效。他們成功的祕訣便是信靠上帝。主的力量是偉大的，主的指導是神奇的，他們便天天學習主的樣式。

這種工人是應該受激勵的。主使他們與那些有特殊才能的人聯絡，來補充別人所遺漏的空隙。以他們銳利的目光，能見到所應做的事；以他們誠摯願意的態度，能立刻去幫助凡需要幫助的人；以

他們仁愛的言語和行為，顯在世人面前，他們就打開了那許多本來不能開的功效之門。他們與那些在患難中的人接觸，他們的言語就有一種深入人心的勢力，足以牽引許多脆弱顫抖的人歸向上帝。只要他們願意，他們的工作就足以代表多數人所能有的成就。

更廣闊的人生

沒有什麼工作，能像為別人服務的工作那樣激發人犧牲的熱忱，放大人的目光，鞏固人的品格。如今有許多所謂基督徒，他們加入教會的時候，只是從本身著想。他們要享受教友之間的友誼和牧師的照顧。他們成為很興旺的大教會的教友，對於人並沒有什麼服務，卻以此滿足了。其實他們取這種態度，便是奪去了自己最可貴的福分。許多人可以得很大的益處，只要肯犧牲他們那尋求安逸快樂的交際。他們應到一個教會工作，需要他們把能力用出來的地方，那麼他們就能夠學習擔負責任。

攀擠在一起的樹木，是不會茂盛強大的。種樹的人把它分植開，使它各有發展的餘地。這分植的手續施諸於許多規模很大的教會裏面，也可以使教友獲益。教會應該把教友像樹木分植，散開各處，好叫他們的才力用在活潑的基督徒服務上。照現在的情形，他們因為不去為別人犧牲服務，正在一天一天地變成矮小欠缺。如果把他們移植到做工的地方去，他們就會長得強壯有力了。

不過，我們也不必要等到有人叫我們去到遠方才動手幫助別人。工作的門是隨處敞開的。我們四圍都有需要幫助的人。那寡婦、孤兒、患病垂死的、心靈脆弱的、頹廢的、蒙昧無知的、被棄的，種種需要照顧扶助的人，比比皆是。

我們對於住在我們周圍的鄰舍應感覺一種特別服務的責任，你該研究怎樣能夠使那些對於宗教不感興趣的人得最大的幫助。在拜訪親人朋友的時候，你對於他們靈性的事和世俗的事，應表示同樣的關心。你該告訴他們耶穌是赦罪的救主，或者請他們到你們家裏來，與你同讀寶貴的《聖經》，或其他解釋真理的書籍，同唱讚美詩，同做禱告。在這種小型的聚會之時，耶穌必照著祂的應許親自參加，使人心受祂的恩惠感動。

教友應練習這種工作。這種工作，與到國外去救黑暗中的人是一樣重要的。我們已有一部分願為遠方的人出力，那麼大多數在家的人，就應該為那就近四圍寶貴的生靈出力，一樣殷勤、努力地去拯救他們。

許多人嫌自己的生活太單調狹窄。不過他們只要願意，就可以使自己的生活變成有廣闊意識和偉大的勢力。凡是盡心、盡性、盡意、盡力愛耶穌，並且愛鄰舍如自己的人，就有一個很大的範圍，可以使出自己的才能和感化力。

微小的機會

你們不可錯過小機會，想做大事業。也許在小的事情上你們可以收到滿意的成效，但是因為攀高求遠，就致失敗而灰心。你們只有盡力做手中所做的，才可造就做更大事業的機能。反過來說，許多人之所以像樹那樣枯乾凋零不結果子，就是因為錯過日常的機會，忽略手頭的小事之故。

你們不要依靠人的幫助。要把目光放遠，看到在人以外，那受

上帝差派而來擔當我們憂愁，承受我們苦難，供應我們需要的「一位。」你們要憑著上帝的話，看見無論什麼地方有事要做，就下手去做，並且抱著堅定無疑的信心向前進行。我們的力量和立足，是從相信耶穌與我們同在而來的。我們要以大公無私的觀念，刻苦耐勞的精神，和殷勤不倦的魄力去做工。

在情況艱困，很令人灰心，大概人都不願意去的地方，卻有一群克己犧牲的工人收了驚人的效果。他們勤苦耐勞地做上去，並不依靠人的力量，惟上帝是賴。主的恩惠，便扶助了他們。在這種情形之下所成的功德，是這個世界所不會知道的；然而那優美的效果，必在偉人的將來顯現。

自養的傳道人

在許多地方，自養的工人可以收很大的效果。從前保羅把耶穌的信息傳遍世界，他完全是個自養的傳道人。白天的時候，他在歐亞兩洲的各大城中宣傳福音，晚上他便做他的手藝工作以維持自己和同伴的生活。他與以弗所教會長老臨別時所告訴他們關於自己如何傳道的話，是與每一位傳道之人極有教訓的：

> 「你們知道，自從我到亞細亞的日子以來，在你們中間始終為人如何，……凡與你們有益的，我沒有一樣避諱不說的，或在眾人面前，或在各人家裏，我都教導你們；……我未曾貪圖一個人的金、銀、衣服。我這兩隻手常供給我和同人的需用，這是你們自己知道的。我凡事給你們作榜樣，叫你們知道應當這樣勞苦，扶助軟弱的人，又當記念主耶穌的話，說：『施比受更為有福。』」（徒20:18, 20, 33-35）

如今有許多人若能有同樣犧牲的精神，就能照樣做成一種善工。他們可以兩三個人同去傳道，同去探望人，與他們禱告、唱詩、教訓他們、對他們講解《聖經》、服侍生病的人。有的人可以賣書維持生活，還有的人可以像使徒保羅一樣做一些手藝，或者別的工作。他們這樣地在工作上前進，一方面感覺自己的無用，一方面謙虛己心地依靠上帝，就會獲得一種優美的經驗。主耶穌走在他們前面，他們在富貴人中，在貧民之間，都受優待和幫助。

凡已受訓練預備到國外去擔任醫藥傳道工作的人，應該立刻到所要去的地方，開始在民間做工，同時學習當地的言語。在不久的時候，他們便可以把那簡單的道理講給眾人聽了。

世上各處地方都需要仁慈的使者。我們現在要有信主的家庭，去到那些黑暗罪惡的地方；去到外國，供應當地人民的需要，為主的道效力。若是這些家庭能去住在地上黑暗之處，住在靈性上沒有亮光的人民中間，讓耶穌的生命之光從他們身上照出來，那麼他們可以成就何等高尚的一種工作啊！

這種工作需要克己犧牲的精神。現今有許多人因要等到一切困難消除以後才肯前進，以致所能夠做的事情，便無以成就。同時那不認識上帝沒有盼望的人，便成群地在那裏死亡。有些人為求營業上的利益，或科學上的知識，就不惜生命冒險去到危亂無定的地方，甘心樂意的犧牲一切，經受艱難和困苦。然而為了救人的緣故，有幾個人肯遷家到需要福音的地方去住呢？

無論在什麼地方、地位、情形之中拯救人，盡力設法幫助他們，這便是真實的服務。要有這種精神和努力，我們才能夠得人的

心，而開一道營救將亡之人的門路。

你們無論做什麼事，要記得你們是與耶穌連成一體的，是祂救人大計畫的一分子。耶穌的愛是一種慰治而能起死回生的潮流，要從你們身上分流出去。你們在吸引人歸進主慈愛的範圍之時，要用純潔的言語、公正的服務，和快樂的態度，來證明主恩惠的能力；更要使世人從你們身上看出主的純潔和公義，以明白主的真、美、善。

機警和同情的表示

我們以自己的眼光，看見別人有什麼不良的習慣，就用攻擊的手段，想施以改良，這是毫無功效的。這種辦法往往是害多而利少的。耶穌對撒馬利亞婦人講道的時候，只介紹更好之物給她，並不在她面前說雅各井的壞。祂說：「你若知道上帝的恩賜，和對你說給我水喝的是誰，你必早求祂，祂也必早給了你活水。」（約4:10）祂把話頭轉到祂所能賜的寶物上面，給那婦人以一種比她自己手中所有更好之物，就是那活水——福音的快樂和希望。

這是一個表率，使我們在工作上有所取法。我們須將一種比人手中所有更好的東西貢獻給人，就是耶穌那出人意外的平安。我們必須使他們知道上帝的聖律法，我們要指示他們天上永不消滅的榮耀，與這世上浮雲飛逝的逸樂相比，是何等地高出萬倍。更要告訴他們怎樣在耶穌基督裏可以得到解放和安息。「人若喝我所賜的水就永遠不渴。」（約4:14）這是耶穌親口說的。

要高舉耶穌，喊著說：「看哪，上帝的羔羊，除去世人罪孽

的。」（約1:29）惟有祂能夠滿足人心的欲望，使人的靈性得安寧。

世上一切人中，從事改革的人應該最克己、最仁愛、最有禮貌。在他們的生活上應顯出不自私行為的真好處。凡工人若缺少為他人著想的精神，若對愚昧頑劣的人顯示不容忍的態度，若言語急躁，行動粗魯，那他就會使人的心門關閉，以致他再不能感動他們。

細小的露珠與輕微的雨點，和緩地降在行將枯萎的植物上。我們要救人脫離歧途，說話也應當柔和。上帝的計畫，第一先要感動人的心。我們須存著愛的態度，說出真理，靠上帝使我們的言語有力來改革人生，那麼聖靈必將我存著愛心而說的話，運用在人的心靈之間。

我們的天性都是主觀而偏於成見的。然而我們若學耶穌所要教我們的教訓，我們便成了祂品性的領受者；於是我就像祂一樣為人。耶穌美妙的榜樣，祂與人交接時的那種無可比擬的仁愛，與哭泣的人同哭泣，與歡樂的人同歡樂，這種精神，對於凡忠誠跟從祂的人，在品格上必有深切的影響。他們必以仁慈的言語和行為，使那疲乏的腳走容易走的路程。

合時的話

「主耶和華賜我受教者的舌頭，使我知道怎樣用言語扶助
疲乏的人。」（賽50:4）

我們的周圍都有困苦的生靈。這裏、那裏、隨處都有。來吧！我們來尋找這些苦惱的人們，用合適體貼的話語安慰他們的心。我

們要作施恩的河道，流淌仁慈的涼水。

我們無論與什麼人交往，應當知道在別人的歷程之中有我們肉眼所見不到的地方。在我們過去的印象之中，也許有悲慘的歷史，我們是不容別人知道的。或有人在極困難的情形之中，作那長久而創痛的掙扎，恐怕是家庭之間的痛苦和奮鬥，一天一天地在砍傷人的意志，消滅著人的勇氣和信仰。在這種生命的戰場上使力奮鬥的人，只要我們肯用一點愛的工夫，略微給他們一點協助，就可以堅固他們的意志，鼓動他們的勇氣。對於這種在患難之中的人，一個真朋友的有力支援，要比金銀更可貴。仁愛的話猶如天使的笑容一樣受人歡迎。

現在有許多人是在與貧困饑寒相肉搏，為了生計，他們不得不努力去做工，以換取微薄的工資，供應他們生活上極簡陋的幾樣需要。過度的工作，人生樂趣的剝奪，前途幸福的絕望，使他們的負擔極重；若再加上疾病的痛苦，他們的重擔簡直是不能擔當的了。他們的困難、心裡的痛苦、懊傷，你們應對他們深表同情，這種同情能夠為你們開路，去幫助他們。你們要對他們宣述上帝的應許，與他們一同禱告，為他們祈求，使他們重新生出希望、振作起來。

在人心靈患病，精神的脈搏微弱的時候，對人說幾句鼓勵奮興的話，這話耶穌算是對祂自身說的。人心既受了鼓勵而振作，天使看著就表示讚許和嘉獎。

神聖兄弟之誼

歷代以來，主一向是設法要在人類的心裏引起一種神聖的兄弟

關係的思想。你們要與主協力同工。世上雖瀰漫著猜忌和疑慮的烏雲，耶穌的門徒卻要顯出天上的精神。

你們要像耶穌那樣講話，和祂那樣行事，時時顯示祂品格的美善，顯示祂一切教訓和待人接物，一切為人方面所包括的愛之豐富。最卑微的工人若與耶穌合作，也能夠奏出愛的音樂，直達地極，流傳千古。

天上的智者等著要與人的機能合作，以致可以向世人顯示人類究竟能達到何等地步，並且與上帝連合以後，在拯救將亡之人的工作上能有什麼成就。一個人若能撤開自己，讓聖靈在他心中有工作的餘地，並且做一個完全獻身給上帝的人，他的造就是沒有限止的。凡肯將整個的心靈、身體和精神獻上為主服務的人，必在智力、體力、和靈力上面常得新的輔助。天上取之不盡的接濟，他可以隨意得到。耶穌將自己之靈的氣息，和自己的生命賜給他們。聖靈也具全力在人的身上活動。靠著主所賜的恩惠，我們就可以獲得以前我們因為自身的錯誤成見和品格上的缺點，以及弱小的信心，而似乎不可獲得的勝利。

凡毫無保留奉獻自己的身心，為主服務的人，主就給他們能力，可以得到無量的效果。為這些人，上帝必顯偉大的作為。祂必在人的思想上用功夫，以致在這個世界上，他們的人生必顯出主所應許將來實現的情形。

「曠野和乾旱之地必然歡喜；沙漠也必快樂；又像玫瑰開花，必開花繁盛，樂上加樂，而且歡呼。黎巴嫩的榮耀，並迦密與沙崙的華美，必賜給它。人必看見耶和華的榮

耀，我們上帝的華美。

你們要使軟弱的手堅壯，無力的膝穩固。對膽怯的人說：你們要剛強，不要懼怕。看哪，你們的上帝必來報仇，必來施行極大的報應；必來拯救你們。

那時，瞎子的眼必睜開；聾子的耳必開通。那時瘸子必跳躍像鹿；啞巴的舌頭必能歌唱。在曠野必有水發出；在沙漠必有河湧流。發光的沙要變為水池；乾渴之地要變為泉源。在野狗躺臥之處，必有青草、蘆葦，和蒲草。在那裏必有一條大道，成為聖路。污穢人不得經過，必專為贖民行走；行路的人雖愚昧，也不至失迷。

在那裏必沒有獅子，猛獸也不登這路；在那裏都遇不見，只有贖民在那裏行走。並且耶和華救贖的民必歸回，歌唱來到錫安；永樂必歸到他們的頭上；他們必得著歡喜快樂，憂愁歎息盡都逃避。」（賽35:1-10）

第 10 章・幫助受試探的人

「你們要彼此相愛，像我愛你們一樣。」

　　並不是因為我們先愛了上帝，祂才愛我們的；在我們「還作罪人的時候」，耶穌就替我們死了。祂不照我們的功過對待我們。照我們所犯的罪，我們是應當受處分的，然而祂卻不定我們的罪。一年一年祂總是容忍我們的愚弱、頑固，和我們的忘恩負義。我們雖在歧途上留戀徘徊，雖然硬著心腸，雖然忽略祂的聖道，不聽祂的吩咐，可是祂的手還是伸著要拯救我們。

　　恩典是屬於上帝的，施在不配受的人類身上。我們並沒有去找恩典，恩典是自己來找我們的。上帝樂於賜恩給我們，並不是因為我們配受恩典，卻是因為我們是如此的不配至於極點。我們要得祂的恩典的唯一藉口，就是我們的大需要。

　　主耶和華從耶穌基督身上終日伸著祂的手，請墮落犯罪的人去歸向祂。無論什麼樣的人，祂都接納、歡迎。赦免罪人的魁首，便是祂的尊榮。祂必從強人手中奪回掠物，救轉被擄的人，消滅罪犯身上的烙印，垂下祂施恩的金鏈子，及於人世痛苦的最深之淵，救起那罪污滿身的墮落者。

　　耶穌捨棄了自己的生命，無非是要把人救轉到上帝面前，所以祂對每一個人，都有關顧的慈心。那孤立無助易被撒但的羅網惡計陷害的罪人，主卻看顧他們，猶如牧人看顧他的羊群。

　　我們去服務徬徨無依的迷路之人時，要以救主的榜樣為標準。

祂怎樣在我們身上顯示體貼慈愛和忍耐，我們也必須照樣待人。祂說：「你們要彼此相愛，像我愛你們一樣。」（約15:12）要是我們的心裏真有基督住著，那麼我們待人接物，就會表顯祂公正的愛。我們看見有人需要安慰和幫助的時候，也只會想怎樣可以幫助他們，而不會想到他們到底值不值得幫助。

世上的人，不論貧、富、貴、賤，或是主是僕，都是上帝的子民。在那捨棄己身救贖人類的主眼中看來，每個人都有一種非人所能計議的價值。從十架的神祕和榮耀，我們應該看出主對於人的估價。這麼想來，我們就能覺悟人無論墮落到什麼地步，我們絕不可加以冷淡和奚落的待遇，因為人的代價太高了。一方面我們也會明白為同胞出力，把他們提拔到上帝的寶座前，是何等重要的工作。

在救主的比喻之中，那失落的銀元，雖然落在灰塵和垃圾之中，但是它的質地仍是銀子。它的主人滿屋打掃找尋，就是因它是有價值的。人也是如此，無論怎樣因罪墮落，上帝眼中總看為是可貴的。銀元上面刻著統治者的形像和表號，人在受造之時也是帶著上帝的形像和表號。雖然現在因為罪的原因以致呈殘缺暗淡之色，但是每一個人的真性上面還留著原來的痕跡。上帝卻要恢復人的真性，使之再現祂自己的公義聖潔之像。

我們缺少憐憫

憐憫——對困苦流離死在罪愆過犯之中的人所應有的憐憫——是使我們與耶穌連合最有力的銜接。然而在這一件事上我們與耶穌是何等的迴異啊！人對待人的不人道，是我們最大的罪辜。許多人完全失於表現上帝的仁慈和大愛，卻反以為是在顯示上帝的公平。

受他們嚴聲厲色相待的人，往往是在很重的試探之下的。撒但正在與他們肉搏，再去對他們說嚴厲苛刻的話，就足以使他們喪志，以致跌倒在撒但的試探之下，做他淫威的犧牲品。

怎樣感化人

在人的思想上做工夫，是件很需審慎的事。只有識得人心的人，才能夠使人悔改。我們要去感化迷路的人，非賴主的智慧不可。你也可以直挺挺地立著，以為「我比你聖潔」，然而無論你的理論如何正確，話說得如何有理，人的心總不會被你感動。耶穌的愛，表現在言語和行為上面，足以直達人的心靈，反覆的教訓和辯論，反而沒有什麼功效。

我們應該具有基督那樣的同情和慈憐，不單要同情那些在我們眼中看為完全的人，也要同情一切困苦流離，在罪中掙扎載沉載浮，屢受試探屢次失望的人。我們須像我們慈悲的「大祭司」一樣，見人們的痛苦墮落之狀，就動著慈心去顧助他們。

那些被棄者、稅吏、罪人，和國內所不齒的人，耶穌卻召了他們，以祂的仁慈勉勵他們來就祂。趾高氣揚瞧不起別人的人，反而是耶穌所不嘉許的。

耶穌吩咐我們說：「到路上和籬笆那裏，勉強人進來，坐滿我的屋子。」我們該聽祂的吩咐，到各處異教人中間去。「稅吏和娼妓」必須聽見救主的邀請。由於傳福音使者的仁愛和忍耐，主的邀請便成了一種勉強人的勢力，救拔凡沉溺在罪的深淵之中的人。

基督化的宗旨，是要我們抱著一種堅定的目標，有增無減的志

趣，和恆久不息的追求，去營救一般撒但所要毀滅的生靈。沒有什麼能減退那為救人而生的熱誠懇切的能力。

請注意上帝怎樣在《聖經》中顯出急切的態度，要呼召人來就耶穌。我們的心須抓住每一個機會，無論在大眾面前，或在和人談話的時候，提出種種理由，使出一切無窮之力的活動，吸引人歸向救主。我們必須用盡一切能力，勸勉人仰望耶穌，接受祂克己犧牲的生活。尤其是必須使他們知道，我們要他們用出耶穌所賜給他們的一切機能，來榮耀祂的名，藉以使耶穌的心歡喜。

由盼望而得救

「我們得救是在乎盼望。」（羅8:24）對於墮落的人，我們須使他們知道他們回頭做「人」還不太遲。耶穌信任人，所以也尊重人的人格。即是那墮落最深的人，祂也是慎重相待。仇恨、卑鄙與污穢，對於耶穌是無窮的痛苦，然而祂從不說一句話，表示祂的體諒之心受了動搖，或者祂高尚佳美的性格動了忿怒。無論人的習慣多惡、成見多深、情欲多猖獗，祂總是用仁愛慈憐的態度來應對。我們若有祂一樣的精神，就會待一切人如弟兄，知道他們有我們一樣的試探誘惑，時刻在那裏掙扎，屢戰屢敗，與灰心困苦相鬥，渴望著同情和濟助。既明白了這些，我們就不致拒絕他們，使他們灰心，卻會使他們重興希望。他們既受了激勵，就可以堅定不疑地說：「我的仇敵啊，不要向我誇耀。我雖跌倒，卻要起來；我雖坐在黑暗裏，耶和華卻作我的光。」祂必「為我辨屈，為我伸冤。祂必領我到光明中；我必得見祂的公義」（彌7:8-9）。

上帝「從祂的居所往外察看地上一切的居民，祂是那造成祂們

眾人心的，留意他們一切作為的。」（詩33:14-15）

關於對待被過犯所勝的人，主吩咐我們：「當自己小心，恐怕也被引誘。」（加6:1）我們應當察覺自己的缺點，而體恤別人的缺點。

> 「使你與人不同的是誰呢？你有什麼不是領受的呢？」
> （林前4:7）「只有一位是你們的夫子，你們都是弟兄。」
> （太23:8）「你這個人，為什麼論斷弟兄呢？又為什麼輕
> 看弟兄呢？」（羅14:10）「所以我們不可再彼此論斷，寧
> 可定意，誰也不給弟兄放下絆腳跌人之物。」（羅14:13）

指出錯誤

錯處被人指出，總是可恥的事。所以我們不可無謂的指摘，使做錯事的人更覺難堪。責罵不能使人回心轉意，卻反能斷絕人的悔改之路，使他們的心剛硬。只有溫柔平和的態度，和仁慈憐憫的精神，能夠挽救徬徨失落的人，遮蓋許多罪孽。

從前使徒保羅見人做錯事情，也不得不加以責備；但是他是多麼小心地要使做錯事情的人，覺得他是以友愛的態度來責備他們的，又是多麼誠懇地向他們解釋他的主張和理由呀！他使他們知道他是忍著痛責備他們的。對於凡努力掙扎要勝過罪惡的人，他總是表示體恤和同情的態度。

> 「我先前心裏難過痛苦，多多地流淚，寫信給你們，不
> 是叫你們憂愁，乃是叫你們知道我格外地疼愛你們。」
> 「我先前寫信叫你們憂愁，我後來雖然懊悔，如今卻不懊

悔，……如今我歡喜，不是因你們憂愁，是因你們從憂愁中生出懊悔來。……你看，你們依著上帝的意思憂愁，從此就生出何等的殷勤、自訴、自恨、恐懼、想念、熱心、責罰。在這一切事上，你們都表明自己是潔淨的。……故此我們得了安慰。」（林後2:4；7:8-13）

「我如今歡喜，能在凡事上為你們放心。」（林後7:16）「我每逢想念你們，就感謝我的上帝（每逢為你們眾人祈求的時候，常是歡歡喜喜地祈求。）；因為從頭一天直到如今，你們是同心合意地興旺福音。我深信那在你們心裏動了善工的，必成全這工，直到耶穌基督的日子。我為你們眾人有這樣的意念，原是應當的，因你們常在我心裏。」「我所親愛、所想念的弟兄們，你們就是我的喜樂，我的冠冕！我親愛的弟兄，你們應當靠主站立得穩。」（腓1:3-7；4:1）「你們若靠主站立得穩，我們就活了。」（帖前3:8）

保羅寫信給這些弟兄，稱他們為「耶穌基督裏的聖徒」，可是他們的品格並不是完全的。他們都在與試探誘惑奮鬥，時時有跌倒的危險。保羅寫信給他們的時候，也知道他們的處境，他向他們指出「賜平安的上帝，就是那憑永約之血使群羊的大牧人——我主耶穌從死裏復活的上帝。」祂也向他們保證說：「憑永約之血」上帝必「在各樣善事上成全你們，叫你們遵行祂的旨意；又藉著耶穌基督在你們心裏行祂所喜悅的事。」（來13:20-21）

一個犯罪的人，既經覺悟了自己的錯處，我們就要謹慎，不可

傷他的自重之心。不要用輕視和不信任的態度使他喪志。不要說：
「我先要看他能不能屹然穩立，然後再信任他。」這種不信任的態
度，就常使那曾被過犯所勝的人再跌倒。

我們應盡力諒解別人的軟弱。對那被黑暗的繩索捆鎖的人，和
一般缺少堅決意志和道德能力的人心中的苦衷，我們所知道的甚是
微少。這種懊喪困苦的人是最可憐的；他好像是在昏迷的狀態之中
掙扎、顫動，沉陷在塵土之中。他的目光不清，頭腦糊塗，不知道
往哪裏走。許多這樣的可憐蟲，是受了誤會不得諒解，滿心是懊惱
痛苦，真像徬徨失路的綿羊。他們找不到上帝，卻有一種急切的渴
望，要得到饒恕和安寧。

啊！我們總不要說什麼話，來加深別人的痛苦。對那些厭煩罪
的生活而不知道何處可得解放的人，我們應該介紹那位仁慈的救
主。應該攙扶提攜他們，對他們說鼓勵有望的話，幫助他們拉住救
主的手。

不可灰心

有的時候，我們花工夫在人身上卻不立刻見效，就灰心了；這
樣的灰心，未免太容易。只要還有一線希望，我們絕不可以在一個
人身上停止工作。人的性命是寶貴的，捨身救人的主付了這樣高的
代價，豈容我們輕易放棄在魔鬼的手中？

我們應該設身處地為那些被過犯所勝的人著想。遺傳的力量，
壞朋友，惡環境的影響，和不良習慣的勢力；我們都應該想到。在
這種種外界勢力的侵蝕之下，我們豈能怪許多人墮落呢？豈能怪他

們不立即感應我們救他們的好意呢？

那些一時似乎剛硬無望的人，若歸順了真理，常常就是宣傳真理最得力最忠實的信徒。他們並不是絕對惡劣的；在剛硬難化的外表之後，裏面卻有可以打動的柔情。若沒有一隻幫助的手，許多人是不會自己復原的。然而若有人能耐心不斷地去幫助他們，就可以救他們。不過這種人需要輕柔的言語，仁慈的體貼，和確實的幫助。他們所需要的，是不會打消他們心中一線微弱希望的善言相勸。這一層是與這種可憐罪人接觸的傳道人應該想到的。

有的人已在罪中年深月久，陷得極深，此生是永不能恢復本來在良好環境之中能夠有的地位了。但是那「公義的日頭」之光芒卻仍能夠照入他們的心靈。他們仍可以享有與上帝同樣品格的權力。當在他們心中種下高貴的思想，更要以自己的行為，來向他們指明罪惡和聖潔，黑暗和光明的分別。在你們的榜樣上要叫他們看出做基督徒有什麼真意義。耶穌能夠救起那最污穢的罪人，把他們置於被承認為上帝兒女的地位，與祂同受永生的名分。

神恩的大能，可以使許多人有偉大的作為。他們本來被人厭棄，遭人蔑視，已到完全絕望的地步；別人看他們也許是麻木無情的。然而在聖靈的手段之下，那使人以為他們無望的麻木之性就會消除。那遲鈍糊塗的腦筋就會清醒。罪的奴隸必要得釋放。罪惡必逸去，愚性必被制勝。藉著以愛為動力的信心，罪人的心必得潔淨，污穢的思想必見曙光。

第 11 章 · 為受不節制惡習所害的人做工

「人被拉到死地你要解救，人將被殺你須攔阻。」

　　凡屬真正的改革，在福音的工作上便有它的地位，且具拯救生靈的勢力，足使人有一個更高尚的新生命。提倡節制運動，尤需要基督徒的擁護。為基督徒者，應當喚起人們的注意，使這件事情成為重大的事情。無論在什麼地方，他們當宣傳節制的真諦，勸勉人立約遵行節制的生活，為那些被惡習所困的人下一番誠懇的工夫。

　　無論在什麼地方，為那些因受不節制習慣而墮落的人，都有工作可做。在教會裏、在各宗教機關之中，以及在一般所謂基督徒的家庭內，有許多青年是在走著那條自取滅亡之路。從不節制的惡習慣上，他們是在自取疾病，又因為貪得金錢以放縱其罪的私欲，就陷在罪中，施行種種虛偽欺詐的手段。他們的身體人格都毀壞了。這種可憐的人，是離開了上帝，已為社會所遺棄；對於今世絕望，對來世更是無所希翼。父母的心為他們而碎了。人都說這種歹人是沒有希望的了，可是上帝則不以為然。祂明白一切使他們落到此地步的情形，所以祂是以慈悲的態度看他們。他們是需要憐助的一等人。不要給他們機會說：「沒有人顧著我們的靈性。」

　　受不節制之害的人，各色各等都有。居高位的，操奇才的，成大事業的，也會順從食欲，放縱自己，以致不可收拾。其中有一些人，本是富有家產的，現在已是無家可歸，舉目無親，到了墮落的地步，滿身是疾病、痛苦和憂傷。他們已失了自制之力。若非有人加以援手，他們就要愈沉愈深。不節制的習慣，在這種人身上不但

傷及道德，而且更有害於身體的健康。

我們每在援救縱欲的人之時，必須像耶穌那樣先注意他們身體的狀況。他們需要滋補而無刺激性的飲食，潔淨的衣服，和身體上清潔的設備。他們的周圍，應有優良有益且能振奮人的基督徒與之為伴。在各城中應預備一塊地方，好使凡在惡習慣轄制之下為奴的人得著援助，脫離桎梏。有許多人以濃酒為唯一的消愁之物。但是如果凡自認為基督徒的人不像祭司和利未人，而能照著那良善撒馬利亞人的榜樣去行，那麼一般人就不必用酒來解愁了。

我們在幫助那些為不節制的習慣所害的人時，須明白我們所接觸的，不是神志清醒的人，卻是一時為惡魔所管轄的人。所以要寬容、要忍耐。不要以他們表面的拒絕和頑固狀態為念，卻要想到主耶穌捨身就死所要拯救的寶貴生靈。酒徒既覺悟了自己的墮落，我們就當竭力對他表示友愛的態度。不要責備他。不要在我們的舉動和神色上有斥責或厭惡的示意。那可憐的人往往會自己責備自己的。不過，我們還得扶他起來。對他說鼓勵的話，使他生出信心，再設法振作他品性上一切的優點。教導他如何向上，叫他知道他也可以得到人的尊敬。還要幫助他明白上帝所賜給他而他未用的才能，是何等的可貴。

人的意志雖已衰弱貶落，但是在耶穌裏他仍是有望的。耶穌必在他的心裏喚醒更高尚的情感和更聖潔的意念。當激勵他握住福音所給的希望。在這個被誘惑所勝而還在奮鬥的人面前打開《聖經》，再三地將上帝的應許念給他聽。這些應許對於他必如生命樹上的葉子。你們當耐著心，繼續不斷地勞力，直到那顫動之手在帶

著感激的喜樂之中，握住了那靠著耶穌而得救贖的盼望。

你們對於所要援助的人，須緊緊拉住，堅持到底，否則就一定不得勝利。他們或將屢為試探所勝，一次次幾乎為飲酒的欲念制服，一次次地跌倒。然而你們總不要因這一點事就停止你們的努力。

他們雖已立志為耶穌而生存，只是他們的意志已是衰弱的了。所以必須受那肯為人的靈負責而自覺要在上帝面前交賬的人看顧照料才好。他們已失了他們的人性，這人性是他們所必須得回的。有許多人要與強烈的不良遺傳勢力奮鬥。他們那出乎尋常的貪念，肉欲的衝動，都是得自遺傳的，必須善加防禦。內外雙方，一善一惡的勢力，是在相鬥爭勝。非有過這種經驗的人，就不會知道食欲的勢力，是何等偉大，更無從明白意志和習慣之間的爭鬥是何等猛烈。這種內心的仗是要打而又打的。

許多被引歸主的人，不會有這種道德的勇氣來向情欲作堅持的奮鬥。只是傳道人不可因此灰心。要知道往後退的，不單是這些從最深的坑中救起的人。

記著，你們不是單獨努力的。服役的天使是與上帝每一個忠實的子女同工合作。而且耶穌自己是恢復者，是大醫師。祂親自站在祂忠心的僕人身旁，對凡悔改的人說：「小子，你的罪赦了。」（可2:5）有許多被棄的人，將握住福音的盼望而入天上的國。也有許多儌倖得了好機會好教訓而不振作的人，要被棄在外面的黑暗裏。

為自己努力

被惡習慣管轄的人，必須覺悟他們自己也當努力。別人雖能盡

心竭力地設法救他們，上帝雖能大大地賜下恩惠，耶穌雖能加以勸化，天使雖能從中服務，然而若不是罪人自己打定主意，起來與罪惡作戰，那麼一切別的幫助都是枉然的。

所羅門正值青年將要即位做以色列王的時候，大衛對他所說最後的話是：「你當剛強，作大丈夫。」（王上2:2）上帝對每一個人類之子，凡欲得到永不朽壞的冠冕之人，也有這種激勵的話道：「你當剛強，作大丈夫。」

關於縱欲的人，感覺他們若要做大丈夫，非在道德上有重大的改革不可。上帝叫人要起來靠著耶穌基督的力量，得回上帝所賜的人性，就是人因縱欲犯罪而犧牲掉的。

有許多人因為感覺到誘惑的可怖之力，和欲念之難制，就失望地嘆道：「我不能抵禦罪惡。」告訴他們，他們可以做到，而且非抵禦不可。雖然他們已是屢次被罪惡所勝，但他們不一定會就此被罪惡所勝。他們的道德能力確是薄弱的，他們的生活確是為罪惡的習慣所轄制的。他們的志願和應許，確是像沙做的繩子那樣易散。他們確是因為見到自己的失信背約，而在自己的良心上失了信用，覺得上帝不能悅納他們，不能幫助，然而他們盡可以不必灰心。

凡信靠耶穌的人，就絕不致做任何先天後天的習慣或遺傳的勢力的奴隸。他們不會受劣性的管束，卻能夠制服一切食性與情欲。上帝並沒有讓我們以自己有限的力量與罪惡作戰。無論我們的遺傳與習慣的惡勢力是多麼大，我們都可以靠著主所願意要賜給我們的能力以制勝。

意志的能力

被試探所勝的人應得明白意志的真勢力。意志是人本性方面一種自治之力——就是判斷和選擇的本能，每一件事全靠有正當意志的作用。人渴慕純潔和良善，這是不錯的；然而單是渴慕而不設法去得到，這就沒有什麼意義。人一面希望制勝不良的嗜好，一面卻仍一步步地往下墮落。這是因為他們沒有順從上帝的旨意，沒有擇上帝而事奉。

上帝已賜我們選擇的本能；我們可以隨意使用。我們雖不能改換自己的心，不能管束自己的思想和情感，但是我們可以擇上帝而事奉，可以把我們的意志交給祂，然後祂就會在我們裏面照著祂的美意替我們立志行事。如此，我們的全心全身便在耶穌的治理之下了。

靠著意志之力的正當作用，人生就可以有根本的改變，只要服從耶穌基督的旨意，我們就能與上帝的力量聯盟起來，可以從天上得到能力，扶我們立穩而不倒。無論是什麼人，只要肯將自己薄弱飄忽的意志，與上帝堅強全能的旨意合起來，就可以有高尚純潔駕乎一切嗜好情欲之上的生活。

健康要義的知識

對於凡在那裏與食欲奮鬥的人，應教以健康之生活的要義，使他們知道人違背了衛生的定例，造成身體的病態和不自然的貪欲，就是為飲酒的習慣立根基。所以若要脫離貪愛不自然刺激物的欲念，非遵守健康生活的條例不為功。他們一面靠著上帝之力，脫離食欲的捆綁，一面仍須自己努力與上帝合作，在物質和道德方面，

都順服祂的律法。

自立、自助

凡努力要改除不良習慣的人，須有相當程度的自立自助。凡是能夠做工的人，絕不可教他們白白地讓人供給。為了他們自己的好處，也為了別人的好處，總得替他們設法，使他們可以用自己的精力，去換得衣食住的各項需要。要竭力提倡自養自立的精神，這就足以造就一種不依賴他人的自重之心。人若操心勞力，從事於有益的工作，就不致受試探了。

失望、危險

許多墮落的人，雖顯出了改變的可能，然而那些為他們工作的人，仍不免要在他們身上失望。因為有許多人在習慣和行為方面的改變，不過是表面的更動。他們是受了情感的衝動，一時之間似乎是悔改了，然而他們心裏還未有真正的改革，還是存著自己的私心，一樣追求愚昧之樂的渴望，一樣貪愛放縱的欲念。他們既沒有明白什麼叫做品格的修養，就不能被信任為有原則的人。他們的靈力和智力，受了情欲和食欲的侵害，已經衰落了，便隨風飄蕩，沒有一定的立足。他們的理智便隨情感而支配，很是懦弱。這種人常足為他人之害。別人以為他們已是改革的人，就把責任放在他們身上，他們便使無辜的人受他們不良的影響。

即是那些真心誠意求改變的人，也不可算已脫離了跌倒的危險。他們需有十分謹慎十分溫和的待遇。有時候，我們常易犯一種抬高那些從罪中蒙拯救之人的脾氣，殊不知道這反是害了他們。在

公眾面前請人演講他個人以前在罪中的經歷，這件事對於聽的人和講的人雙方都有莫大的危險。因為多講罪的景象，對於人的思想和靈性都是有害的。使被救的人顯露於公眾前也是於本人有害的，因為這樣易使他們覺得罪的生活反給他們相當的榮譽。於是他們心中，就生出一種好自誇自信的念頭，足使靈性受害無窮。人只有不信任自己，依恃耶穌的恩典，才能立足。

被救的人要救別人

凡顯出真悔改證據的人，應受鼓勵去為別人效勞。無論是誰，終不要回絕一個離了撒但的管束來為主工作的人。一個人若顯明有上帝的靈在他裏面活動，就該盡力勉勵他加入上帝的工作。「有些人存疑心，你們要憐憫他們。」（猶22）從上帝而來之智慧的人，就能認識需要幫助的人——就是那些已經真心悔改，但若沒有得到鼓勵而不敢堅持希望的人。上帝必使祂的僕人從心中歡迎那些戰戰兢兢悔改的人加入他們的團體，在愛中與他們為伍。他們以前的罪無論多重、墮落得多深，只要能存著痛悔的心，到耶穌面前來，主就接待他們。所以我們應該使他們為主做一些事。如果他們願出力去救那些像他們從前一樣還在滅亡的深谷中的人，我們當給他們這樣的機會。且要使他們與已有經驗的基督徒為伴，好叫他們增長靈力；更要把主的工作放滿在他們的心裏和手裏。

主的光既射入人心，那麼表面上似乎犯罪最甚的人，有的也能夠去救與他們同等的罪人，而且他們所做的工也是有成效的。靠著相信耶穌，有的人將升到高處，在救人的工作上負著重大的責任。因為他們覺出自己的弱點，見到本性的微賤，知道罪的勢力和惡習

慣的兇險，尤其明白自己若非耶穌的扶助絕沒有取勝的本領。他們時刻的呼求乃是：「我把無力的心靈交給你。」

這些人能夠幫助別人。那受過迷惑，到過希望全絕的地步，後來因為聽了慈愛的福音就得了拯救，那樣的人能明白救人的藝術。他因為覺得自己曾怎樣經救主的尋找，並被救主帶回羊圈，以致心中充滿了愛耶穌的心，就知道怎樣去救失喪的人。他能向罪人指出上帝的羔羊。他已將自己毫無保留地獻給上帝，也靠著愛子的面上蒙主接受。他那衰弱求助的手，已被拉住，所以他出去做工，必能使許多飄流的浪了回轉父家。

耶穌是受試探者的救星

「除祂以外，別無拯救；因為在天下人間，沒有賜下別的名，我們可以靠著得救。」（徒4:12）所以在苦海中掙扎，願意脫離罪的生活，得到純潔生活的人，必須依仗祂——耶穌——的名字；唯祂的名字；有偉大的能力。耶穌親白說：「人若渴了」——渴慕安息的希望，渴慕從罪的困苦中得拯救——「可以到我這裏來喝。」（約7:37）罪的唯一救星就是耶穌基督的恩典和能力。

人仗著自己的力量所訂的一切好目標，都是沒有用的。即把世界上一切的目標堆在一起，也不足以抵禦惡習慣的勢力。人的心若不經神恩的改造，就不能有什麼節制可言。要我們自己防禦罪惡，即一分鐘也是不能的。我們是時刻靠上帝的。

真正的改革，首在清心。所以必須有耶穌的恩典，再造人的品格，而使人的心與上帝有切實的聯貫，我們營救罪人的工作，才能

有真正的成效。

耶穌一生完全順從了上帝的律法，在此，祂為每一個人立了一個榜樣。祂在世上怎樣為人，我們靠祂的能力，在祂的指導之下，也要怎樣為人。

我們在救護罪人的時候，必須在人的思想上和心上深印著上帝律法的主張，和人忠於上帝的必需。不可忘了顯示事奉上帝和不事奉上帝之人的分別。上帝是愛，但是人若故意地蔑視祂的律法，祂是不能寬容的。祂的治理是如此地嚴密，是如此地有組織，以致人不能逃避不忠心的結果。唯尊敬上帝的人，上帝才能尊敬他。人在這世上的行為，決定他永遠的命運。這就是所謂有因必有果，種的是什麼，收的也必是什麼。

除了絕對地服從以外，沒有什麼能符合上帝所需的標準。上帝的標準並不是無限的。祂所吩咐人遵守的。沒有不是為成全祂使人與祂連合的計畫上所不可少的。我們須向罪人指明上帝對於品格的標準，引導他們去見耶穌；因為這種標準，非靠耶穌基督的恩典是不能達到的。

主擔當了世人的罪孽，自己一生沒有犯過罪，從此人就可以不愁軟弱的身體沒有得勝的可能了。耶穌來使我們「與上帝的性情有分，」以祂的一生，向我們證明人與上帝連合是不會犯罪的。

救主既得了勝，便使人知道怎樣可以得勝。撒但的一切試探，耶穌都用上帝的話對付的。靠著上帝的應許，祂就得到服從上帝誡命的能力，魔鬼便無隙可乘。每一個試探，祂都用「經上記著說」

一句話來抵擋。上帝也有同樣的話給我們抵禦罪惡：「祂已將又寶貴又極大的應許賜給我們，叫我們既脫離世上從情欲來的敗壞，就得與上帝的性情有分。」（彼後1:4）

要勸勉被試探所勝的人，不要看環境的惡劣，不要看自己的軟弱，或看試探的猛烈，只要看上帝的話之能力。上帝的話所有的能力，都是我們的能力。作詩的人說：「我將祢的話藏在心裏，免得我得罪祢。」「我藉著祢嘴唇的言語，自己謹守，不行強暴人的道路。」（詩119:11；17:4）

要向人們說壯膽的話；使他們靠著禱告見上帝。有許多曾被試探所勝的人，因為想到自己的失敗和弱點，就覺得羞愧，以為求上帝也是徒然的。殊不知這種思想正是中了敵人的惡計。告訴他們，他們犯了罪，覺得不能到上帝面前去祈求的時候，正就是他們應該祈求的時候。他們雖覺慚愧，汗顏無地，然而只要他們認自己的罪，上帝是信實的，是公義的，必定赦免他們的罪，洗淨他們一切的不義。

凡覺悟自己的虛無，完全依靠救主功勞的人，當然是世界上最懦弱的人了。然而同時他們卻也是世界上最強壯、最無敵的人。靠著禱告、查經，相信耶穌住在我們裏面，雖最軟弱的人，也就能夠與活的救主有連帶的生活，主就必永不放手地攙扶他們。

寶貴的應許

凡住在耶穌基督裏的人，都可以把下面的應許作為上帝對他個人的應許。他可以說：

「我要仰望耶和華，要等候那救我的上帝；我的上帝必應允我。我的仇敵啊，不要向我誇耀。我雖跌倒，卻要起來；我雖坐在黑暗裏，耶和華卻作我的光。」「必再憐憫我們，將我們的罪孽踏在腳下，又將我們的一切罪投於深海。」（彌7:7-8,19）

「我必使人比精金還少，使人比俄斐純金更少。」（賽13:12）「你們安臥在羊圈的時候，好像鴿子的翅膀鍍白銀，翎毛鍍黃金一般。」（詩68:13）

凡罪孽最深、受耶穌赦免之恩最大的人，必定愛主最甚，在末日也必站在祂的寶座旁邊最近。他們「要見祂的面；祂的名字必寫在他們的額上。」（啟22:4）

第 12 章・救濟失業和無家的人

上帝在曠野擺設筵席。

現在有不少樂善好施的人，很熱心地在考慮著窮人的景況，要設法救濟他們。怎樣去幫助失業和無家可歸的人，使他們同享上帝賜給人類的福氣，過人類在祂計畫中所應過的生活，這是許多人正在熱誠努力想要解決的問題。但是真能明瞭現在社會現象的根本原因之人，即在教育家和政治家之中，也不多見。執政者對於罪惡增多和人民窮困的種種問題，竟沒有方法解決。許多人費盡心機，想把商業處在鞏固的地位，可是結果都是枉然。

要是人能多注意上帝的教訓，他們就可以尋得一個能解決這許多困難問題的答案。從舊約《聖經》中，可以得到許多關於解決勞工問題和救濟貧窮人的方針。

上帝對於以色列人的計畫

上帝為以色列人所訂的計畫，就是每家除了住家之外，還有充足的土地可以耕種。所以他們都是安居樂業，勤儉度日，不必依靠他人。世人的計畫，無論如何，總不能比這再完美了。只因人類離開了這個方法，我們才有今日的窮乏和困苦。

以色列人移居迦南之時，所有土地都是人民均分的。只有利未支派，因為要在聖所裏服務，所以沒有分得什麼土地。至於其他的支派，都是按戶記名，照著每戶人口的數目，分得產業。

雖然有人不免一時賣去他的土地，但他不能把子女的產業永久

賣絕。他隨時有錢，就可以隨時贖回。並且每過七年，一切債務就
可豁免，到五十年，所有押賣的地產，都要歸還本家。

> 「地不可永賣，因為地是我的；你們在我面前是客旅，是寄
> 居的。在你們所得為業的全地，也要准人將地贖回。你的弟
> 兄，若漸漸窮乏，賣了幾分地業，他至近的親屬就要來把弟
> 兄所賣的贖回。若沒有能給他贖回的，他自己漸漸富足，能
> 夠贖回，……自己便歸回自己的地業。倘若不能為自己得回
> 所賣的，仍要存在買主手裏直到禧年。」（利25:23-28）

「第五十年，你們要當作聖年，在遍地給一切的居民宣告自
由。這年必為你們的禧年，各人要歸自己的產業，各歸本家。」
（利25:10）照以上的辦法，每家的產業都有了保障，就不致有貧富
各趨極端之虞。

職業的訓練

以色列人對於職業的訓練，向來視為個人的本分。做父親的
人，必須教兒子一種生產的技藝。無論是什麼大人物，都有他的職
業。至於婦人就必有料理家務的技能，精於此道，便是婦人的光榮
和才德。

當時的先知學校中，也教各種手藝，大多數學生是靠手藝自養
的。

顧慮窮人

不過以上的辦法，也不能把貧窮完全消滅，上帝的旨意原不是

要使人間沒有貧窮。因為窮困也是上帝造就品格的方法。他說：

「原來那地上的窮人永不斷絕；所以我吩咐你說，總要向你地上困苦窮乏的弟兄鬆開手。」（申15:11）

「耶和華你上帝所賜你的地上，無論哪一座城裏，你弟兄中若有一個窮人，你不可忍著心、揝著手不幫補你窮乏的弟兄。總要向他鬆開手，照他所缺乏的借給他，補他的不足。」（申15:7-8）

「你的弟兄在你那裏若漸漸貧窮，于中缺乏，你就要幫補他，使他與你同住，像外人和寄居的一樣。」（利25:35）

「在你們的地收割莊稼，不可割盡田角，也不可拾取所遺落的。」「你在田間收割莊稼，若忘下一捆，不可回去再取，要留給寄居的，與孤兒寡婦，……你打橄欖樹，枝上剩下的不可再打，……你摘葡萄園的葡萄，所剩下的不可再摘，要留給寄居的，與孤兒寡婦。」（利19:9；申24:19-21）

慷慨絕不使人窮乏，這是誰也不必怕的。順從上帝命令的人，必得富足。上帝說：「耶和華你的上帝必在你這一切所行的，並你手裏所辦的事上，賜福與你。」「你必借給許多國民，卻不至向他們借貸；你必管轄許多國民，他們卻不能管轄你。」（申15:10, 6）

營業上的原則

在上帝的話中，絕不容人用刻薄欺壓的手段而得富足。《聖

經》教訓我們在一切營業方面，要設身處地地為別人著想，務求利人而利己。凡想在別人的不幸上求自己的好處，或乘人之危來佔便宜，這種人不但與上帝的主義背道而馳，也是犯了上帝的誡命。

「你不可向寄居的和孤兒屈枉正直，也不可拿寡婦的衣裳作當頭。」（申24:17）「你借給鄰舍，不拘是什麼，不可進他家拿他的當頭。要站在外面，等那向你借貸的人把當頭拿出來交給你。他若是窮人，你不可留他的當頭過夜。」（申24:10-12）「你即或拿鄰舍的衣服作當頭，必在日落以先歸還他；因他只有這一件當蓋頭；……若是沒有，他拿什麼睡覺呢？他哀求我，我就應允，因為我是有恩惠的。」（出22:26-27）「你若賣什麼給鄰舍，或是從鄰舍的手中買什麼，彼此不可虧負。」（利25:14）

「你們施行審判，不可行不義；在尺、秤、升、斗上也是如此。」（利19:35）「你囊中不可有一大一小兩樣的法碼。你家裏不可有一大一小兩樣的升斗。」（申25:13-14）「要用公道天平、公道法碼、公道升斗、公道秤。」（利19:36）

「有求你的，就給他；有向你借貸的，不可推辭。」（太5:42）「惡人借貸而不償還；義人卻恩待人，並且施捨。」（詩37:21）

「求祢獻謀略，行公平，使祢的影子在午間如黑夜，隱藏被趕散的人，不可顯露逃民。求祢容我這被趕散的人和祢同居，……脫離滅命者的面。」（賽16:3-4）

上帝為以色列人所計畫的生活，本是要人人效法的。要是我們實行了這些原則，那麼今日世界上的一切情形將如何不同啊！

無家之人的機會

貧窮困乏的人，在這大地之上仍有可以容身的地方。地上的出產，未嘗不足以供給他們的衣食。只要人有堅決的意志、勇氣和毅力，就能夠去發掘地中的寶藏。

耕地原是上帝在伊甸園中派給人的職業。這一種職業足以使許多人得到衣食。《聖經》上說：「你當倚靠耶和華而行善，住在地上，以祂的信實為糧。」（詩37:3）

現在有千千萬萬的人。應該去耕田種地，然而他們卻擠在城中，昂著頭頸求一點蠅頭之利。而且許多人並不把所得到的這一點微利用在飲食上去，卻去投在酒商的袋裏，換取喪身敗德的毒物。

許多人以工作為苦事，不肯出誠實的力氣，只想用計畫和心思來謀生活。這種不勞而獲的欲望，就開了一切艱難、困苦、犯罪、作惡的大門，後患沒有窮盡。

城中的貧民區

在大城市裏有許多人所受的待遇和所過的生活，真可說是天壤之別。試想一家家的人，都擠在那又暗、又髒、潮濕狹小的居宅裏面。他們的孩子，生長在這種地方，也死在這種地方。上帝所造的自然之物，是要使人怡情悅性開豁人心靈的，只是這些人一點也不覺其美，只在罪惡和墮落的環境之中過狼狽流離衣食不全的生活。

他們的品格，自然也受環境的薰染，到極卑鄙的地步。他們終日所聽見的，無非是猥褻之聲；連上帝的名字，也帶著污穢的言語進入兒童的耳朵。菸酒的惡味，令人作嘔的臭氣，以及下流可恥的形形色色，充滿了他們的五官。許多社會的害蟲和囚犯，就在這種情形之下造成的。

不過住在城中貧民巷中的人，並不是個個都是這一類的。也有敬畏上帝的人，往往受了那些專事剝削之徒的壓迫和詭計，或疾病和不幸之事的侵襲，陷入這種極貧困的境地。有的人雖然為人正直善良，但是因為缺少職業的訓練，以致潦倒窮乏。也有的人因為缺少學識，不足與人生的困難爭鬥，流落在都市之中。往往不易找到職業。一方面周圍的聲色引誘，不住地向他們猛攻。他們終日與那些下流的惡人相處，別人也把他們看作這一類。處此境地之中，要能窮且益堅，不墮青雲之志，真非有超凡的靈力不可。然而有許多人確能保守他們的貞潔，寧受苦難，而不行不義。這一等人尤其需要我們的勸勉、同情和協助。

到鄉村去

如果現今擠在都市中的貧民，能到鄉村間去居住，那麼不但他們衣食的問題可以解決，且可以得到意想不到的健康和快樂。果然，鄉間的工作是費力的，生活是儉樸的，而且一切都沒有都市那樣便利，但自然界的幽靜、清潔和安寧，較諸都市的罪惡、誘惑、喧嚷，和一切可慘之狀，其樂趣是如何呢！

現在那些住在都市之間的人，連一根草的踏腳地也沒有，年去年來，眼前只見那髒亂的門庭，狹窄的小巷，和磚石的牆垣街道；

以及灰沙飛揚，煙霧彌漫的天空之人，一旦若到鄉間去看那青蔥的田野，幽致的山林溪泉，明潔的天空，和那馥鬱新鮮的空氣，他們將覺得自己是在天上了。

脫離了許多世俗的來往和依靠，不見社會上種種舊興罪惡之狀，人就與自然之氣相接觸，上帝的顯現，也愈真切。在這環境之中，許多人也會學得依靠上帝。從自然的景色方面，他們會聽得主的聲音對他們作心靈的談話，把慈愛和安寧賜給他們。他們的心靈、身體和思想，也就不期然地與主醫治人、賜人生命的能力共鳴了。

職業教育的重要

這些人若要勤儉自立，大半非要有救濟、指導和鼓勵不可。對於許多窮困的人家，我們所能做的傳道工作，沒有比安排他們有一點相當的田地，並且教導他們從土地中得到生活再好了。

這種救濟和指導的需要，不但在城中為然，即在鄉間有良好生活的種種可能之處，也未嘗不有許多極需幫助的窮苦人。有些地方的居民，在職業和健康方面的知識並不全備。很多人住的簡陋，日用的衣服器具都不周全，書籍、安適，和文化的設備更不必講了。不良的遺傳和非正當的習慣，見於墮落的心靈和衰弱醜陋的體格上面。這些人非加以訓導不可。他們以前的生活，是荒蕩腐敗的，須得改變過來，養成良好的習慣。

這樣的人，叫他們怎能覺悟改變的需要？怎能隨著指導，達到人生的高處？如何能把他們提拔起來？如何能使他們在窮困之中作

努力的奮鬥，戰勝重重的壓迫，步步前進呢？這實在不是容易的事呀！除非有一種身外的勢力來助他們一臂，他們自己絕不能有什麼改變。上帝的旨意，是要以同情和憐恤的觀念，把富人與貧民連繫起來。凡有金錢、有才能的人，應利用他們的長處，去為同胞造福。

信道的農人所應做的事

幫助窮苦人找一個安身之處，並且教他們耕種之法，使出產增多，這是信主的農人所能做的真正傳道的工作。應該教他們怎樣使用農具，怎樣種植一切禾穀，怎樣處理果園。

許多種田的人不能得到相當的收成，是因為自己疏忽。他們的果園，沒有好好修剪，下種沒有按時，耕耘也不過及於浮面，等到收成不足，他們就歸咎於田地的不良。其實這都是假的；只要有切實的功夫放下去，未嘗不能得豐富的收成。他們那潦草的工作，浮面的計畫，和不肯研究的態度，須得大大改良才好。

凡願意學習的，都該教以良好的方法。或他們不願聽你們高深的方法，你們也應該以動作教導他們。先把你們自己的田地整理得好，再看有機會的時候，對鄰人說一兩句開導的話，那麼你們的收成自會替你們宣傳的，替你們證明有相當的工作就可以有相當的收成。

建設實業

我們要注意建立各種實業，使窮苦的人可以有所謀生。凡能做一點生產工作的人，都應該擔起一份責任，去教導幫助一些失業的人。

關於幫助窮人的工作，不論是男是女都有很多的事可做。精於烹飪的，善於治家的，手工好的，能看護病人的——各種幫助都是少不了的；因為這種種的技能和常識，都是我們所應教授窮人的。他們的男女孩童，也應該使之認真學習相當的手藝。

傳教的家庭

荒蕪的地方，需要信主的人全家去住。不論是農夫、理財家、建築師，或是善長於各種技藝的人，都該到荒僻的地方去墾殖地土、建立實業，組織一個儉樸的家庭，並幫助四周的鄰居。

在荒僻的曠野，上帝卻安置了優美的景物，增進自然的美麗。我們被派要做的工作，也是如此。雖是地上最荒僻的地方，表面上似乎是毫無興趣的地方，也可以成為上帝的樂園一般。

> 「那時，聾子必聽見這書上的話；瞎子的眼必從迷朦黑暗中得以看見。謙卑人必因耶和華增添歡喜；人間貧窮的必因以色列的聖者得快樂。」（賽29:18-19）

幫助人養成自助的精神

我們所能幫助窮人最有效的方法，莫過於灌輸實用的知識。普通不慣於工作的人，是沒有勤儉克苦的精神和習性的。他們不知道怎樣安排支配，更缺少精確審慎的判斷，以致本可以安適度日的家境，往往因為無益的浪費而感窮乏。正如經上說：「窮人耕種多得糧食，但因不義（原文作缺少判斷）有消滅的。」（箴13:23）

我們賙濟窮人，有時反足以害他們，養成他們的依賴性質，慫

惡他們的自私和軟弱，有時更會造成他們的懶惰、揮霍和放縱。凡能自己謀生的人，絕不該依靠他人。西方有句俗語：「世界有養活我的責任。」這句話裏面實含有不少虛假欺詐和足以造成盜竊的成分。一個人既有工作的能力可以養活自己，世界就沒有什麼養活他的責任。

幫助人養成自立的精神，這是真慈善。若有人到我們門上來求乞，我們不可任他餓著肚子走去；他的窮乏，也許是時運的不濟。但是真正的慈善不單是一點物質的賙濟而已，乃要對於他人的幸福有誠懇的關切。我們必須徹底地明瞭一般貧民的需要是什麼，而把最能有益於他們之物供給他們。當然我們所費的思想光陰和精力，其價值遠在金錢之上，但是此乃至真至誠的慈善精神。

人既費力而得他們的報酬，就更容易知道怎樣善用所得。同時他們既養成了一種自立的精神，那麼他們非但自己可以不必依賴他人，且可以去幫助別人。我們須使那些閒散遊蕩在那裏虛度光陰的人，覺悟人生責任的重要。告訴他們《聖經》的教訓絕不叫人遊蕩。耶穌一向是獎勵勤勉的。他對懶惰的人說：「你們為什麼整天在這裏閒站呢？」又說：「趁著白日，我們必須作那差我來者的工；黑夜將到，就沒有人能做工了。」（太20:6；約9:4）

確實的表率

每一個人都可以在家庭生活上面，在風俗以及一切制度方面，給世人一個明證，使他們知道福音對於凡順從的人有什麼作用。耶穌到這世界上來，給我們做一個示範，指明我們可以達到什麼地步。祂希望祂的門徒在人生的各方面都做沒有錯誤的模範。祂要上

帝的感動力在外表的事上顯出來。

我們自己的家庭和環境，應作一個確實的表率，顯出改良的方法，使之勤儉、清潔、雅緻、整齊，排除懶惰、骯髒、粗草、零亂。以我們的生活和榜樣，我們可以幫助人察覺他們自己品性或環境方面的劣根；同時用基督徒的禮貌，我們可以激勵他們走上改變的路。只要我們在他們身上用心，就不難找到機會教導他們怎樣善用生命的機能。

希望和勇氣

若沒有勇氣和堅忍之志，我們就不能作什麼。所以對那些可憐頹唐的人，應說鼓勵有望的話。當他們走到難關的時候，如其必需我們的幫助，我們就應該加以援手，使他們知道我們實在是關懷他們的。凡已在許多事上占良好地位的人，應該明白他們仍不免在許多事上有錯處。若是他們的錯處被人指出，這是痛苦的；不過在他們面前有一個良好的模範，他們應該照著去做。須知仁愛比責備的力量大。你教訓人的時候，要使他們明白你是要教他們達到一個最高的標準，而且你也願意幫助他們的。如果他們在什麼事上失敗，切不可急於責罰他們。

樸實克己

樸實、克己、節省，這些都是窮人所不可不學的教訓。然而這些教訓對於他們往往似乎是難學而不歡迎的。世俗的樣貌和精神，時時在打動他們的驕傲、愛虛榮、縱欲、浪漫和懶惰的心。這些罪惡使千萬人落到貧困的地步，又壓住千萬人使他們在墮落流離的境

況之中，永不能超升。為基督徒者應該鼓勵那些可憐的人去反抗這種勢力。

耶穌降低了自己，到這個世界上來。祂生長在貧窮的家裏。祂是天上的主，榮耀的王，眾天軍的司令；卻能屈身成人，甘願到地上過窮苦卑微的生活。祂所享的權利和機會，毫不過於貧窮的人。勞苦、艱難、窮困，是祂每天生活的一部分。「狐狸有洞，天空的飛鳥有窩」，祂說「只是人子沒有枕頭的地方。」（路9:58）

耶穌並未追求人的頌讚。祂不帶兵，不做世上哪一國的王，不仗世上貴人的寵信，不謀國中高官要職的地位。祂住在貧民中間，把社會上人所創立的階級看得不值分文。高貴的出身、財產、天才、學識、階級，祂都置之不顧。

祂本是天上的王子，然而祂並未從那所謂博學多能的律法師、官長、文士，和法利賽人中間揀選祂的門徒。祂把這些人丟在一旁，因為他們是以自己的學問和地位傲人的；而且他們的拘於遺傳和迷信的成見，已是不能改變的了。知道人心的耶穌，偏揀選那些卑微而能虛心領教的漁夫，為祂的門徒。祂與稅吏和罪人同食，混在普通的人中間，並不是要像他們一樣低俗化，乃是要用祂的榜樣和指導來把正當的思想傳給他們，從世俗和微賤的地位把他們提拔起來。

耶穌也竭力要改正世上評量人的標準。祂自己同窮人處在同等的地位，要世人對於貧窮所施的凌辱除去。祂祝福貧窮的人說，他們必得天國，於是世人對貧窮所施的譏笑侮蔑，已被耶穌永遠推翻了。祂把自己所走的路指給我們看，說：「若有人要跟從我，就當

捨己，天天背起他的十字架來跟從我。」（路9:23）

　　為耶穌工作的人，要到民間去教導他們，不是教他們驕傲，乃是要教他們建立品格。教他們耶穌怎樣勞力，怎樣犧牲。使他們從耶穌學一個克己犧牲的教訓；同時還要叫他們制服己身，謹防欲念，拒絕時髦的趨向。人生太寶貴，滿含著神聖嚴重的職務，怎麼可以在求自己的快樂中荒廢呢！

生命的精華

　　世上的男女根本還沒有開始明白人生的真宗旨。他們只受了虛榮浮華的引誘，碌碌於世俗的尊榮，以致人生的真諦反因此無謂地犧牲了。人生的精華——樸實、忠誠、正直、純真、廉潔——是不能買也不能賣的，是不論智愚貴賤一樣可以有的。上帝已為每一個人預備一種人生的樂趣，是不因階級或財產的不同而變遷的。就是培養純潔的思想大公無私的行為樂趣，就是從對人說體貼撫慰的話，行善做好事中所能得到的樂趣。耶穌的光，從這些為人服務的人身上發出，照亮許多被種種黑影所籠罩的人生。

上帝必賜成功

　　在物質的事上幫助人的時候，常要注意他們靈性的需要。你們自己的行為上，要證實救主的救護之能。你們要用品格來顯示人人所可以達到的高標準。你們要用淺顯的榜樣來傳福音。凡是你們的一舉一動，凡是和你們有關係的事，都要作為建立品格的表現。

　　在低微的工作上面，那最衰弱最微賤的人也能夠與上帝同工，得著祂同在的安慰和扶助的恩惠。他們可以不必憂急躊躇，不必以

無謂的掛慮來攪擾自己的心靈，只要天天做，忠心完成上帝所派給他們做的事，上帝自會看顧他們的。祂說：

> 「應當一無掛慮，只要凡事藉著禱告，祈求，和感謝，將你們所要的告訴上帝。」「上帝所賜出人意外的平安，必在基督耶穌裏，保守你們的心懷意念。」（腓4:6-7）

凡是上帝所造的，不論高低，祂都是保護疼愛的；越是負擔最重的人，祂越是憐憫。上帝的兒女必須遭遇試煉和患難。但他們應該以快樂的精神接受他們的境遇。要知道，凡是他們在這世上所得不到的，上帝必親自照著祂的厚意補償他們。

我們到困難之境的時候，就是上帝應允我們謙卑的禱告而顯出大智大能的時候。我們應該信靠祂是個垂聽應允禱告的上帝。祂必向你顯現，使你知道祂是能在一切急難之中，幫助你的一位。主既造了人，既賜給了人身體、理智，和靈性方面種種神祕的機能，祂絕不保留一切為維持所賜生命不可少的需要。祂既把祂的道──生命樹的葉子──賜給了我們，絕不會不讓我們知道怎樣為貧困的兒女預備飲食的。

把著犁耕田的人，怎能得到智慧呢？──就是要找智慧像找銀子，求智慧如求寶藏。「因為他的上帝教導他農務相宜，並且指教他。」「這也是出於萬軍之耶和華；祂的謀略奇妙，祂的智慧廣大。」（賽28:26, 29）

從前上帝教亞當、夏娃怎樣修理伊甸園，現在祂也願意指教我們。耕田下種的人，也可以得到智慧。凡是信靠主順從主的人，主

必為他開出路。所以他們應該放膽前進，專靠祂，照著祂豐盛的恩惠，供給他們一切的需要。

主既能以五個餅和兩條小魚使眾人吃飽，祂也必能在現今的時候使我們得到勞作的果子。祂從前曾對加利利的漁夫說：「你們在這邊下網。」他們聽了，就得了滿網的魚，甚至漁網幾乎破裂。現在祂也願意使祂的百姓看見祂的手段。現在治理天地的還是那位從前在荒野裏，從天上賜下嗎哪給以色列人吃的上帝。祂必引導祂的百姓，使他們在做事上有技巧和智慧。祂必將聰明賜給忠實誠懇努力盡責的人。地和地上的一切都屬於上帝，祂是富足有餘的，祂必祝福凡打算為別人謀利的人。

我們應該抱著相信的心，舉目仰視。雖遇明顯的失敗，我們也不當灰心，更不可因時間的耽延而失望。我們該時時快樂，時時感謝，時時希望地努力工作，應該相信地中存著豐富的寶藏。比金子銀子更為富足，給那忠心的工人作收成。山岡丘陵變遷，地是像衣服那樣在破舊，然而上帝的恩典足能在曠野為祂的百姓擺設筵席，是長流不竭的。

第 13 章・援助束手無策的窮人

「眷顧貧窮的有福了。」

　　窮苦失業之輩，雖有人加以援助，使他們有了自立的技能，可以自謀生活，但是剩下的，還有那孤兒寡婦，和老弱抱病的一類人，也是需要憐憫和救濟的。我們不可置之不顧，因為他們是上帝交給祂的僕人，要他們看顧照應的。

信徒一家的人

> 「所以有了機會，就當向眾人行善，向信徒一家的人更當這樣。」（加6:10）

　　耶穌特地把照顧教友的責任，放在教會的身上。祂容窮人到教會裏來，而且窮人必常在我們中間。所以各教友的身上，都有一種上帝所交給他的責任，要照顧他窮乏的弟兄。

　　如同一個普通家庭裏面的人，彼此眷顧，服務病者，扶助弱者，教導愚昧的，訓育閱歷淺薄的，照樣，「信徒一家的人」也要當心其中凡有需要及束手無策的人。對於這些需要幫助的人，是絕不可置之不顧的。

孤兒和寡婦

　　孤兒和寡婦是上帝特別看顧的一等人。

> 「上帝在祂的聖所作孤兒的父，作寡婦的伸冤者。」（詩68:5）

「造你的是你的丈夫；萬軍之耶和華是祂的名。救贖你的
是以色列的聖者；祂必稱為全地之上帝。」（賽54:5）

「你撇下孤兒，我必保全他們的命；你的寡婦可以倚靠
我。」（耶49:11）

有許多做父親的人，在去世的時候都信了上帝的話，把他們所
親愛的人交在祂的手中。上帝照顧這些孤兒寡婦，並不靠什麼顯著
的奇事，祂並不從天上降下嗎哪，或使烏鴉叼食物給他們吃，但祂
在人的心裏，行那看不見的奇事，就是使人心排除私利，開那耶穌
之愛的泉源。主將這些窮乏遭難的人，當作寶貴的信託，交與祂的
信徒。他們最需要我們的同情。

在生活安適富足的家中，在五穀豐存的倉裏，在布帛堆積的貨
房中，在金銀斂藏的庫內，上帝都使我們有力量可以供養這些貧乏
的人。祂要我們替祂佈施鴻恩。

許多可憐的寡婦帶著她那沒有父親的孩子，在那裏掙扎奮鬥，
負著雙重的擔子，在不能勝任的勞苦之中拚命苦鬥，要撫養她的子
女。她沒有工夫訓誨他們，教導他們，少有機會為他們造成光明遠
大的環境。她是需要同情、鼓勵，和切實扶助的。

上帝叫我們儘量在可能的範圍之內，補足這些孤兒所缺少的父
愛。切不可遠遠地站著，指摘他們的壞處和討厭的地方，卻應想各
種方法幫助。要設法幫助那壓在重擔之下的母親，減輕她的擔負。

此外還有許多孩子完全失卻父母的引導，和基督化家庭管束的
影響。對於這種可憐的孩子們，做基督徒的人應該把心門和家門都

打開。上帝所要他們個人負的責任，不可以卸給什麼慈善機關或讓社會和政府去負。若是那些孩童沒有什麼親屬可以歸依，教友就應該開門收留他們。造我們的上帝，早已預定人是要在家中長大的，而且兒童的天性，只有在耶穌化家庭的空氣和環境之中，方能充分發展。

凡是自己沒有子女的人，大可幫助別人的子女。與其養狗豢貓，把愛情消耗在無知的牲畜身上，不如照應一個孤苦的小孩，在他身上依著神聖的樣式加以教導訓練，造就一個高尚有用的人才。你們應該對人類中無家可歸的孤兒，顯出愛心，且看你們能照著上帝撫育之法，把幾個這樣的兒童教養成人。如此行，有許多人就必自己得著莫大的福氣。

年老的人

老年的人，也需要家庭中有益的感化。在主內的弟兄姊妹家中留居，可補償他們自己所失去的家庭。若是我們能體貼這種人，使他們在我們家庭的種種福利和事務方面也有一分關係，這就可以使他們覺得自己的效用還沒有到消滅的地步。要使他們覺得他們的幫助是有價值的，他們在服務人的事業上仍有一絲地位，這就可以愉悅他們的心，使他們感覺生存的樂趣。

在可能的情形之下，應當使那白髮蒼蒼、步履不穩，將進墳墓的年長者，仍與他們的親友接觸。應當使他們與所愛和所認識的人一同敬拜上帝，用慈善柔和的態度照顧他們。

年老孤苦的人，應由他自己的家族擔任奉養。如果不能，教會

就應該把這件事視為一種責任和權力。凡是真有耶穌精神的人，對於老年衰弱的人都應當有慈愛的觀念。

這種年老孤苦的人，在我們家裏，實在也可以使我們有極好的機會與耶穌在仁慈的事上合作，發展我們像祂那樣的品格。老少相處是有益的。少年人能使老年人心中生出快樂。少年人有一種魄力，有一種希望的精神，是那日暮途窮的年長者所需要的；而老年人的經驗、閱歷、處世的智慧，也能夠使少年人得到助益。最要緊的，少年人必須學習犧牲服務的精神。一個需要同情諒解，和真正犧牲之愛的人，在許多家庭中必是一種無價的幸福，足以使家庭的生活成為美滿甜蜜。使老少雙方都發出耶穌那樣的仁愛，這種仁愛能使他們得到品格上神聖的美質，和天上永不朽壞的財寶。

品格的試驗

「常有窮人和你們同在，要向他們行善，隨時都可以。」
「在上帝我們的父面前，那清潔沒有玷污的虔誠，就是看顧在患難中的孤兒寡婦，並且保守自己不沾染世俗。」
（可14:7；雅1:27）

耶穌把孤苦窮乏的人安置在他們中間，是要試驗凡承認做祂門徒的人。我們對於祂窮苦的兒女，若顯出愛護照顧的心，這就證明我們對於耶穌有真誠的愛。若是把他們置之不顧，我們就承認自己是假基督徒，不認識耶穌，也不認識祂的愛。

育幼院

即使人已盡所能把孤兒儘量地安頓在人的家裏，但還有許多是

需要照顧的。有許多是遺傳不良的。他們似乎是沒有什麼出息，不討人歡喜，而且頑皮得很；可是他們也是耶穌寶血所贖來的，在祂眼中看來，是與我們自己的子女一樣可貴的。這種孤兒若沒有人收管教養，長大起來必致無知無識，流落到犯罪作惡的地步。育幼院的事業，就能夠救濟許多這樣的兒童。

辦理這種慈善的機關，若要收最大的效果，必須儘量仿效基督化家庭的樣式。與其在一個地方設立大的機關，把許多兒童收在一起，不如分成許多小規模的機關四散在各處為宜。地點不宜在都市之中，或者靠近都市，而應該在鄉間可以耕地種田的地方，使兒童與大自然接觸，享受手藝的訓練。

主持這種家庭式的機關之人，不論是男是女，都必須有寬厚的胸襟、高尚的學識、犧牲的精神；要能為愛耶穌而擔任這種責任，為愛耶穌而教養這班兒童。在這種人的管理之下，那許多無家可歸、無人照管的兒童，就可以預備將來做社會上有用的人才，並且轉而幫助別人。

節儉、克己

許多人蔑視節儉，以為節儉是吝嗇和褊狹的。然而節儉與最大的慷慨是攜手同道的。實在講來，沒有節儉便無所謂真正的慷慨。我們必須節省，才能夠施捨。

人若不克己節省，就不能賙濟別人。惟有節儉的生活，克苦的精神，和精明的算計，才能夠使我們成全耶穌所託給我們做祂代表的工作。驕傲和世俗的欲望，必須從我們心中完全掃除。在一切事

上，我們必須行出耶穌一生所顯的克己利人的精神。在我們家裏的壁上，我們所掛的圖畫上，所用的傢具上，我們都應該看見有主的話寫著道：「將飄流的窮人，接到你家中。」（賽58:7）在我們的衣櫥上，我們應看見有如上帝所寫的字道：「見赤身的，給他衣服遮體。」坐到桌前，看見豐富的食物，我們就應該看見上帝的話赫然在我們眼前道：「不是要把你的餅，分給飢餓的人嗎？」（賽58:7）

我們服務的機會和山路，在我們面前何止幾千幾萬。我們時常愁歎經濟的缺乏，然而基督徒若有真正誠懇的態度，他們就能增加千倍的經濟。阻止我們服務的機會和發展的，就是我們自己的私心，和專求滿足自己欲望的意念。

多少金錢，是浪費在專門受人崇拜的事物上啊！這些事物吸收了那應該花在高尚之事上的光陰和精力。為求華麗的房屋、貴重的器具、自私的快樂、過分的飲食，以及有害的放縱，我們竟揮霍了多少有用的資財呀！我們彼此饋送，然而這些禮物於誰有益呢？今日所謂的基督徒，在無用的事上——甚至有害的事上——所花費的金錢，遠超過為救人脫離那試探者之手而花費的金錢。

許多自稱為基督徒的人，在衣著上大肆浪費，以致對於別人的缺乏就沒有什麼可以幫助了。他們以為不能不買貴重的裝飾品和高價的衣著，竟不顧那些連粗布衣著也難以周全之人的缺少。

我的姊妹呀，你們如果能照《聖經》的規律而置衣，你們就會有很多的餘款，可以幫助那比你窮苦的姊妹了。不但你們的金錢可以節省，你們的光陰也可以有餘了。光陰往往是幫助人所最不

可少的。只要用一點機智和技巧，或一點建議，你們就可以幫助許多人。你們可以教他們怎樣穿得儉樸而雅致。有許多婦人不到教堂敬拜上帝，是因為她們那襤褸不合身的衣服與大眾比較起來顯得太突出了。敏感的人見到這種對照，就感覺到一種深刻的羞恥，和不公正的態度，因之對於真理也就懷疑起來，對於福音就漸漸硬心了。

耶穌吩咐我們道：「把剩下的零碎收拾起來，免得有糟蹋的。」現在世界上死於饑荒、戰爭、瘟疫、火災的人，日以萬計。當此之時，凡有愛人之心的人，當然應該格外謹慎，不可糟蹋、浪費，以期救濟那在苦難中的人。

浪費光陰、思想，都是有罪的。然而凡是為求自己快樂而用的光陰，每一分鐘都是浪費的。我們若能珍惜光陰，把每一分鐘都作正當之用，就不愁沒有時間做一切為自己、為別人所應該做的事。凡屬耶穌的門徒，在光陰、金錢、精力、一切機會的使用方面，無不應該求上帝的指導。「你們中間若有人缺少智慧的，應當求那厚賜與眾人也不斥責人的上帝，主就必賜給他。」（雅1:5）

「你們要給人，就必有給你們的。」

> 「要借給人不指望償還；你們的賞賜就必大了，你們也必作至高者的兒子；因為祂恩待那忘恩的和作惡的。」（路6:35）

> 「賙濟貧窮的，必不致缺乏；佯為不見的，必多受咒詛。」（箴28:27）

「你們要給人，就必有給你們的；並且用十足的升斗，連搖帶按，上尖下流的，倒在你們懷裏。」（路6:38）

第 14 章・為富人服務

「不要倚靠無定的錢財。」

　　羅馬百夫長哥尼流，是個出身清高的貴族。他有尊貴的官職和很多的錢財。從家世和所受的教育方面講來，他本是個不信教的人。但是因為常與猶太人往來接觸，他也認識了上帝，並且敬拜祂。在賙濟窮人的行為上，他顯出虔誠的心。《聖經》上說他「多多賙濟百姓，常常禱告上帝。」（徒10:2）

　　哥尼流並不曉得耶穌到世上來代替罪人死的福音，上帝就直接給他一個信息，同時也傳一個信息吩咐彼得去見他，教導他。哥尼流本不是猶太教會中的人，猶太的教師也許把他當作不潔淨的異邦人；然而上帝明白他心中的虔誠，就從自己的寶座前差遣使者與祂地上的僕人合作，去將福音傳給這位羅馬的官長。

　　上帝救人，不分高低貴賤，從前如此，現在也是如此。現在有很多像哥尼流那樣的人，上帝都要他們加入祂的教會。他們的心是與上帝的百姓表同情的，只是世俗的牽纏，把他們緊緊地困住。要他們肯與低微的人處同等地位，實在非有道德的勇氣不可。這些人為了世俗的事務與交際，常在極危險的境地，所以應得為他們特別出力。

　　關於我們對於貧民所當盡的責任，我們已討論得不少了。然而富人難道是我們所應該忽視的嗎？許多人以為這等人是沒有希望的，所以也不費什麼心機，去開他們那被世俗榮華所蒙蔽，而看不到永久之福的眼睛。因為如此，千萬有錢的人到死也沒有聽見什麼

警告。但是有許多財主雖然似乎漠不關心，卻也未嘗不以靈性為憂。《聖經》上說「貪愛銀子的，不因得銀子知足；貪愛豐富的，也不因得利益知足。」（傳5:10）那「對精金說，你是我的倚靠」的人，是背棄了「在上的神」（伯31:24, 28）然而他們中間「一個也無法贖自己的弟兄，也不能替他將贖價給上帝，……因為贖他生命的價值極貴，只可永遠罷休。」（詩49:7-9）

世俗的富貴榮華，不能使靈性滿足。許多有錢的人，是在渴求一種神聖的保證，要得到一種心靈的希望，想找一種特別的方法幫助他們脫離那種單調無味毫無目標的生活。許多在官場中周旋的人，都覺得他們的生活方面似乎有所缺少。不過到禮拜堂裏去的人為數卻很少，因為他們以為到禮拜堂去得不到多大益處。他們所聽見的道理，不足以動他們的心。我們豈不應當對他們作個人的勸導嗎？

在窮困和罪惡的壓力之下遭難的人，有一部分本是財主。在社會各項職業各項階級的人，因為經不起世俗的污穢、濃酒的迷戀，和情欲的放縱，就跌入了誘惑的陷阱。這種已經墮落的人，固然是需要顧憐和幫助的，但是那些尚未跌倒卻已踏上歧途的人，豈不是應當受人加意救護的嗎？

現在在社會上聲高望重的人，不知有多少是在毀壞身心的惡習中縱情度日。不論是傳道的牧師、政治家、著作家、大老闆、富豪，以及有特殊才能和作為的人，都有不少是在極危險的情形之中，因為他們不知道在這一切事上有管束自己的必要。須有人喚醒他們，使他們注意節制的要義——不是要用狹窄專制的方法，乃是

要使他們明白上帝對於人類所有的旨意。如果我們能如此把真節制的要義陳列在人面前，有許多高等的人就會識得其價值而真心接受。

我們應當向這種人指出有害的嗜好是怎樣地足以損害人的道德，減低人的體力和智力。我們要幫助他們明白他們受了上帝的委託，做了祂的管家，就有什麼應盡的責任，並指示他們怎樣把花費在有害之事上面的金錢省下來去做有益的事。又要給他們看節制的約，勸他們把買菸酒和其他嗜好的金錢移為救濟貧民或教養兒童培植社會人才之用。這樣的請求，大半的人是不會拒絕的。

有錢的人還有一種特別的危險——擔任醫藥佈道的人在這一方面有很好的機會做工。許多在社會上順利發達的人，即或不在普通的罪惡中有分，卻因為一心貪愛錢財，終必弄到失敗的地步。空的杯子，並不難遷，最難舉的，乃是滿溢平口的杯子，因為這樣滿的杯子只要略一歪側，就會傾覆。困苦和艱難，固足以使人憂傷灰心，然而於靈性最有危險的，卻是順利的景況。

摩西在曠野看見一堆荊棘被火燒著，卻不燒化，因為有天使在荊棘之中。窮苦的人就可以比作這荊棘。我們在困苦艱難之時，有那看不見的神聖的勢力與我們同在，安慰我們，扶持我們。我們常聽見有人請求大家為那些在疾病和痛苦中的人祈禱，但最需要我們代求的，倒是一般有財有勢境況良好的人。

人在卑微的情景之中，因為覺察到自己的缺少，就會求上帝的指導。在這種時候大概是比較安全的。然而那居高位，登首席，似乎是足智多謀的人，倒是在極大的危險之中。除非他們以上帝為靠山，他們是一定要跌倒的。

《聖經》並不指摘人的富足，只要他的富足，是用誠實的方法得來的。錢財不是萬惡之根，貪財才是萬惡之根。上帝使人有求財的能力；只要人能做上帝的管家，存著公德心去運用他的金錢，那麼金錢在他手裏，便能夠於個人於世界都有利益。只是有許多人因為一心只顧積聚財寶，就感覺不到上帝的主張和同胞的缺少。他們以金錢為榮耀個人的工具；有了房屋，仍想房屋，買了田地，還要田地，把他們的家裏堆滿繁華奢侈之品，卻不想到他們旁邊的人是在罪惡痛苦疾病死亡的境況之中掙扎。凡是這樣專求自己舒適的人，就不是在培養上帝的品格，卻是在養成那惡者的心思。

　　這種人需要福音。他們應得把眼光從虛浮的物質上移注到永久的事物上面，看那不會壞的財寶是何等的可貴。他們應該明白施捨的樂趣，應該見到與上帝同工的人是何等有福。上帝吩咐我們說：

> 「你要囑咐那些今世富足的人，不要自高，也不要倚靠無
> 定的錢財；只要倚靠那厚賜百物給我們享受的上帝。又要
> 囑咐他們行善，在好事上富足，甘心施捨，樂意供給人，
> 為自己積成美好的根基，預備將來，叫他們持定那真正的
> 生命。」（提前6:17-19）

　　要把那富擁資財、營營於世俗的追求之人，引向耶穌，這件事並不是偶然一舉手投足所能奏效的。這種人常是極難接近的。必需富有傳道精神的男女，堅忍不懈地為他們作個人的工夫才行。

　　有些人是特別適於為上等階級傳福音的。這樣的人須求從上帝那裏來的智慧，好知道怎樣感動這一等的人，以致可以不但與他們有一種表面的相識，還可以用個人的工夫和活躍的信仰，使他們覺

悟靈性的缺少，引導他們明白在耶穌裏的真理。

有許多人以為要勸化上層階級，就必須投他們的所好，適應他們的生活和習尚。所以闊綽的外貌，宏壯的建築，華麗的服裝，合乎世俗的設備和環境，時髦社會的種種修飾，以及大方斯文的舉止，風雅清高的言辭，似乎都是不可少的。但這種觀念是不對的。世俗的政策並不是上帝感化上流人士的方法。能切實感化他們的，就是福音的宣傳——恆久不怠、光明正大地向他們宣傳耶穌基督的福音。

保羅在雅典的許多學者面前傳道的事，可以做我們的教訓。保羅在亞略巴古講道的時候，與他們以論理對論理，以科學對科學，以哲學對哲學。在場最聰明的人，都驚訝靜默。他的話簡直沒有可駁的餘地。然而這一次的講道並沒有多大的結果，並沒有幾個人接受福音。此後保羅就改了一種工作的方法。他不再用深長的辯辭和理論，只用很淺顯誠懇的話向人們指出耶穌為罪人的救主。保羅說：

> 「弟兄們，從前我到你們那裏去，並沒有用高言大智對你們宣傳上帝的奧祕。因為我曾定了主意，在你們中間不知道別的，只知道耶穌基督，並祂釘十字架。……我說的話講的道，不是用智慧委婉的言語，乃是用聖靈和大能的明證；叫你們的信不在乎人的智慧，只在乎上帝的大能。」
> （林前2:1-5）

> 「我不以福音為恥，這福音本是上帝的大能，要救一切相信的，先是猶太人，後是希利尼人。」（羅1:16）

凡向上等階級傳福音的，應當保持真正的尊嚴和儀容，常常記著有天使與他們作伴。他們的心智和腦海中，應滿存著「經上記著說」這一句話。他們的記憶中，應深刻著耶穌的寶語，把這看作比金子銀子更寶貴。

　　耶穌曾經說過財主進天國難於駱駝過針眼。為這一等人做工的時候，難免有許多使人灰心的景象。不過在於上帝是凡事都能的。祂能而且也必定會藉著人的手，感動那些專以求財為念的思想。

　　上帝必行奇事，使人在非常的情形之中悔改，這種奇事，現在我們還看不到。世上最大的人，總脫不出上帝神妙的手掌。只要凡與上帝一同做工的人，能忠勇向前地盡他們的責任，上帝必能感化那居高位、掌大權、富有聲勢才學的人。藉著聖靈的力量，許多人必受指導，接受神聖的道理。

　　當我們向人說明上帝期望他們做祂的代表，去解放受苦的人類，有許多人就必樂於聽從而捐出他們的資產，哀憐窮苦的人，實行救濟。他們既如此地放棄了自私的觀念，就會把身心投誠於耶穌的足下。他們必甘心情願用他們的金錢和勢力，在慈善的事業上與那些上帝所差遣，使他們悔改的平凡卑微的傳道士合作。這樣，他們就可以因為善用世上的金錢，「而為自己預備永不壞的錢囊和用不盡的財寶在天上，就是賊不能近，蟲不能蛀的地方。」

　　人既悔改歸主，有許多就能在上帝的指導之下為自己同等的人出力。他們必覺得自己有一種使命，就是人將福音傳給那些專顧此世的人。他們的光陰和金錢，都必獻給上帝；他們的才幹和聲勢，也會用在救人歸向耶穌基督的企圖上。

　　只有永久的來世才能顯明這種工作所有的成就──多少人，多少病在疑惑中、厭倦世俗和紛擾的生命，尋見了那位極願救助凡到祂跟前來的大醫師。耶穌是個復活的救主，祂有醫治之能。

論·健康佈道
Ministry of Healing

第四篇·看顧病人

「手按病人，病人就好了。」

第 15 章 · 在病房中

「這些事你既作在我這弟兄中最小的一個身上，就是作在我的身上。」

　　服事病人的，必須明白謹守健康之律的重要。服從健康的定律，在病房中比任何其他地方更為重要。在微小的事上謹慎忠心，對於看護病人的人，比任何人都更有重大的關係。對於沉重的病症，只要一點疏忽，於病人的需要和危險略一大意，或者稍為表示一點懼怕、興奮、急躁的態度，甚至缺少一點同情的表示，都足以轉動生死的大局，使一個本可生還的病人，墜入墳墓。

　　一個護士的工作能力，大部分在乎體力。她的身體愈好，就愈能忍受服務病人的勞苦，愈能善盡職守。所以凡看護病者的人，對於飲食、清潔、空氣和運動，都當特別注意。家庭之間如果能這樣地注意健康，那麼一家之人就能夠共同擔當服事那一個有病之人的擔子，並且避免受傳染。

　　病勢嚴重的時候，若是需人日夜守護，這責任至少應由兩個能幹的護士輪流擔任，以便各人都可有休息、睡眠，和戶外運動的機會。這件事對於在空氣不太流通的病房中服務的人，更為重要。有時人因為不明白新鮮空氣對於身體的重要，就不使屋內空氣流通，以致病人和服事的人雙方都受危害。

　　若能加以提防，則一個人患了病，除非是極易傳染的，就不致轉移到別人身上。關於飲食起居的方面，若有不良的習慣，就當改正。病人的臥室，必須收拾清潔，使空氣流通，以便易於除盡毒質。能如此注意防範，則病人當然容易痊癒，而且在病人床邊服侍

172

的人以及全家大小，都不至於得病了。

陽光、空氣、溫度

為要使病人有最容易復原的機會，他的臥房務求寬大明淨，有愉快的氣氛，和流暢的空氣。應該把房屋中最適於以上條件的一間，讓給有病的人居住。固然，有好多房子沒有通氣的設備，而且很難使之通氣。但是若有方法可想，無論如何總要使病人的臥房日夜有充分的空氣流通。

如果可能，病房中的溫度也應該保持均溫。溫度計是應當用的。在病人旁邊服侍的人，因為常常不得充足的睡眠，或者終夜守護，容易感覺寒冷，所以他們對於空氣溫度的感覺，是不準確的。

飲食

照顧病人的飲食是護士很重要的一部分責任。不可讓病人因為缺少營養以致過於軟弱乏力，也不可使病人衰微的消化機能操勞過度。凡是病人所吃的東西，應選擇佳美可口，至於份量與品質，必須以適合病人的需要為標準。病人開始復原時，他的食欲會大增，但內部的消化功能還沒有恢復實力，此時飲食若不小心，會發生莫大的危害。

看護的責任

護士和與病房有關的人，必須有愉快的精神、鎮定的態度、自制的能力。凡是匆忙、興奮，以及倉惶失措的神色，一概都得避免。不論開門關門，都應該輕緩謹慎，務使室內安靜。對於發燒的

病人，在危險時期來到高燒漸退的時候，尤須時刻守護，千萬不可疏忽。有許多病人的死，都是因為護士的疏忽大意以及缺少常識所致；若在精明周到的護士手下受適當的調養，他們就不至於死了。

探望病人

過度的探望病者，乃是社會對於禮節的誤解和誤用好意造成的。人在病重時，是不應該接待客人的。有時病人正極需要安神靜養，而探訪的人偏是來往不絕，那種因接應而起的奮興，實足使病人疲乏。

一個正在復原或患慢性病症的人，知道有人關心他的病狀，時時想念他，這當然是能使他快樂的。不過這種關顧之心，只要托人問候，或藉一點小禮物來表示，往往要比親自探望更有意義，而且是有益無損的。

醫院裏的護士

在療養院和醫院裏常與許多病人接觸的護士，應該努力保持愉快歡悅的態度；一切舉動和言語，尤須謹慎小心。在這些機構做護士的人，務要在工作方面力求精明完美，並且要時時想到自己天天所做的工作，是在服事主耶穌。

病人需要聽一些聰明的話。護士應天天研究《聖經》，以便能向病人說愉悅幫助的話。上帝的天使是在這些受痛苦的病房中，所以那服事者自己靈性方面的情形和氛圍，應是清香純潔的。醫師和護士應抱著效法耶穌的精神。他們的日常生活應顯出祂的美德，那麼他們的言語和行為就能夠吸引病人歸向救主。

真有耶穌精神的護士，一面為病人施行治療，恢復他的健康，一面也必能夠輕輕地把他的思想移到耶穌身上，因為祂不但是身體的醫治者，也是靈性的醫治者。護士對病人在無意中所發表的思想，雖是這裏一點，那裏一點，都會有相當的影響。年事較高的護士，尤其不可失去每一個良好的機會，引導病人注意耶穌。他們應當時時準備，把靈性的醫治和身體的醫治合而為一。

　　護士須用最溫柔最和藹的態度，教導已得醫治的人，勸他們不要再犯上帝的律法，不要在罪中討生活。人若不住地故意干犯上天之律，自取疾病和痛苦，上帝就不能賜福予他。然而耶穌藉著聖靈的能力，在凡停止作惡學習行善的人身上，就能充分運用祂醫治的功能。

　　人若沒有愛上帝的心，那麼他所做的事，必常與靈性和身體的幸福相反。只有那在這罪惡世上覺悟到要順從上帝的人，就情願革除一切不良的習慣。愛和感激之意，會充滿他們的心。他們知道耶穌是他們的朋友。往往那些受苦的人，只要領悟到他們有這樣的一位朋友，就能夠幫助他們從疾病中得痊癒，比任何極好的治療更有功效。不過這兩方面的服務都是重要的，所以應當相輔而行。

第16章 · 為病人祈禱

「出於信心的禱告要救那病人。」

　　《聖經》說，人要「常常禱告，不可灰心。」（路18:1）其實人愈在精疲力竭，生命看似沒有把握的時候，愈會感覺禱告的需要。往往人在健康的時候，天天照常過日子，就忘記了上帝所賜給他們不斷的恩賜，想不到去頌讚祂的厚愛。但是一到災病臨身的時候，他們就想起上帝來了。到自己的能力不足恃時，人愈覺得他們需要上帝。我們慈悲的上帝，從不棄絕凡是真心懇求祂的人。祂是我們的避難所——不論在有病或健康的時候，祂都是我們的避難所。

> 「父親怎樣憐恤他的兒女，耶和華也怎樣憐恤敬畏祂的人。因為祂知道我們的本體，思念我們不過是塵土。」
> （詩103:13-14）

> 「愚妄人因自己的過犯和自己的罪孽，便受苦楚。他們心裏厭惡各樣的食物，就臨近死門。」（詩107:17-18）

> 「於是他們在苦難中哀求耶和華，祂從他們的禍患中，拯救他們。祂發命醫治他們，救他們脫離死亡。」（詩107:19-20）

　　上帝現在願意醫治患病的人，正如聖靈藉著大衛說以上的話時一樣。耶穌現在也與祂從前在世上為人服務時一樣，都是慈悲的醫師。無論是什麼病症，無論是什麼軟弱，在祂都有醫治的良方。現

在耶穌的門徒，只要像祂從前的門徒一樣為病人祈禱，病人就必一樣得著痊癒；因為「有信心的祈禱，要救那病人。」我們有聖靈的能力，和信心平穩的保證，是能向上帝要求祂所應許的。主應許說我們「手按病人，病人就必好了。」（可16:18）這個應許在現今的時候，仍與使徒時代一樣可靠。這原是表明上帝兒女的特權，所以我們要抱著相信的心，來握住其中所包括的一切權力。耶穌的僕人是耶穌的工具，藉著他們的手，祂要施展祂的醫治之功。我們的本分，就是要憑著我們的信心把痛苦患病的人提到上帝面前。我們要教導他們信靠那位大醫師。

　　救主要我們鼓勵一切受苦患病灰心的人，叫他們依靠主的大能。憑著信心和祈禱，病房可以變成一個「伯特利」──上帝與人同在之地。做醫師和護士的人，都可以在言語和行為方面給病人一個清楚明白的暗示說：「上帝在這裏。」祂是要拯救，不是要毀滅。耶穌願意在病房顯現祂的容貌，使醫師和護士的心中滿含著祂甜蜜的愛。若是服務病者的人，可以使耶穌跟著他到病人的床邊，那麼病人就可以在無形中感覺慈悲的救主在他身旁。這種感覺對於病人身體和靈性雙方健康的恢復，也有很大的影響。

　　上帝是垂聽禱告的。耶穌曾說道：「你們奉我的名求什麼，我必成就。」（約14:14）又說：「若有人服事我，我父必尊重他。」（約12:26）我們只要聽祂的話做人，那麼祂一切寶貝的應許都必在我們身上成就。我們本不配得祂的恩慈，然而我們既把自己獻給祂，祂就接受我們。凡跟從祂的，祂必為他們出力，並且藉著他們施展祂的大能。

怎樣的祈禱才能蒙應允

只是我們必須順從祂的吩咐做人，才能要求祂的應許實現。詩人大衛說：「我若心裏注重罪孽，主必不聽。」（詩66:18）若是我們只聽祂一半的話，用半顆心順從祂，那麼祂的應許也絕不為我們成就。

《聖經》上對於為病人特別禱告以求復原一事，確是有話論及的。不過這是一件很鄭重的事，非經審慎的考慮，不可冒然而行。有許多人為病人祈禱時，所謂信心，無非是狂妄的心而已。

有許多人的疾病，是因自己荒唐所產生的。他們因為不遵守自然的定律，不服從絕對純潔的生活原則，或在飲食、服飾，以及工作等等的習慣方面疏忽了健康的律法，疾病就臨到他們的身上。往往這種罪惡的行為，乃是身體或心志衰弱的原因。這樣的人若得了健康的福氣，卻仍執迷不悟地一味干犯上帝的自然和屬靈之律，以為上帝既聽了禱告，治好了他們，他們就可以毫無約束地繼續他們不健康的行為，放縱他們荒唐的嗜欲。在這種情形下上帝若行出奇事，使他們恢復健康，就無異於鼓勵人犯罪了。

教人仰望上帝醫治他們的疾病，而不同時教導他們放棄不健康的舉動，這是枉費精力的。若是要在禱告上面得蒙上帝的應允，他們必須先停止作惡，學習行善。他們的環境必須合乎衛生，生活的習慣也當改正。他們必須遵行上帝的律法——自然和屬靈的律法。

認罪

人若要我們為他們祈禱，求上帝恢復他們的健康，須先使他

們明白干犯上帝的律法──不論自然的律法或屬靈的律法──就是罪。人必須認罪悔過，才可以得上帝的賜福。

《聖經》吩咐我們道：「你們要彼此認罪，互相代求，使你們可以得醫治。」（雅5:16）對凡要求祈禱的人，應該將這一類的思想貢獻給祂。「我們不能識得你的心，也不能明白你所有祕密的事。只有你自己和上帝明白。既是你願意悔改，你就應該承認你的罪孽。」凡是私下犯的罪孽，當向耶穌承認，耶穌是人與上帝之間唯一的中保。《聖經》上說：「若有人犯罪，在父那裏我們有一位中保，就是那義者耶穌基督。」（約壹2:1）犯罪就是冒犯上帝，所以是要靠著耶穌向祂承認的。凡是公開的罪孽，當向公眾承認。若是得罪某人，就要向這個人認罪。追求健康的人，若曾說人壞話，搬弄是非，在別人的家裏或鄰舍之間以及教會裏面挑撥分爭，惹起不睦，或者行了什麼錯事使別人陷在罪中，他們就該在上帝面前和所得罪的人面前承認那罪孽。「我們若認自己的罪，上帝是信實的，是公義的，必要赦免我們的罪，洗淨我們一切的不義。」（約壹1:9）

所有的錯誤既已理直，我們就可以隨著聖靈的指示，向上帝陳明病人的需要，抱著信心，要求祂的恩賜。祂叫得出每一個人的名字，祂照顧每一個人，好像只是為他才把祂的愛子犧牲。因為上帝的愛是十分高厚，十分可靠，我們當鼓勵病人安心快樂地信靠祂。自憂自急容易使人衰弱患病。若是病人能脫離抑鬱愁悶的心境，他們的痊癒也就更有希望；因為「耶和華的眼目，看顧敬畏祂的人，和仰望祂慈愛的人。」（詩33:18）

服從上帝的旨意

為病人祈禱的時候，要知道「我們本不曉得當怎樣禱告。」（羅8:26）我們不曉得我們所求的恩典，究竟是否於我們有益。所以我們禱告當帶著這樣的口氣：「主呀！祢明白他們心靈中每一祕密，祢也認識這些患病的人，耶穌，他們的中保，曾為他們捨命。祂愛他們比我們愛他們更甚，所以，如果能榮耀祢的名，並使這些病人受惠，我們就奉耶穌的名，求祢醫好他們。如果是祢的旨意不要他們復原，我們也求祢的恩惠在他們的痛苦中安慰他們，祢的聖容與他們同在，支持他們。」

上帝是在起初就知道末後的。祂曉得每一個人的隱事，熟悉一切人的心意。祂知道我們所為代求的人，如果生在世上，能否經得起所要臨到他們的困苦和試煉；也知道他們的生存，對於他們自己和世人究竟是禍是福。因為這個緣故，我們在懇切呼求的時候，應該說：「然而不要成就我的意思，只要成就祢的意思。」（路22:42）耶穌在客西馬尼園中求，說到「父啊！倘若可行，求祢叫這杯離開我。」（太26:39）的時候，還加上這一句服從上帝神聖旨意的話。耶穌是上帝的兒子，尚且以此言為當，我們卑微有罪的人類，豈不更該如此嗎？

先把我們所有的祈求向我們全智的天「父」陳明，然後以絕對信靠的精神把一切交托給祂，這便是最合理的辦法。我們知道我們若按祂的旨意祈求，上帝是聽我們的。然而我們以不服從的態度一味強求，這是不對的；我們的禱告須取懇求的格式，不可帶命令式的要挾。

有的時候，上帝很明顯地使出祂的神能使人恢復健康。但是並不是每個病人都得痊癒。有很多人上帝卻容他們在耶穌裏安睡了。在拔摩海島上，上帝吩咐約翰寫下道：「從今以後，在主裏面而死的人有福了；聖靈說，是的，他們息了自己的勞苦，做工的果效也隨著他們。」（啟14:13）從這上面我們看出人若有病不得痊癒，也不可因此被算為缺少信德。

我們都希望我們的祈禱得到迅速而直接的應允，所以遇有應允遲延或不依著我們的意料而成就時，我們便容易覺得灰心失望。然而那全智全能愛我們極甚的上帝，又何必常常按著我們所希望的時候和情形來應允我們的祈禱呢？祂所要為我們成就的，要比我們所求的更多更好。既是我們信靠祂的智慧和慈愛，我們就不應當要祂依順我們的意思，卻宜竭力遵行成全祂的意思。我們自身的希望和意圖，須在祂的旨意之中消失。這種考驗我們信心的經歷，原是為使我們得益處的。從這些事上，就可以證明我們的信心是否真實誠懇，究竟是專以上帝的話為根據，還是隨時勢改變？信心是愈用愈堅的。我們須使忍耐有完全的作用，要記得《聖經》中對於凡耐心等候上帝旨意的人有極寶貴的應許。

這些道理不是人人都明白的。許多求上帝治病的人，以為他們的禱告，必須得到一個迅速直接的應允，否則就是他們的信心不足。因為這個緣故，對於那些因病衰弱的人當給以精審的勸導，使他們可以聰明行事。

就在這一方面也常有錯誤的危險。有的人因相信上帝必定聽人的禱告治好他們，就不敢作什麼表示缺少信心的事。然而他們還是

要預先安排身後之事，如同即將辭世之人一般；不可懼怕對他們親愛的人說些如同訣別時要說的勉勵和忠告。

救護的方法；《聖經》的榜樣

凡在祈禱中求醫治的人，不應當摒棄自己所能施行的救護方法。利用上帝所預備、用來消弭痛苦並幫助自然復原的那些方法，並不是犧牲信心。我們與上帝合作，置身於最易復原的地位，這並不是打消信心。上帝已使我們明白那生命的原理，這種知識是在我們的能力範圍之內，是我們可以應用的。我們應該採取一切有利於治療的方法，利用一切所有的機會，與自然的定律協力同工，來求疾病的消弭。我們既求了上帝醫治病人，就該更加努力，一方面感謝上帝給我們與祂合作的權力，一方面求祂賜福於祂所預備的治病之法。

據《聖經》的話，上帝對於治病方法的使用，也是准許的。以色列王希西家生了病，上帝的先知去報告他要死的消息，他就向上帝呼求，上帝垂聽他僕人的呼求，就再送他一個信息，允准添加他十五年的壽數。上帝未嘗不能用一句話立刻把希西家醫好，然而祂有一定的吩咐說：「當取一塊無花果餅來，貼在瘡上，王必痊癒。」（賽38:21）

有一次耶穌用泥土塗在一個瞎子的眼上，吩咐他說：「你往西羅亞池子裏去洗，他去一洗，回頭就看見了。」（約9:7）那瞎子的看見，完全是那位大醫師的能力使然，可是耶穌也借用自然界簡單的方法。祂雖不嘉許藥物的使用，卻未嘗不准人用簡單的自然之法治病。

我們既為病人祈求上帝的醫治，無論結果如何，總不要失去信靠上帝的心，即是萬不得已而要我們失去親人，也只得接受苦杯，要知道那是天父的手拿著放在我們嘴邊的。幸而病人得了醫治，那麼領受這恩典的人就不可忘記自己是與造物主立了新的約，從此要遵守祂的生命之律。十個瘋癩子得了醫治，只有一個回來找耶穌歸榮耀給祂，我們絕不要像那其餘的九個，心中不為上帝的恩典感動。「各樣美善的恩賜，和各樣全備的賞賜，都是從上頭來的；從眾光之父那裏降下來的；在祂並沒有改變，也沒有轉動的影兒。」（雅1:17）

第17章・治病方法的應用

「我們是與上帝同工的。」

　　疾病所至，絕不會是毫無原因的。人干犯了健康的定律，就為疾病開路，請了疾病進來。有許多人因父母的罪而受苦。雖然父母所犯的罪不能歸在他們身上，但他們也有責任要研究什麼是干犯健康的律法，什麼是不干犯健康的律法。他們應當避免他們父母的惡習，在正當生活之中改進自己的狀況。

　　然而大半的人是因為自己不良的行為而吃苦的。他們在飲食、衣著、工作方面等等習慣，不注重健康的原理。他們既干犯自然的定律，就有一定的結果發生。等到疾病臨身時，許多人就不把痛苦歸諸於真正的原因，反因所受的災難怨恨上帝。但是人犯了自然之律而受的苦難，上帝是不負責的。

　　上帝賜給我們每一個人有一定限度的生活力。祂也建造我們，使人體各部器官專司維持各種生活作用之職。按著祂的計畫，這一切的器官都是行動一致的。如果我們能妥善珍惜使用，保守我們的生活力，使身體的各部機能都處在良好的情形中，其結果便是健康。但若是生命的機能消耗得太快，那麼神經系缺少精力的接濟，就要從它的能力之源挪借精力來彌補目前的急用；而且一個器官受虧損，各部都要受影響。起初的時候，或能經受這種虧損，不作明顯的抵抗；但是到了一定的時候，它就要起來毅然決然地反應出它屢次所受的種種虐待。發燒和其他病狀，往往就是自然糾正這種不良情形的表示。

合理的補救方法

人虐待自己的身體已到致病的地步，那麼補救的方法往往是只有他自己所能做而為他人所不能做的。第一件事是要斷定病的真實所在，然後依理好好地去掃除病因。若是身體機械作用已因積勞或過度的飲食，以及其他越軌的情形而失其均勻的活動，那麼不要再用有毒的藥物來加重身體的負擔，硬想加以補救。

飲食療法

不節制的飲食往往是致病之由；自然所需要的，就是解除那加諸於它的過重負擔。有許多疾病最有效的救濟方法，就是叫病人禁食一兩餐，使那工作過度的消化器官能有一個休息的機會。用腦的人，往往一連幾天專吃水果，就可得很大的益處。

很多時候，一個短期的節食，繼以簡單的飲食，就足以使病人藉著自然的調養之功，醫好所有的疾病。無論什麼有病的人，若能在一兩月之中節制自己的飲食，就會知道克己之路便是健康之路。

休息為療法之一

有些人是因為積勞致病的。這種人要復原，就必須安心息慮，多休息，少吃。凡因長時期的工作和幽閉一室的生活以致神經衰弱的人，應該到鄉間過一段休閒簡單的生活，與自然界的百物多接近，這是最有益的。遨遊於森林田野之中，採集美麗的花卉，靜聽那清幽的鳥聲，比無論什麼醫藥方法更足以恢復他們的健康。

水療法

清潔的水，對於無論健康或患病之人，都是天賜的恩澤。用之得當，水就能增進人的健康。水是上帝所預備的飲料，供人類和牲畜解渴的。多喝水，能幫助身體內部的需要，並且加添人身抵抗疾病的能力。用在身體的外部，水也是一種最簡便最有效的流通血液的補品。涼水浴和冷水浴對於身體是極有益處的。溫水浴更能使毛細孔開暢，幫助有廢物質的排泄。溫水浴和體溫熱水浴都能安撫神經，調和血液循環。

但是有很多人，還沒有由經驗中學習正常用水的益處，他們反而怕水；因此水療法並沒有得到它所應得的重視。而且實行水療的方法，若求熟練，須費一番手續和工夫，這種工夫大概是人所不肯花費的。雖然如此，我們也不可把這事不加注意地輕輕放過。用水消除痛苦抵抗疾病的方法很多，至少簡易的家庭水療法，是人人應該明白的。尤其是做母親的人，應該明白怎樣看護一家之中有病和健康的人。

運動的益處

活動是我們生存的定律。身體的每一器官，各有其指定的職務，而各部器官的發育和健全，也全在它能否盡這種職務。身體的各部都照著常規活動，全身就剛強有力，否則停止不動，就要腐敗死亡。試把一隻手包起來，只過幾個星期的時間，再放開時，你就會覺得沒有那只常在動的手強壯了。不活動對於全身的肌肉，都有同樣的影響。

不活動是釀成疾病的一個原因。運動能加增並調和血液的循環，但在安閒的時候，血液便不能流暢，以致身體一刻不能少的血液流動，受到阻止，皮膚也因之麻木了。血液因運動而流暢，皮膚常在健康的情形中，肺內充滿了新鮮的空氣，體內不潔之物，就可以儘量地排泄了。但不活動呢？體內一切污物都堆積起來了，排泄器官就負了雙重的擔子，疾病也因之產生。

不可慫恿虛弱久病的人，終日無所活動。有的時候，身體的各部實在過分勞力了，那麼一個短期完全的休息，往往能夠避免重大的病症。然而虛弱久病的人，很少是需要停止一切活動的。

凡用腦過度以致精疲力盡的人，應該丟下他們那絞盡腦汁的工作，有足夠的休息。然而他們也不可認為用腦力就是有危險的。有許多人容易把自己的症狀看得過分危險，這種心理是不利於復原的，所以是不可慫恿的。

牧師、教員、學生，和其他用腦力的人，常常因為用腦過甚，且無體力的運動來調節，以致生病。這些人所缺少的，就是增加活動的生活。絕對節制的習慣，加以適當的運動，就足以保持身體和腦力雙方的強健，且能加增用腦之人的耐久力。

凡用體力過度的人，也不可把粗重的勞作完全放棄。勞作若要有最大的益處，必須愉快而有次序。戶外運動是很好的，但是也要預先安排，務使衰弱的器官得以強健。再者，手在做工的時候，心也要放在上面；用手做的工作，總不應該變成徒用蠻力的苦工。

虛弱久病的人，若沒有什麼可以供他們的消遣和注意，他們的

思想就要集中在自己身上，脾氣就變成急躁易怒；而且他們往往就整天專想不快樂的事，抱持著惡劣的心緒，把自己的環境和前途，看得比實在的景況更壞，以致一點事也不能做了。

以上這些情形，可以用有紀律的運動來補救。而且運動也是有些疾病求痊癒必不可少的。人的意志，是與手中的工作並行的。虛弱久病者所需要的，就是激發他們的意志；因為意志既是消沉，思想就失了常態，要抵抗疾病就不能夠了。

對於虛弱久病的人，不活動可說是最大的禍患。若是他們做一些輕微的工作，於他們的心志和身體非但沒有損害，反能有一種愉快的影響。在身體方面，他們的肌肉得以強健，血液得以通暢；在心志方面，他們可以覺得自己雖虛弱，在這忙碌的世界上，他們仍不是完全無用的；這樣，他們就得到一種滿足。在起初的時候，他們或者只能略為做一點事，然而不久，他們的能力增加，工作也能隨之增加了。

運動尤能幫助消化不良的人，使他們的消化器官恢復強健。在進食後立刻用功讀書或作劇烈的運動，是有礙消化的；但是短程的散步，頭伸直，兩肩向後，這是極有益的。

關於運動的重要，我們聽人講的不少，書上寫的也很多，只是仍有許多人不加注意。有的人因為身體內部各器官都壅塞了，反就顯得肥胖了；還有些人變得孱弱，是因為體內的精力都為消化過量的飲食而耗盡了。血液的不清，使肝擔負過分的濾清之責，疾病於是就發生了。

凡是終日久坐的人，無論冬夏，只要天晴，每日應該作些戶外的運動。走路比坐車好，因為能牽動更多的肌肉，而且可使肺部活動。急步行走的時候，肺就不能不加快工作。

　　這種運動對於身體大多都要比吃藥好些。醫師常勸病人出外走走，或到什麼溫泉和名勝的地方去調劑身心，但大多數的人只要肯在飲食上節制，從事散心快樂的運動，往往就能夠把病治癒，如此，既省光陰，又省金錢。

第 18 章・精神治療

精神（mind）和身體是息息相關的，彼此之間有十分密切的感應。精神對於人身健康的影響，實非一般人所能察覺。人所患的疾病，有許多不過是因精神不爽快而起的，諸如愁悶、憂急、不安、悔恨、罪惡、疑慮，都足以毀滅人生的精力，引進朽壞和死亡。

疾病有時是從幻想中產生，也往往是因幻想而大大加重的。有許多終生多病的人，若能相信自己能夠痊癒，就不致常與床褥為伍。有許多人以為身體受一點點侵襲，就會生病，於是疾病就在幻想中發生了。有許多人甚至生病而死，但是究其病根，無非是精神上幻想的恐懼而已。

勇敢、希望、信仰、同情、仁愛等，這些品性是延年益壽的。知足的心境、愉快的精神，就是身體的健康和心靈的強固。《聖經》上說：「喜樂的心乃是良藥。」（箴17:22）

在治療病人方面，精神的影響是不可忽視的。若能好好利用，這種影響便是抵抗疾病的一種極有效的勢力。

催眠

然而也有一種所謂精神治療，卻是最能為罪惡添加聲勢的一種媒介。這種所謂療法，是使一個人的腦受另一個人的管束，以致一個弱者的思想和個性，被併入了另一個強者的腦部。這個人就可操控另一個人的意志和行動。據說在此情形之下，思想的主要活動可

以改變，強身的情緒可以授受，病人也可以從別人那裏得到抵抗疾病的能力。

人不明白這種治療法的真相和趨勢，以為是於病者有益的，就貿然地採用實行。可是這種所謂科學的精神治療法是以虛偽的原理為基礎的，與耶穌的品性和精神毫無關係。耶穌是人類的生命和救星，但是這種控制思想的科學，不會把人引到耶穌面前的。凡人若吸引人心歸向自己，就是使他們與那真正的能力之「源」隔絕。

一個人的思想和意志受別人的拘束，而在別人手中成為被動的工具，這不是上帝的旨意。一個人不該在別人之下埋沒自己的個性。他不可把什麼人當作可得醫治的源頭。他必須完全倚靠上帝。尊嚴高尚的人性，原是上帝所賜的，所以應該直接屬於上帝，而不可受人的支配。

上帝要人與祂有直接的關係。在祂與人類的一切交接上，祂都承認那個人應負責的原則。祂要鼓舞人都有自立的精神，同時也要使人感覺個人指導的需要。引人與上帝的靈相接，使人類可以趨近神的形像。撒但卻要竭力破壞這個計畫，他要鼓勵一種專依靠人的思潮。因人的心既離開了上帝，誘惑者就能施以壓制，就能夠管理人類了。

催眠的學說，原為撒但所創，要高舉他自己為一切的魁首，以世俗的哲理來代替神聖的哲理。在現時一般基督徒所接受的一切謬說之中，沒有比這更陰險、更足以使人與上帝隔離了。表面上看來，這種學說或許是純潔的，然而用在病人身上，非但於他們無益，反有大害。這種所謂精神治療，無非是為魔鬼開放門戶，讓他

進來把被動者和主動者兩人的腦一併統治。

再想這種轄制他人思想的能力，一旦落到那些思想惡劣的男女手中，是多麼可怕呀！一到那些專以利用他人的弱點和愚拙為利的人手中，就有多少作惡的機會呀！有多少人能藉著這支配別人思想的方法，在意志薄弱的人身上滿足他們的情欲和貪念呀！

這種人操控人的意念，不是我們所當有的，我們有更好的事可做。當醫師的，該教導人民從人的身上看到上帝的能力。耶穌能救治凡到祂面前去的人，做醫師的當引人到耶穌前，而不可叫人靠著人去求身體和心靈的醫治。那造人腦的神，知道腦所需要的是什麼。能使人得痊癒的，惟有上帝。所以人不論是身體或精神有病，都應該到耶穌面前去求醫治。祂曾說：「因為我活著，你們也要活著。」（約14:19）這就是我們應該向病人述說的人生。告訴他們，如果他們信靠耶穌為他們的救星，與祂合作，服從健康的定律，並因敬畏祂而努力成聖，祂就必將他自己的生命分給他們。我們如此地把耶穌介紹給人，就是給人一種真有價值的精力，因為這是由上天而來的醫治身體和靈性的真方法。

同情

凡從精神上來的病，須用富含技巧的方法去對付。病痛創傷的心和灰心失望的思想，需要柔和的慰藉。有許多時候，家庭裏的煩惱對於人的心靈猶如蛀蟲啃蝕，能耗盡人生的精力，吞滅他們的生命。有的時候人因覺悟罪孽而神傷，致使身體乏力，精神失常。這一等人，只有仁慈同情的態度能夠幫助他們。醫師第一步應當得到他們的信任，然後把那位偉大的 「醫師」 介紹給他們。只要能使

他們信靠這位「神醫」，相信他已擔任醫治他們的病，他們的心神就可安寧，身體也就不難復原了。

同情和機警使病人所得的益處，往往要比以冷酷無情的態度而實施最精敏的手術更多。一個醫師若是淡然漠視地走到病人床邊，有意無意地對他看了一看，就漫不經心地走開，並在言語和舉動上使病人覺得他的病症不值得醫師注意，那麼這醫師就是直接加害在病人身上了。他即或替病人開藥，他那冷酷態度已在病人心中引起疑懼和灰心，足以打消一切診治的功效。

要是做醫師的人，能設身處地地想到病人的精神是何等地潦倒，意志是何等的因痛苦而衰落，心中是何等地渴望聽幾句安慰壯膽的話，他就更能體會病人的感覺了。醫師若能在醫學知識之外，再加以耶穌對病人所顯的仁愛和慈憐，那麼他每到一處地方，單是他的面容就能安慰病人了。

用誠實直接的態度對待病人能引起他的信任，所以是極能幫助復原的。有些醫師不肯把疾病的根源和真相告訴病人，怕病人知道真相會灰心或憂煩，所以就用假的希望哄騙他們，甚至寧看他們進入墳墓而不加以警告。他們以為這是聰明的辦法，其實這都是愚笨的。但有些特殊情況，把病人的危境完全告訴他，不一定是妥善或最好的辦法，因這或要使病人受驚，致使痊癒遲延或阻止復原。一般人所有的痛苦，大半是自己的心理作用而來的，那麼實在的情形也不可完全告訴他們，因為這種人有許多是沒有理智的，不慣於管束自己。他們有一種奇特的幻想，常常把許多不實在的事聯想到自己和別人身上，就以為是真實的。對於這種人，看護者須顯出極和

藹的態度和忍耐機敏的精神。如果把真實的病情對這種病人說明了，有的就要發怒或灰心。耶穌對他的門徒說：「我還有好些事要告訴你們，但你們現在擔當不了。」（約16:12）不過無論如何，欺騙終是不合理的，也是不必的。無論是醫師或護士，絕不可用支吾哄騙的話對付病人。凡這樣行的人，就是把自己放在不與上帝合作的立場；並且使病人失去對他的信任，終致失去了人工方面幫助病人復原最有效的工具。

意志的能力

意志的能力沒有受到應得的重視。我們若能使意志時時儆醒，作正當的使用，就能使全身得力，這於維持身體的健康方面，有無窮的輔助，也是應付疾病的一種能力。只要管理得當，用之有方，意志就能支配思想，且為克服身體和思想雙方疾病的要素。病人若能運用意志，使自己的生活各方面都有正當的調節，就可以與醫師合作，把身上的疾病治癒。有許許多多的病是能夠治好的，只要他們自己願意痊癒。上帝並不要他們生病，乃要他們健康快樂；他們自己也應該立志做健康的人。身體衰弱的人，往往能抵抗疾病，只要是不屈服於疾病的影響之下，不過懶惰的生活。他們應當制服疾病，駕乎痛苦之上，做適於他們體力的操作。這種操作的活動，加以充分的空氣和陽光，能使許多衰弱的人恢復健康和精力。

《聖經》中的治病原理

《聖經》中對於凡欲恢復或保持健康的，有教訓道：「不要醉酒，酒能使人放蕩，乃要被聖靈充滿。」（弗5:18）身體和心靈方面真正的舒適和調理，不能從不自然和不健康的刺激物所產生的興

奮或暫時的麻醉中得到，也不應出於情欲和嗜好的放縱。在一般病人之中有許多人不認識上帝，也沒有什麼希望。他們受苦，是由於希望的不滿足、情欲的紊亂、良心上的不安。他們對於此生，一天天地失去把握，對於來生更沒有什麼希望。看護病人的不要總想著用興奮而無益的嗜好物來幫助這種病人。這些物品原來就是他們生命的禍害。如果要在這種刺激物上求滿足，那麼餓的到底還是餓，渴的終究是渴。以私欲快樂的泉源解渴的人，是要受騙上當的。他們把醉後的高興誤認為真正的力量，但是興奮一過，他們必更覺惆悵抑鬱，他們的「激勵」也消失了。

永久的安寧和精神上真正的撫慰，只有一處「源頭」。耶穌說：「凡勞苦擔重擔的人，可以到我這裏來，我就使你們得安息。」「我留下平安給你們，我將我的平安賜給你們；我所賜的，不像世人所賜的。」（太11:28；約14:27）耶穌就是平安之「源」，祂所賜的平安，並不是祂身體以外之物。這平安就在祂裏面，所以只有得到耶穌，才能得到祂的平安。

耶穌是生命的水泉。許多人所需要的，就是更徹底地認識祂。應該有人以仁愛忍耐的精神和誠懇直率的態度，教他們怎樣把全身投置於上天的醫治之功之下。人的心靈暗處，一經上帝的仁愛之光照入，一切惆悵和煩惱就必消滅，滿足的快樂，便使腦部得力，身體強健。

患難中的扶助

我們是處在一個受罪的世界中。在未到天家之前，我們這寄旅的行程中，沿途都有憂患艱難和困苦等著。但是有許多人，因為時

刻在那裏預想艱難，生活的擔子就顯得加倍沉重了。一遇到一點不如意的事或逆境，他們就自歎命薄，以為凡事都是失敗，自己是不免窮乏了。因此他們不但自己加上精神的痛苦，更在旁人身上罩了一層烏雲。生活對於他們便成了重擔。其實，這都大可不必。他們思想的傾向，是可以改變的，不過要下一番堅決的切實工夫罷了。他們的幸福——今生和來生的幸福——就在乎他們能否移轉目光，向樂觀的一方面看。他們當掉過頭來，丟開那幻想中的黑暗景象，看到上帝為他們前途所預備的幸福，再向前看，看到那看不見的無限將來。

上帝為了每樣試煉，都已備有幫助。以色列人在曠野中走到那瑪拉的苦水之處，摩西就求告耶和華，耶和華並沒使出什麼新奇的治法，只叫他們注意眼前之物，吩咐他們把祂所創造的一棵小樹丟在水裏，使水化成清甜。等到此事成了，眾人就得以暢飲止渴，重增精力。我們在一切困難試煉之中，只要懇求耶穌，祂就必扶助我們，使我們的眼睛睜開，看出祂在《聖經》中所記載的醫治應許。聖靈必教我們怎樣領取一切卻除憂傷的福氣，凡到我們唇上的每一滴苦水，我們都可以找到一株治療的枝子。

莫讓將來的難題和逆境把我們嚇倒，使我們的心神沮喪，裹足不前。大能的主說：「讓他持住我的能力，使他與我和好；願他與我和好。」（賽27：5）凡獻身與主，受祂指引，為祂效力的人，主絕不使他走到絕境。只要我們順從主的話，那麼無論在什麼境地，主是我們前驅的「嚮導；」無論遇見什麼難題，祂是我們可靠的「顧問」；無論有什麼憂傷、哀悼、孤獨，主是與我們患難相共的「朋友」。

即使我們因無知走錯了路，救主總不丟棄我們。我們永遠不必覺得孤單。天使是我們的同伴。耶穌應許以自己的名義差來的保惠師，常與我們同在。在奔往天國的路上，沒有困難是信靠主的人所不能勝過的，沒有危險是他們所不能躲避的。人的一切憂患、一切悲哀、一切弱點，主無不備下補救之法。

人大可不必自棄，不必灰心。撒但也許要到你面前很殘酷地對你說：「你的情形是沒有希望的，你是無藥可救的。」然而在基督裏你是有希望的。上帝並未叫我們仗著自己的力量取勝。祂邀我們與祂接近。不論我們經受什麼困難，不論那困難是多麼沉重，多麼足以壓倒我們的身體和靈性，祂卻要使我們得自由。

耶穌曾道成肉身來到世上，所以知道怎樣體貼人的苦楚。祂不但熟悉每一個人，知道個人特殊的需要和艱難，也明白他精神上的創痕和困苦的情形。祂的手是很溫和仁慈地向每一個受苦的子民伸著。對於受苦愈甚的人，祂的同情和憐恤也愈深。祂體恤我們的軟弱，要我們把所有的憂患苦難帶來放在祂的腳前，並留在那裏。

專注於自己，研究自己的情感，這不是聰明的方法。如果我們這樣做，仇敵要指出困難，施行誘惑，減低我們的信心，壓倒我們的勇氣。所以詳細地考究自己的情感，憑著我們的感覺用事，就是接待疑惑，陷自己於迷途。我們要丟開自己，注視耶穌。

在誘惑向你施行攻擊，而疑懼、掛慮、黑暗似乎要包圍你心靈的時候，你當舉目向你以前見過光明的地方仰望，去到耶穌的愛中求安息，在祂的慈愛之下受保護。每當罪惡在心中爭權，壓迫靈性，使良心不寧的時候，每遇疑惑使腦筋糊塗的時候，要記得耶穌

的恩惠足能壓制罪惡，驅散黑暗。一與救主相通，我們就入安全之
境了。

安慰的應許

> 「耶和華救贖祂僕人的靈魂；凡投靠祂的，必不至定
> 罪。」（詩34:22）

> 「敬畏耶和華的，大有倚靠；他的兒女也有避難所。」
> （箴14:26）

> 「錫安說：耶和華離棄了我。主忘記了我。婦人焉能忘記
> 了她吃奶的嬰孩，不憐恤她所生的兒子？即或有忘記的，
> 我卻不忘記你。看哪，我將你銘刻在我掌上。」（賽49:14-
> 16）

> 「你不要害怕，因為我與你同在；不要驚惶，因為我是你
> 的上帝；我必堅固你，我必幫助你，我必用我公義的右手
> 扶持你。」（賽41:10）

> 「你們自從生下，就蒙我保抱，自從出胎，便蒙我懷搋。
> 直到你們年老，我仍這樣，直到你們發白，我仍懷搋，我
> 已造作，也必保抱，我必懷抱，也必拯救。」（賽46:3-4）

感激與頌讚

能增進人心靈和身體健康的，沒有比感激和頌讚的心境更有效
了。拒絕憂鬱和不知足的意念，確實是一種積極的責任，像禱告是
一種責任一樣。我們既是要到天國去的，怎能在一路之上，像一隊

哭喪的人，怨歎呻吟地到我們「父」家裏呢？

凡自稱是基督徒而常在怨歎中，似乎以為愉快和幸福是有罪的，這種人沒有真實的信仰在心裏。人若喜愛自然界一切憂鬱的景象，唯愛枯萎的黃葉而不採美麗的鮮花；只見高山平野而不見其青翠和可愛，閉目塞耳地不見不聞宇宙間和諧悅耳的聲音，這種人不在耶穌裏面。他們是在收集憂鬱和黑暗；其實他們盡可得到光明和快樂，盡可得到那「公義的日頭」在他們心中放出醫治之能。

往往人的心志因為受痛苦，思慮就被遮暗了。在這種時候最好不要思想什麼。你知道耶穌愛你。祂明白你的軟弱。只要靠在祂臂裏安息，就可遵行祂的旨意了。

依自然的定例，我們的思想和感覺，每經發表就更加堅決穩固。言語固然發表思想，思想卻也跟著言語。我們若能多表示信心，多慶祝自己所有的福氣——上帝偉大的慈愛和憐恤——我們就可以有更大的信心和快樂。因感激上帝的仁愛而來的福氣，是沒有舌頭能發表的，是沒有大腦能領會的。我們雖在地上，也能有泉水那樣長流不竭的快樂；因為這喜樂之泉是從上帝寶座那裏起源的。

故此，我們當培養我們的言語和思想，來頌揚上帝無量的仁慈，陶冶我們的靈性，來做樂觀有望的人，常處在十字架的光芒之中。總不要忘記我們是天上「國王」的子孫，是萬軍之耶和華的兒女。鎮靜地信賴上帝，這是我們的權利。

「要叫耶穌的平安在你們心裏作主；……且要存感謝的心。」（西3:15）我們要忘記自己的憂患和困難，來感謝上帝的恩惠，因

為祂給我們生存的機會，容我們沾享祂光榮的名號。每當日出，我們心中就當領略主的看顧，興起新的感謝。早上醒來，應該感謝上帝因祂保佑你一夜平安，且使你心中安寧。早上、中午、晚間，我們心中都應存著感謝，如同香氣上升，達於天庭。

有人向你問安，切不要想出一些悲慘的事告訴他，藉以博取他的同情；不要談起你是怎樣缺少信心，怎樣地困苦煩悶。魔鬼喜聽這樣的話。你講憂鬱沮喪的話，正是榮耀他。我們不可專談到撒但有怎樣大的能力可以勝過我們。往往我們因為傳述他的勢力，就把自己交在他手裏。與其宣傳撒但的能力，何不談論上帝的大能？這大能要使我們一切的福利與祂聯合起來。我們要頌揚耶穌的無窮之力，要宣傳祂的榮耀。天庭全體都注意我們的救恩。天上千千萬萬的天使，都受了差遣，要服事凡要承受救恩的人。他們保守我們脫離兇惡，打退那傷害我們的黑暗。我們豈不應該時刻感謝——豈不應該在患難臨頭的時候仍存感激的心嗎？

歌唱讚美

我們當用詩歌來表示我們的感激。在受試探的時候，不要受情緒的掌控，乃當以信靠上帝的精神向祂唱感謝的歌。

歌唱是一種我們常可用以克服灰心的兵器。我們若這樣地敞開心門讓主的榮光照臨，就可得享健康和祂的賜福。

「你們要稱謝耶和華，因祂本為善；祂的慈愛，永遠長存。願耶和華的贖民說這話，就是祂從敵人手中所救贖的。」（詩107:1-2）

「要向祂唱詩歌頌，談論祂一切奇妙的作為。要以祂的聖名誇耀；尋求耶和華的人，心中應當歡喜。」（詩105:2-3）

「因祂使心裏渴慕的人，得以知足，使心裏飢餓的人，得飽美物。那些坐在黑暗中死蔭裏的人，被困苦和鐵鏈捆鎖，……他們在苦難中哀求耶和華，祂從他們的禍患中拯救他們。祂從黑暗中，和死蔭裏，領他們出來，折斷他們的綁索。但願人因耶和華的慈愛，和祂向人所行的奇事，都稱讚祂。因為祂打破了銅門，砍斷了鐵閂。」（詩107:9 16）

「我的心哪，你為何憂悶？為何在我裏面煩躁？應當仰望上帝；因為還要稱讚祂。祂是我臉上的光榮，是我的上帝。」（詩42:11）

要「凡事謝恩，因為這是上帝在耶穌基督裏向你們所定的旨意。」（帖前5:18）這吩咐可使我們確實知道，雖是表面上於我們不利的事，終必成全我們的益處。上帝不至於叫我們感謝那對於我們有害的事物。

「耶和華是我的亮光，是我的拯救；我還怕誰呢？因為我遭遇患難，祂必暗暗的保守我；在祂亭子裏，把我藏在祂帳幕的隱密處，將我高舉在磐石上。現在我得以昂首，高過四面的仇敵；我要在祂的帳幕裏歡然獻祭；我要唱詩，歌頌耶和華。」（詩27:1, 5-6）

「我曾耐性等候耶和華，祂垂聽我的呼求。祂從禍坑裏，從淤泥中，把我拉上來，使我的腳立在磐石上，使我腳步穩當。祂使我口唱新歌，就是讚美我們上帝的話。」（詩40:3）

「耶和華是我的力量，是我的盾牌；我心裏倚靠祂，就得幫助，所以我心中歡樂；我必用詩歌頌讚祂。」（詩28:7）

行善

疾病痊癒的最大障礙之一，就是病人的思想太集中於自己身上。許多病人以為人人都應該憐恤他們，幫助他們，豈知他們所需要的恰是相反，他們應該把自己忘記，想到別人，設法幫助別人。

我們往往請大家為那些受苦受難灰心的人祈禱，這原是應該的。我們應該求上帝使心境幽暗的人得見光明，使困苦憂傷的人得著安慰。然而惟有置身於上帝恩惠之上的人，才得蒙上帝應允禱告。我們一方面為那些愁苦的人禱告，一方面還得激勵他們去幫助比他們更不幸的人。在幫助別人的時候，他們自己心中的憂鬱也就會消除了。我們既將自己所得的安慰去安慰別人，那福氣就回到我們自己身上。

〈以賽亞書〉第五十八章是人體和靈性疾病的一帖良藥。若是我們要得健康和人生的真樂，就非奉行這章《聖經》上的典章不可。主論到祂所悅納的服務和這種服務的福氣道：

「不是要把你的餅，分給飢餓的人；將飄流的窮人，接到

你家中；見赤身的，給他衣服遮體；顧恤自己的骨肉而不掩藏嗎？這樣，你的光就必發現如早晨的光；你所得的醫治，要速速發明；你的公義，必在你前面行；耶和華的榮光，必作你的後盾。那時你求告，耶和華必應允；你呼求，祂必說，我在這裏。你若從你中間除掉重軛，和指摘人的指頭，併發惡言的事；你心若向飢餓的人發憐憫，使困苦的人得滿足；你的光就必在黑暗中發現，你的幽暗必變如正午；耶和華也必時常引導你，在乾旱之地，使你心滿意足，骨頭強壯。你必像澆灌的園子，又像水流不絕的泉源。」（賽58:7 11）

善良的行為是兼益雙方的；受的人固然受恩，施的人卻也得福。無愧的良心是醫治身心疾病的一種最佳良藥。因為人若自覺責任已盡，並能因施福於人而得到一種滿足，那麼他的精神自能逍遙自在，他那清高愉快的心情，就能使他的全身充滿新的生命。

所以衰弱久病的人不要常想得人的憐憫，卻應該去憐憫別人。你自己的軟弱憂愁和痛苦，盡可一併丟在那位慈祥的救主身上。開啟你的心門，接受祂的愛，再讓這愛轉給別人。要知道人人都有難挑的重擔要負擔，都有難禦的試探要抵抗，你若能出一點力，就可減輕這些擔子。蒙恩待時，應當致謝；受人幫助，須示感激。心中要存滿上帝寶貝的應許，好從這寶庫裏拿出安慰撫貼的話，安慰傷心的人，扶助軟弱的人。若能如此，你的周圍就能生出清高提神的氛圍。你要以服務旁人為目的——幫助你自己家裏的人，和外面的人——就能找到服務的機會。

以賽亞的預言說：「你的光必發現如早晨的光；你所得的醫治，要速速發明。」若是一般身體衰弱的人，能忘記自己，專求他人的利益，照著上帝的吩咐去服務比他們更苦的人，那麼他們必能親身感覺以賽亞的話實在是真實無誤的了。

第 19 章・與自然界接觸

「來吧!你我可以往田間去。」

上帝為我們第一代祖先所選的生活環境，是最適於他們健康和幸福的。祂沒有將他們安插在一座宮殿裏，也沒有以現今世人所追求的人造裝飾和豪華來包圍他們。祂使他們得與自然十分接近，能與天上的聖者有密切往來。

那伊甸樂園便是上帝為祂兒女所預備的家鄉。在居中有端莊的灌木和嬌豔的花叢，隨處顯在他們眼前。還有各種樹木，多半掛滿著香甜的果子；樹枝上百鳥唱著清脆讚美的詩歌；樹蔭下有一切走獸，毫無驚懼地在那裏跳躍玩耍。

在園中的亞當和夏娃，心地是完全光明純潔的，他們愛聽園中的聲音，愛看園中的景色。上帝派他們在園中「修理看守」。每天的工作，增添他們快樂和健康。到天起涼風，上帝來看他們的時候，這一對快樂的夫妻就歡呼跳躍地迎接上帝。上帝與他們散步談心，天天教導他們。

上帝對於我們第一代祖先所安排的生活計畫，對於我們是有教訓的。雖然現今的世界已被罪的黑影所蓋，但上帝仍要祂的子女在祂親手所造之物中尋快樂。人愈遵循上帝的生活計畫，上帝就愈能施行神妙的手段來救治人類的痛苦。所以患病的人應該多與天然的景物接觸。在自然環境之中的野外生活，對於許多羸弱和幾乎不能復原的病者，有意想不到的神效。

　　城市的騷擾喧嚷，和那種繁亂興奮的不自然的生活，是病者最大的苦悶和煩惱。城市的空氣，充滿煙塵，含有許多毒質和病菌，於生命頗有危害。那床上的病人，關在四壁之內，幾乎覺得自己是在牢獄之中，睜開眼睛只見接連在一起的房屋，擁擠煩亂的街道，和匆忙往來的行人，至於那明媚的陽光，青天白雲，以及樹木花草，怕連蹤影都見不到。在這種終日幽禁的情形之下，他們就要怨病歎苦，累於憂思，以致病上加病了。

　　城市生活對於道德觀念薄弱的人，尤有莫大的危險，志趣失常和有嗜瘾的病人，住在熱鬧的地方，時時可受誘惑的侵襲，他們的生活和道德，已被城中的影響破壞了，若求復原，必須改換環境，完全離開一切於他們有害的聲色，和一切使他們與上帝隔開的影響，而在純潔的空氣之中過純潔的生活，好把思想的方向改變過來。

　　治病的機關，若能離開鬧市的地方則其成果必更美滿，如其可能，凡欲恢復健康的人都應該住在鄉間，獲野外生活的益處。自然是從上帝那裏來的神醫。那清鮮的空氣，融合的陽光，花草樹木，果園，瓜田，都是爽心悅目的。在這樣的環境之中散步運動，最能怡情養性，增進健康，加添精力。

　　醫師和護士當勸病人多到戶外散心。戶外的生活，是許多病弱之人的唯一良方。多受興奮刺激和過於時髦的生活，對於人的德智體三方面都是有害的；惟戶外的生活，有醫治的功效，能治種種因此而起的病。

　　那些討厭了城市生活的病人，日夜所見所聞的，無非是耀目的

燈光，和街市上的嘈雜聲，一旦得享鄉間安靜閒逸的快樂，要何等的感激，何等地歡欣呀！當他們坐在陽光之下，見那空曠的野景，吸那花木的清香，胸中是何等地暢快呀！松柏的馥鬱，和其他樹木的馨香，都能予人以新的生命，都能夠提神壯力。

那媚人的鄉間生活，對於久病力盡的人，真是增福添壽的仙方。在太陽光中，或樹蔭底下，那最衰弱的人可以或坐或臥地休想養神；只要一抬起頭，就可以看見那美麗的綠樹，再聽那如慕的微風輕拂，他們的心靈和身體上面就得著一種甜蜜的舒息和爽快。他們那萎頓的精神重又振作了；衰竭的體力復原了；在不知不覺中他們的心境就平和了；那發熱急跳的脈息就漸漸地緩和了；病人漸漸強壯，就敢走幾步路去採集一些花草——這些花草原是上帝的使者，向地上受痛苦的人傳述上帝的慈愛。

對於病人的戶外生活，應有相當的計畫。應為凡能做事的病人，安排一些輕鬆有趣的工作；告訴他們這種戶外的工作是多麼有趣多麼有益；勸他多吸新鮮的空氣；教他們作深長的呼吸，在呼吸和談話時，運動腹部的肌肉。這是極有益於他們的教育。

應該把戶外運動作為一種對生命所不可少的良藥。戶外的運動，最有益的莫如種地。要叫病人栽花掘地，管理一塊指定的花地，或在果園菜園中操作。他們離了病房。在戶外種花或做其他輕鬆快樂的工作時，就會忘記自己和自己的痛苦了。

病人愈能常在門外，就愈不需人的服事，他的環境愈是愉快，他的痊癒愈有希望。若是終日幽居室中，不論室內是陳設得多麼美麗，他的精神總是煩悶抑鬱的。若是能在自然美麗之中，舉目可見

茂盛的花草，側耳可聞雀鳥的歌聲，他的心裏就會歌唱與鳥聲相合。腦筋和身體上的重擔就會卸除；他的思想也振作興奮起來，更能領略上帝之言的美質。

自然界的優美景色，總有一些是能使病人忘記自身而想到上帝的。他們的周圍即列滿著上帝的手工，他們的思想就從看得見的事上移到看不見的事上。那林泉勝景，能使他們想起天上的家鄉，那裏沒有什麼致病或死亡的事物，一切都是十全十美，沒有傷害，沒有破壞。

醫師和護士應藉宇宙間的景物，教病人與上帝認識。那高的樹木、花草，都是上帝的手所造的。服侍病人的人，應藉被造之物向他們介紹那造物的主，使他們從一花一木之中都看出上帝愛祂兒女的表現。田間的花，空中的鳥，上帝都看顧；人是祂照著自己的形像而造的，祂必要看顧的。

病人在空曠之地，呼吸新鮮有益的空氣，看著上帝手造的景色，這時候，同他們講在耶穌裏的新生命，讀《聖經》中上帝的話，最是適宜，耶穌的公義之光，能在這時候照入他們那被罪惡所蒙蔽的心。

要使那些在身體和靈性上需要醫治的男女得到拯救，須有真正具有基督徒精神的護士和醫師，在這種環境之中，用言語和行為把他們引歸耶穌。最要緊的，就是要使他們受到那位最大的醫病傳道士——耶穌——的勢力影響，祂是能醫身體，也能醫靈性的。要使病人知道救主是何等地慈愛，何等地願意赦免凡到祂面前去認罪的人。

在上面所講的這種情形之下，許多受苦的人就能隨著引導走進永生之道。天上的使者是與地上的人力合作的，要使那病痛的心得到平安、快樂、希望、激勵，於是那虛弱的人就可得雙重的福氣，終究復原。顛簸虛弱的腳步，恢復以前的穩健，暗淡無神的眼睛，重現原有的光芒。絕望的人，便有望了；憂愁的臉上現出笑容；怨歎的呻吟，化成快樂知足的歌聲。

人的體力即得復原，就更能信靠耶穌，這種信心便使他們的靈力也得堅固強壯。良心上覺得罪的赦免，使他們有說不出的平安和快樂。以前被烏雲所遮住的基督徒的希望，化為光明了。《聖經》上的話就代他們發表心中的信仰道：「上帝是我們的避難所，是我們的力量，是我們在患難中隨時的幫助。」「我雖然行過死陰的幽谷，也不怕遭害；因為祢與我同在；祢的杖，祢的竿，都安慰我。」（詩46:1；23:4）「疲乏的，祂賜能力，軟弱的，祂加力量。」（賽40:29）

論・健康佈道
Ministry of Healing

第五篇・健康原理

若無健康原理的知識，
沒有人能擔負人生的各種責任。

第 20 章・一般衛生原則

「你們是上帝的殿。」「凡不潔淨的，總不得進去。」

人當為上帝的殿，是祂榮耀顯示的所在。這一認識，乃是保障並發展我們體力的最高激勵。造物主在人的身體上所顯出的手段，是神奇可嘆的。祂吩咐我們要研究身體的構造，明瞭身體的需要，並盡我們的本分，保護身體，不使損傷，不使沾污。

血液的循環

要有強健的身體，必須有優良的血液；因血液是生命的源流。血液能修補身體的損壞之處，能營養全身。有了適當食物的接濟和新鮮空氣的濾清和奮興，血液就供給身體各部的精力和活素，血液的循環愈通暢，身體就愈強壯。

心房每次跳動的時候，血液照例應該很快且很容易地運動全身。血液的流暢，斷不可因緊縮的服裝或四肢無論哪一部分過少的衣著而受阻礙。不然，血液就要被逼回到心房，壅塞起來，結果發生頭痛、咳嗽、心悸，和消化不良等病狀。

呼吸

要有良好的血液，就必須作適當的呼吸。在清淨的空氣中作深長的呼吸，能使肺部貯滿氧氣，使血液清潔，有鮮明的顏色，流出去為生命的泉源，達於身體各部。良好的呼吸，不僅有益於血液，也能安撫神經，增添食量，輔助消化，予人以安寧酣濃的睡眠。

肺部的動作，不可受絲毫的限制。肺的容量須有寬敞的活動才能舒張；若是受抑受壓，就要萎縮。所以彎著身子工作——尤其是坐著做的工作——是有害的；因為人彎著身子是不能作深長呼吸的，久而久之，短促微細的呼吸便成了習慣，肺就失去了它的舒張力。

肺既不能有充分的作用，所吸入的氧氣就不夠身體的需要，血液的循環便遲緩起來，以致身體中應由肺中呼出的廢料和毒質不能除去，而留在血內，血液當然不清了。因之不但是肺變衰弱，肝、胃、和腦部等處也無不受影響。於是皮膚變淡黃色了。消化也受礙了，心好像被壓住，思想也模糊不清，人的精神如罩了一層烏雲，全身都缺少精力，笨重拖滯，而且非常容易得病。

清潔的空氣

肺是時刻在那裏排除污物而時刻需要新鮮空氣的。不潔的空氣不能供給充分的氧氣，以致血液經過腦和身體各部的時候，便不能供給它們所需要的精力。照此看來，空氣的流通實在是非常要緊的。人若住在窄小壅塞的室中，那麼那污濁的空氣，會使全身受害。在這種情形之下，人就極容易感冒受寒，絲毫的疏忽，就會生病。有許多人面黃肌瘦，就是因為終日幽居室中的緣故。他們所呼吸的，只是室中的一些空氣；呼出，吸進，吸進，呼出，沒有新鮮的空氣接濟，以致室中充滿了肺內和毛孔中所排出的濁氣，這許多濁氣卻又從肺吸入，回到血液裏。

房屋的通風和光線

不論是私人住宅或公共場所，在建築方面都應該注意空氣的流

通和光線的佈置。有許多教堂和教室在這兩方面是有缺點的。聽眾在教堂裏打瞌睡，學生在課室裏不注意，往往也是因為空氣不流暢所致；演講的效果就因此而失；教員的工作也因之加重而徒勞無功。

凡是預備為人居住的房屋，最好要造在高爽乾燥之地，務忌潮濕和瘴氣，以免疾病的危險。可惜造屋的人，往往不十分注意這一點。人體時常軟弱，嚴重的疾病，以及許多的死亡，都是住在低窪潮濕之處而受瘴氣瘧疾所侵的結果。

充分的日光和流通的空氣，是造屋特別緊要之處。每一個房間，都須有流通的空氣和多量的日光。臥室必須設法使日夜有流暢的空氣。不是這樣，就不宜為臥室。在氣候寒冷的地方，臥室中須有取暖的設備，務使室內在陰雨寒冷的時候，仍能乾燥溫暖。

預備為客人住的房間，也應與常用的房間一樣講究，也應該與臥室一樣多有空氣和日光，以及暖爐，好收乾那淤積在不用之室內的潮氣。人若住在沒有日光的室內，或睡在未曾乾透或不經空氣流暢的床上，就是不顧自身的健康，也是冒生命之險。

有許多人也會特別注意樹木和花草在家中的陳設。花棚或擺花的窗戶，總是溫和向陽的；因為若沒有空氣、陽光和熱度，植物是不能生長茂盛的。植物尚且如此，那麼我們對於自身，對於家人，和來住在我們家中的客人之生命，豈不更應該注意嗎？

我們若要家裏常有健康和幸福，就必須把家庭建設在高爽的地方，在那低窪處的瘴氣和迷霧以上，讓天上生機的傳佈者（太陽和

空氣）隨便進來。厚的窗簾不要用。窗戶要常常打開。攀在牆上的藤，不論多麼美麗，不可讓它遮蔽窗口；房屋四周，不要讓樹木遮住陽光。陽光照入室內，或許會使地毯帷幔的色澤，和房中陳設的畫褪色；但是兒童的臉上，會有強壯的丰采。

凡是家中有老年人要照顧的，應該記住老年人特別需要溫暖安適的房間。人的年紀老了，精力就減退，抵抗外界侵襲的力量，自然也微弱得很，所以更需要大量的陽光和清潔新鮮的空氣。

清潔

要有健全的身體和健全的思想，非十分嚴密地注意清潔不可。人身的皮膚，常在排出不潔之物，若不時時沐浴，全身的千萬毛孔就很容易閉塞，使原本應由毛孔輸出的體內污物，就堆積起來，成為其他排泄器官的重擔。

多半的人，若能每天無論早晚，洗一次冷水或微溫水浴，必能獲益。每天的沐浴，只要行之得當，非但不會使人受寒，反可保護人不致感冒；因為沐浴能使血液到皮膚表面，就運行得更暢快，所以是促進循環的。於是頭腦和身體都加添精力，肌肉更活動，思想也更靈敏了。沐浴尤能安撫神經，增補肝胃的功能，幫助消化及排泄。

衣服的清潔，也是要緊的。因為衣服是吸收毛孔中所排出的污垢的；若不勤於更換洗滌，毛孔就會把衣服上的污物重吸進去。

無論什麼樣的污穢，都是致病的。殺人的黴菌，專生在黑暗潮濕的牆角裏和黴爛穢臭的垃圾中，房屋的附近，不可容腐菜爛葉等

垃圾堆積，致黴菌叢生，而使空氣污濁。房屋之內，尤不可有黴爛穢物。在一般注重清潔講究衛生的城市中，有許多流行病都是因幾家不小心的家中堆存腐爛的東西而起的。

　　絕對的清潔、充分的日光，以及注意家庭日常生活各方面的衛生，是避免疾病並維持一家人的健康快樂所不可缺少的。

第 21 章・以色列人中的衛生

「服從上帝的律法就有健康。」

　　上帝給以色列人的教訓中，對於衛生一則是很注重的。那些才從奴隸的壓迫之下出來，帶著奴隸生活中養成的不清潔、不衛生的習慣的人民，在未進迦南之前的曠野裏受了極嚴切的訓育。上帝教他們衛生的條例，施行衛生的律法。

疾病的預防

　　不單是在事奉上帝的禮節上，即在日常的一切人事方面，潔淨與不潔淨的界限也是劃分得很嚴密。凡患有高度傳染病或漏症的人，必須離開人群；並且在他的身子和衣服尚未完全洗淨以前，不准歸來。關於患有傳染症者的命令是這樣：

> 「他（患者）所躺的床都為不潔淨，所坐的物也為不潔淨。凡摸那床的，必不潔淨到晚上，並要洗衣服，用水洗澡。那坐患漏症之人所坐之物的，必不潔淨到晚上，並要洗衣服，用水洗澡。那摸患漏症人身體的，必不潔淨到晚上，並要洗衣服，用水洗澡。……凡摸了他身下之物的，必不潔淨到晚上；拿了那物的，必不潔淨到晚上，並要洗衣服，用水洗澡。患漏症的人沒有用水涮手，無論摸了誰，誰必不潔淨到晚上，並要洗衣服，用水洗澡。患漏症人所摸的瓦器就必打破；所摸的一切木器也必用水涮洗。」（利15:4-12）

再看關於痲瘋的條律，也可證明當時法則的施行是何等地徹底。

「災病在他（患痲瘋的）身上的日子，他便是不潔淨；他既是不潔淨，就要獨居營外。染了大痲瘋災病的衣服，無論是羊毛衣服、是麻布衣服，無論是在經上、在緯上，是麻布的、是羊毛的，是在皮子上，或在皮子做的什麼物件上，……要給祭司察看。……災病或在衣服上，經上、緯上，皮子上，若發散，這皮子無論當作何用，這災病是蠶食的大痲瘋，都是不潔淨了。那染了災病的衣服，或是經上、緯上，羊毛上，麻衣上，或是皮子做的什麼物件上，他都要焚燒；因為這是蠶食的大痲瘋，必在火中焚燒。」（利13:46-52）

不單衣服如此，即使是房屋若經證明認為不宜居住，也必拆毀。祭司要「拆毀房子，把石頭、木頭、灰泥都搬到城外不潔淨之處。在房子封鎖的時候，進去的人必不潔淨到晚上；在房子裏躺著的必洗衣服；在房子裏吃飯的也必洗衣服。」（利14:45-47）

清潔

關於個人的清潔，主也用了極深刻的方法教訓他們。在聚集於西乃山下聽上帝親口宣布律法之前。百姓都必把衣服和身體完全洗淨。不從者必死。在上帝面前不能容留污穢。

以色列人飄流在曠野的時候，幾乎完全是在野外生活。污物之為害，並沒有像居住在壅塞的房子裏的人那樣可怕。可是以色列人

所住的帳棚內外，必須是極其清潔的；營內和營外的周圍，不容絲毫穢物存留。主吩咐他們道：「因為耶和華——你的上帝常在你營中行走，要救護你，將仇敵交給你，所以你的營裏當聖潔，免得祂見你那裏有污穢，就離開你。」（申23:14）

食物

以色列人關於一切食物方面，潔淨與不潔淨，是分別得十分明白的：

> 「我是耶和華——你們的上帝，使你們與萬民有分別的。
> 所以，你們要把潔淨和不潔淨的禽獸分別出來；不可因我
> 給你們分為不潔淨的禽獸，或是滋生在地上的活物，使自
> 己成為可憎惡的。」（利20:24-25）

當時許多外邦人所常吃的食物，上帝卻不准以色列人吃。這並不是上帝專制，橫加約束，上帝所禁止的東西，都是無益的。他們可從此知道吃有害的食物，就是污穢自己的身子，所以上帝說它們是不潔淨的。凡足以毀壞身體的食物，也能毀壞靈性，使吃的人不配與上帝來往，不配擔任高尚聖潔的職務。

優良的環境與規例

以色列人到了迦南之後，上帝仍繼續在他們身上施加訓育。那時，他們的環境是很適於養成良好的習慣。人民並不聚居於城中，各家都有自己的土地，可以隨意享受天然的健康和純潔的人生。

關於那些被以色列人趕走的迦南人的殘酷淫惡的行為，主耶和華道：

> 「我在你們面前所逐出的國民，你們不可隨從他們的風俗，因為他們行了這一切的事，所以我厭惡他們。」（利20:23）「可憎的物，你不可帶進家去，不然，你就成了當毀滅的，與那物一樣。」（申7:26）

在以色列人一切日常事上，耶和華都要他們牢記聖靈的教訓：

> 「豈不知你們是上帝的殿，上帝的靈住在你們裏頭嗎？若有人毀壞上帝的殿，上帝必要毀壞那人；因為上帝的殿是聖的，這殿就是你們。」（林前3:16-17）

快樂

「喜樂的心乃是良藥。」（箴17:22）感激、喜樂、恩慈、信任上帝的仁愛和照顧——這些乃是健康最大的保障。上帝要以色列人以此為生活的要旨。

以色列人每年三次上耶路撒冷守節，以及住棚節的一週，乃是他們彼此交際和賞心作樂的機會。這些節期都是快樂的節期。在那時候，每戶人家都款待窮人、利未人，和寄居的客旅；這種善舉使節期更快樂，更有仁慈的精神。

> 「你和利未人，並在你們中間寄居的，要因耶和華——你上帝所賜你和你家的一切福分歡樂。」（申26:11）

所以後來那被擄的以色列人從巴比倫回到耶路撒冷聽以斯拉宣

讀律法，自覺有罪而痛哭的時候，尼希米就對百姓說：

> 「不要悲哀哭泣……你們去吃肥美的，喝甘甜的，有不能預備的就分給他，因為今日是我們主的聖日。你們不要憂愁，因靠耶和華而得的喜樂是你們的力量。」（尼8:9-10）

> 「在各城和耶路撒冷宣傳報告說：『你們當上山，將橄欖樹、野橄欖樹、番石榴樹、棕樹，和各樣茂密樹的枝子取來，照著所寫的搭棚。』於是百姓出去，取了樹枝來，各人在自己的房頂上，或院內，或上帝殿的院內，或水門的寬闊處，或以法蓮門的寬闊處搭棚。從擄到之地歸回的全會眾就搭棚，住在棚裏。……於是眾人大大喜樂。」（尼8:15-17）

順從上帝律法的結果

關於肉體和道德方面的健康所有一切重要的規律，上帝無不教訓以色列人，並且要他們遵守，像遵守祂的十條誡命一樣鄭重。祂吩咐他們說：

> 「我今日所吩咐你的話都要記在心上，也要殷勤教訓你的兒女。無論你坐在家裏，行在路上，躺下，起來，都要談論。也要繫在手上為記號，戴在額上為經文；又要寫在你房屋的門框上，並你的城門上。」（申6:6-9）

> 「日後，你的兒子問你說：『耶和華——我們上帝吩咐你們的這些法度、律例、典章是什麼意思呢？』你就告訴你的兒子說：『……耶和華又吩咐我們遵行這一切律例，要

敬畏耶和華——我們的上帝，使我們常得好處，蒙祂保全
我們的生命，像今日一樣。』」（申6:20, 21, 24）

如果以色列人遵守了上帝的教訓，利用他們所有的特殊權利，
他們就必在身體的健康和境遇的亨通方面，做世界的模範。如果他
們遵照了上帝的方針而生存，他們就不致患列國所患的病症。他們
的體力和智力，都必超乎萬民之上。他們必為世上最強大之國；因
為上帝曾說：

「你必蒙福勝過萬民。」（申7:14）

「耶和華今日照祂所應許你的，也認你為祂的子民，使你
謹守祂的一切誡命，又使你得稱讚、美名、尊榮，超乎祂
所造的萬民之上，並照祂所應許的使你歸耶和華——你上
帝為聖潔的民。」（申26:18-19）

「你若聽從耶和華——你上帝的話，這以下的福必追隨
你，臨到你身上：你在城裏必蒙福，在田間也必蒙福。你
身所生的，地所產的，牲畜所下的，以及牛犢、羊羔，都
必蒙福。你的筐子和你的摶麵盆都必蒙福。你出也蒙福，
入也蒙福。」（申28:2-6）

「在你倉房裏，並你手所辦的一切事上，耶和華所命的福
必臨到你；耶和華——你上帝也要在所給你的地上賜福與
你。你若謹守耶和華——你上帝的誡命，遵行祂的道，祂
必照著向你所起的誓立你作為自己的聖民。天下萬民見你
歸在耶和華的名下，就要懼怕你。你在耶和華向你列祖起

誓應許賜你的地上，祂必使你身所生的，牲畜所下的，地
所產的，都綽綽有餘。耶和華必為你開天上的府庫，按時
降雨在你的地上。在你手裏所辦的一切事上賜福與你⋯⋯
你若聽從耶和華──你上帝的誡命，就是我今日所吩咐你
的，謹守遵行，不偏左右，⋯⋯耶和華就必使你作首不作
尾，但居上不居下。」（申28:8-13）

「你們要這樣為以色列人祝福，說：『願耶和華賜福給
你，保護你。願耶和華使祂的臉光照你，賜恩給你。願耶
和華向你仰臉，賜你平安。』他們要如此奉我的名為以色
列人祝福；我也要賜福給他們。」（民6:23-27）

「你的日子如何，你的力量也必如何。耶書崙哪，沒有能
比上帝的。祂為幫助你，乘在天空，顯其威榮，駕行穹
蒼。永生的上帝是你的居所；祂永久的膀臂在你以下⋯⋯
以色列安然居住；雅各的本源獨居五穀新酒之地，他的
天也滴甘露。以色列啊，你是有福的！誰像你這蒙耶和華
所拯救的百姓呢？祂是你的盾牌，幫助你，是你威榮的刀
劍。」（申33:25-29）

　　可惜以色列人未能遵行上帝旨意，就未能得所應得的福氣。然
而只要看約瑟、但以理、摩西、以利沙，和上帝其他許多忠僕，我
們就可以知道遵行上帝方針的人，能有什麼成果。我們今日若是像
他們一樣忠心，也可收獲與他們一樣的效果。《聖經》告訴我們：

「你們是被揀選的族類，是有君尊的祭司，是聖潔的國
度，是屬上帝的子民，要叫你們宣揚那召你們出黑暗入奇

妙光明者的美德。」（彼前2:9）

「倚靠耶和華，以耶和華為可靠的，那人有福了。」（耶
17:7）他們「要發旺如棕樹，生長如黎巴嫩的香柏樹。他們
栽於耶和華的殿中，發旺在我們上帝的院裏。他們年老的時
候，仍要結果子；要滿了汁漿而常發青。」（詩92:12-14）

「不要忘記我的法則；你心要謹守我的誡命；因為它必將
長久的日子，生命的年數，與平安，加給你。……你就坦
然行路，不至碰腳。你躺下，必不懼怕；你躺臥，睡得香
甜。忽然來的驚恐，不要害怕；惡人遭毀滅，也不要恐
懼；因為耶和華是你所倚靠的，祂必保守你的腳不陷入網
羅。」（箴3:1-2, 23-26）

第 22 章・服裝

「祂告訴你們什麼，你們就做什麼。」

　　論到正派的服裝，《聖經》有教訓道：「願女人廉恥、自守，以正派衣裳為妝飾。」（提前2:9）這就是叫我們不可在服裝方面專講時髦的式樣，和浮誇的顏色，以及虛華的妝飾。衣裳的無論什麼花樣，若是單以引人注意，和討人稱讚為目的的，就不能列在上帝所吩咐我們穿的正派衣服之內。

　　我們的衣服務以儉樸為尚——不可用「黃金、珍珠，和貴價的衣裳為妝飾。」（提前2:9）

　　金錢是上帝所託付的。我們不可用以滿足自己的欲望和驕傲。上帝子女手中的金錢應該使飢餓的人有飯吃，使衣不蔽體的人有衣穿，使被壓迫者受保護，使患病者得痊癒，使窮人得聽福音。現在耗費在虛華的妝飾上的金錢，若能好好地使用，可以使多人心裏得著福樂。我們當思忖耶穌的人生，學習祂的品格，並與祂的克己和犧牲有份。

　　基督教界所花費在虛浮的妝飾上的金錢，夠使一切飢餓赤身的人得飽暖。他們把本可使窮苦人得安適的金錢，貫注在時髦妝飾和炫耀上面。他們是在掠奪世界上救主慈愛的福音。教會因之凋零，千萬人乃因聽不見耶穌的教訓而喪亡。在我們的居所周遭，及那遠鄉異地中的邪教人，沒有人去教導，沒有人去拯救。上帝在地上廣布鴻恩，隨意施捨人生的福樂，又白白地把救恩之真理奉送了我們。我們若仍硬著心腸，盡讓那些孤兒、寡婦、貧病困苦、迷途無

救的人去受罪，以致他們的怨聲上達於天，試問我們將怎樣卸去責任呢？到上帝的大日，那位為窮人而捨命的主與世人面對面算帳之時，凡違背了上帝的吩咐為嗜好而浪費金錢的人，有何話可說呢？耶穌豈不要對他們說：「我餓了，你們不給我吃，渴了，你們不給我喝；……我赤身露體，你們不給我穿；我病了，我在監裏，你們不來看顧我」嗎？（太25:42-43）

我們的衣服固然要樸素正派，但材質卻必須耐用，顏色也得優美，並要適宜工作。選擇衣料時，應當以耐久、溫暖、和身體適當的保護為標準，不可專顧好看。〈箴言〉上描寫賢慧的婦人說：她「不因下雪為家裏的人擔心，因為全家都穿著朱紅衣服。」（譯者按英文作「全家都穿雙層的外衣。」）（箴31:21）

「我們的衣服必須清潔，不潔的衣服是不衛生的，足以污損身體和靈性。「你們是上帝的殿，……若有人毀壞上帝的殿，上帝必要毀壞那人。」（林前3:16-17）

衣服在一切方面必須合乎衛生，因為上帝要我們「凡事興盛，身體強壯。」——心靈和身體都強壯。我們須與上帝合作，以求身體和靈體的強壯。合乎衛生的衣服，能促進身體和靈性雙方的健康。

衣服當有莊重美觀，和自然樸素之風。耶穌警戒我們謹防今世之驕傲，然而祂沒有叫我們拒絕端莊和自然的美。祂指著田間的野花和含苞初放的百合花說，「所羅門極榮華的時候，他所穿戴的，還不如這花一朵呢！」（太6:29）耶穌這樣說是要藉自然之物，表明上天所重視的美是怎樣的美，使我們知道怎樣穿著樸實清潔風雅

的衣服來討主的喜悅。

那最美麗的衣服，主要我們穿在心靈上。沒有什麼外表的妝飾，能比得「溫柔安靜的心」那樣貴重可愛。這種靈性的妝飾，「在上帝面前是極寶貴的。」（彼前3:4）

救主向那些凡以祂的主義為響導之人所說的應許之話，是何等寶貴啊！祂說：

> 「何必為衣裳憂慮呢？」「野地裏的草今天還在，明天就丟在爐裏，上帝還給它這樣的妝飾，何況你們呢！所以，不要憂慮說，……穿什麼？……你們需用的這一切東西，你們的天父是知道的。你們要先求祂的國和祂的義，這些東西都要加給你們了。」（太6:28, 30-33）

> 「堅心倚賴祢的，祢必保守他十分平安，因為他倚靠祢。」（賽26:3）

世俗的時髦

這種依從上帝的教訓而得的平安，與仿效世俗的時髦而致的疲憊、騷動、困苦、病痛，是何等相反啊！所謂新潮的服裝，與《聖經》的規則是何等懸殊啊！想一想近百年來，或近幾十年來，人類服裝的式樣，有多少是一個敬畏上帝高尚莊重的婦人所不宜穿的啊！

專為時下的潮流而穿，這不是《聖經》的教訓所准許的。時裝和華貴的妝飾，對於有錢的人不但耗費金錢，也消磨光陰和身心的

精力；對於平民和窮苦人，更是一種重擔。許多可憐的女子，為了時尚的外衣的樣式，就犧牲了溫暖厚實的衣物，拿性命來付時髦的代價。還有許多人，為了貪羨富人的華美和妝飾，而受誘惑流落到犯罪可恥的地步。許多家庭犧牲了生活上的安康，許多做丈夫的被迫落到經濟窘困破產的境地，也是為了要滿足妻子和兒女奢華的要求之故。

這種婦人沒有工夫研究身體發展的原理，去保持兒女的健康；沒有工夫去注意他們思想和靈性上的需要；沒有工夫與他們同樂同憂，或在他們的得失休戚上，與他們分享興趣。

許多兒童幾乎生下就受時尚的影響。他們所聽見的，關於衣裳的多，關於救主的少。他們看見母親注重衣服樣式，比研究《聖經》更懇切。外表的裝飾和穿戴似乎比品格的修養更為重要。在這種情形下，父母和子女都失去了人生最上好最優良最真實的事。為了時髦他們就受騙而失去了來生的準備。

不適當的衣服對於身體的影響

衣服的時髦之風，和樣式的常常改變，全是那與一切善良之事為敵的撒但的詭計。他最喜歡使人類遭患滅亡，而使上帝憂愁，使上帝受辱。時髦的習尚，能使身體虧損，使心志衰弱，使靈性墮落，所以是為魔鬼成全他害人之目的的有效工具之一。

婦女常患厲害的疾病，她們的痛苦也往往因所穿的衣服而大大增加。她們非但不保養身體，以備應付那必有的難關，卻反在不良的習俗上，往往不但把健康和生命一齊犧牲，還傳給子女一個不幸

的遺產──殘廢的身軀、腐敗的習性，和錯誤的人生觀。

人體美的最重要的原則之一，就是均勻的發育，和身體各部的相稱。優美的姿態，是在乎身體能依照上帝的自然之例，正當發育，而不在乎服裝設計的人體模型。上帝是一切美麗的技師，我們要達到真美的標準，非遵守祂的規例不可。

還有一種時尚所慫惠的壞事，就是身體各部衣服不平均的分配，有的地方穿得太多，有的地方穿得不夠。手足四肢離身體中心的重要部分較遠，應該格外多穿衣服，以免受寒。四肢常常寒冷，身體就不能健康，因為四肢的血若是太少，別處的血就要太多。健全的身體，須有健全的血液循環，但若身體的中心重要部分所穿的衣服比四肢軀幹多了三四倍，那麼血液的循環便不能健全了。

有許多婦人，急躁不寧，煩悶多慮，這是因為她們自己放棄了新鮮空氣之故。新鮮的空氣，能使人有純粹的血液，使身體各部有舒暢的行動，致血管內能有充分的血液流到全身，增進全身的精力和健康。有許多本可享健康之福的婦人，卻成了孱弱多病。還有許多本可享足壽數的婦人，卻患了癆病和別的病而死。這是因為她們在衣服方面沒有講究衛生的規例，沒有多在野外運動呼吸新鮮空氣之故。

要做最合乎衛生的衣服，須先精細研究身體各部之所需。地勢、氣候、衛生的狀況、生活的環境，以及本人的職業等等，也是不可不注意的。衣裳鞋帽每一件所穿戴的物品，都應該寬大適體，務使不阻礙血液的流暢和呼吸的順暢。手臂舉起之時，衣服須能隨之提起。

身體衰弱的婦人，若能在合乎衛生原則的穿著和運動上加以注意，則對她們的身體不無幫助。進行戶外運動時，衣服應當相宜。起初時，要小心節制，以免過度。後來可以照身體的力量，逐漸加增。這樣調息休養，就可以再得健康，活在世界上擔任她們的工作。

脫離時髦潮流的範圍

女子本身應該有勇氣按著衛生的原理和儉樸的美德穿衣，而不受到時髦風俗的操弄。為妻母者，應該省出工夫求知識的增進，注意子女腦力上的發展，做丈夫的真伴侶，善用自己所有的機會，感化所愛的人，以便進入高尚的生活。不要終日被家務的勞苦所壓倒。她應該花工夫求救主做她的好朋友，用心力研究《聖經》，同孩子們到田野裏，從主所創造的萬物和自然的美景上，與上帝認識。

她當保持快樂活潑的精神。夜間的光陰，要設法使一家的人，在一天工作之後，大家有團聚的快樂。能如此，則許多男子就歡喜在家裏享天倫之樂，不致到酒館和別的地方去閒逛了。許多孩子也不致在馬路上或街上閒蕩。許多女孩子也可免交輕浮害人的同伴了。這樣的家庭，其影響對於父母和子女，就能造成終身的幸福，且可算是與上帝的旨意相符了。

第 23 章・飲食與健康

「按時吃喝，為要補力，不為酒醉。」

我們的身體是由所吃的食物造成的。人身的細胞，時刻都在新陳代謝，每一器官的一舉一動，都有廢料排出，這種廢料，要靠我們的食物補足。身體的每一器官，都需要一定的營養。大腦要大腦的養料，骨髓、肌肉、神經各需它們的養料。至於食物如何化成血液，血液又如何化成身體的肌肉筋骨，這實是一種神妙的作用；而且這作用是繼續不停的，因之神經、肌肉、組織就能時刻得到精神和活力。

食物的選擇

選擇食物，必須視其建造身體原料成分的多少為取捨。在這一方面，口味是不足恃的，因為人的食欲，大多已被不良飲食習慣所腐化了。往往那有害健康而足以使人患病的食物，我們偏以為美味。社會的飲食習俗，我們也不可當作穩妥的指導。現今各處流行的困苦病痛，多半是由於飲食方面的錯誤所致。

要知道什麼是最好的飲食，我們必須研究上帝對於人類飲食的初旨。上帝造了亞當，當然明白亞當的需要。他指定亞當的食物道：「看哪！我將遍地上一切結種子的菜蔬，和一切樹上所結有核的果子，全賜給你們作食物。」（創1:29）到人受了罪的咒詛，離了伊甸園自己去種田謀生時，上帝仍准人以「田間的菜蔬」（創3:18）為食物。

　　五穀、水果、堅果（如花生和胡桃等）和菜蔬，這是造物主為人類所選的食物。這些食物，依最自然、最簡單的方法調製，便是最有益最養生的食物，足以增添人身體和心智方面一種堅強耐久的能力，是其他複雜而含刺激性的食物所不能供給的。

　　然而一切有益健康的食物，並不是在一切情形之下都適於我們的需要。我們在揀選食物的時候，應當十分謹慎。我們的食物須適於時令，適於我們所居之地的氣候，和我們所操的職業。有些食物適於這一種氣候，卻不適於那種氣候；也有的食物適於這種職業的人，卻不適於那種職業的人。往往那從事操勞費力工作之人可吃的食物，就不適於終日靜坐用腦筋的人。但上帝為我們預備了很多種類的補身食物，各人應憑經驗和靠判斷來選擇最適合於個人需要的食物。

　　地上所出產的五穀、水果、堅果極多；因著交通的便利，這一切出產也逐年更普遍地運到各地，結果，這些前人所以為奢侈的食物，現在大家都可以得之為日常食物了。曬乾的果子和罐頭食物，尤其是如此。

　　現在有許多人都用堅果來代替肉食。五穀、水果，和其他根鬚植物都可以與堅果相和，成為養生有益的食物。不過我們也得小心，不可吃太多堅果。若有人覺得堅果不利於身體，應注意這一點，就可以避免許多困難。同時我們也當明白，各種堅果也有優劣之別。譬如杏仁比花生好，不過少許的花生與五穀相和是滋養而易消化的。

　　橄欖若是調製得好，就像堅果一樣足以代替奶油和肉食。橄欖

所含的油質，比動物的脂肪好得多，而且是潤腸利便的，更能治療發炎及受刺激的胃，對於患癆病的人尤為有益。

慣食油膩而多刺激性食物的人，有一種不自然的胃口，一時不能適應清淡簡單的食物，必須經過相當的時間，才能使食欲回歸自然，使胃從以前所受的虐待恢復原狀。但是只要堅持到底地專吃合乎衛生的食物，不久就能領略菜蔬的美味，食用也必格外覺得愉快，而且胃既恢復了原狀，不因刺激物而發炎，不因不易消化的食物而負過重之擔，就能很靈敏地做它消化的工作了。

飲食的更換

要有健康的身體，必須有充分良好、富營養飲食的補給。

只要我們有聰明的打算，那有助於健康的食物是幾乎隨處可得的。各種的米麥五穀以及豆類，在無論什麼地方都有供給的。這種食品，再加上本地所產或別處運來的水果和蔬菜，就足供人選擇一種完美而齊備的飲食，盡可以不必食肉了。

水果若是出產的多，就可貯存起來，或裝罐，或曬乾，備作冬天之需。像黑醋栗（currants）、醋栗（gooseberries）、楊梅、覆盆莓（raspberries）、黑莓等水果，吃的人不多，也沒有什麼人注意種植，但這些果子，在許多地方都可以繁殖茂盛的。

家中裝自製罐頭食物時，最好不用鐵罐而用玻璃瓶。果子必須精選，糖以少用為宜，煮的時間以能保持果子貯藏不壞為度。這種罐裝果子，是新鮮水果的絕妙代替品。

　　曬乾的果子，像葡萄乾、梅乾、蘋果乾、梨乾、桃乾，和杏乾等類，我們不大用作主要食物，然而若是價錢便宜，盡可以多吃，對於作各種工作的人，都是極有益、極補力的。

　　一餐的飯菜樣數不可太多，以免飲食過度，難以消化。水果和蔬菜同一餐吃是不相宜的。若是消化不良，二者同食，就易發生病痛，使人不能運用腦力。所以水果和菜蔬，以各主一餐，分吃為妙。

　　飯菜應當時常更換，不可天天老是吃一樣的東西，一樣的煮法，免致生厭。因飯菜時常更換，食時必覺更有滋味，身體也更得營養。

烹飪

　　飲食單為口腹，這是不對的，然而飲食的品質和烹飪的方法，卻也不可不講究。口裏所吃的，心裏若是不歡喜，身體就不會得最大的益處。所以食物的選擇不可不計議考慮，烹飪不可不求其精明技巧。做麵包（或其他麵粉類製品）最好不用白麵粉，白麵粉既不經濟，也不衛生，尤缺少麥中主要的滋養成分。便秘和許多身體不健全狀況，往往是因為專吃白麵粉所致。

　　做麵包放蘇打粉或發粉，是有害的，也是盡可不必的。這些材料能使胃發炎，而且往往使全身中毒。許多主婦以為沒有這些便不能做好麵包，這是錯了。只要她們肯費心學更好的方法，所做的麵包就必對身體更有益，更有自然的滋味，更好吃。

　　做發酵麵包時不應用牛奶代替水。牛奶非但貴，且大減麵包的

滋養。牛奶麵包也不能像平常麵包那樣經久不壞，吃到胃裏也更快地發酸。

麵包應該膨鬆而味甘，不容有半點酸味，做得不可過大，烤或蒸的時間要充分長久，以期殺盡酵菌。才出爐的熱麵包，是不易消化的（專指烘烤的麵包），不可立時就吃。但無酵的麵包不在此限。烤箱烤出來的無酵麥餅，是很好吃而很衛生的。

用米或麥煮粥，須沸煮數小時，然而流質的食物，總不如需細嚼的乾糧之能養身。回爐烘烤的陳麵包，是一種最易消化最適口的食物。平常的麵包，最好切成薄片，烘乾一切濕氣，至四面內外焦黃為度。這種麵包放在乾燥之處，極能經久不壞，要食用前再烤一烤，就能與新鮮的無異。

平常我們食物中所用的糖實在太多。蛋糕、布丁、餅、果醬，都是妨礙消化的健將。特別害人的，乃是那以牛奶、雞蛋和糖為主要成分的布丁和蛋糕。牛奶和糖不可同用過多。

若是用牛奶，必須完全消毒，方不致有病菌的傳染之患，把奶油塗抹在冷的麵包上吃，比用來煮東西害處較少，然而總以完全不用為妙。至於起司（cheese）那更是不可用了，簡直不算是食物。

烹製不良的食物，不能供給造血器官的營養，就要虧及血液，減低全身的活力，引起疾病，而且身體既到了衰弱之境，神經就呈過敏之像，人的脾氣也變成急性而易怒。因為烹飪粗劣而受害的人；每年何止數千萬。許多人的墓碑上，都可以加這兩句「為飲食烹調不得法而死」、「因腸胃受虐待而亡」。

烹飪者必須學習怎樣調製合乎衛生的飲食。這是一種神聖的責任。有許多生命是因為飲食烹煮的不得法而喪失的。做好麵包，必須用心思和技巧；然而一塊好的麵包之中所含的宗教，實也過於一般人所想的。真能精於調製飲食的，實在很少。一般青年的婦女，大都以為烹飪和一切家中的雜務，是下賤的工作；因此許多女子出嫁以後，雖然負了治家之責，卻不知道怎樣做妻子，怎樣做母親，更不覺得這種責任是何等地重要。

烹飪非但不是低微的事，反是人生極重要、極確實的一門學問，是每個婦人所當學的。貧窮的人，我們尤當用特別的方法教導，使他們也可以明白。飲食要求其清淡而養生，同時又要講究適口，自非有特殊的技巧不成，但也未嘗是不可能的。擔任烹調食物的人，當知道怎樣用清淡簡單的原料，煮成簡單而養生的食物，務使其因簡單而愈有優美的滋味，愈能強身壯力。

凡是一家的主婦而尚未明白衛生烹飪之法的，應當決心研究，這對於她一家人的健康實有莫大的關係。許多地方有烹飪學校可供有志者學習，但若是當地沒有這種學校，她也該去請教精於此道的廚師，抱著堅決的心志去學習，務期完全貫徹這種廚房的技藝。

飲食要有定時

按時進食，是極重要的事。每一餐都當有一定的時間。在規定進餐的時間，各人要按身體的需要吃飽，既離了餐桌，就不可再吃什麼，直到下一餐再吃。可惜有許多人，因為沒有這一點意志力拒絕口腹之欲，就不按一定的規則，不論什麼時候隨意進食，在身體不需要食物之時亂吃零食。尤其是在旅行的時候，往往有人看見可

吃之物，就隨時放進口裏咀嚼。這種習慣於身體實有無窮之害。人在旅行之中，若能按一定的時候吃清淡而滋養的食物，就不會覺得十分的疲乏或多患疾病了。

還有一種有害身體的習慣，就是在臨睡之時進食。晚飯或已吃過了；但因覺得疲乏無力，就再吃一些食物。久而久之，這種貪吃的心理，就因放縱而成習慣，甚至臨睡之前，不吃就似乎不能睡了。殊不知因為臨睡進食或晚餐過遲，胃就不得不在睡眠的時間仍進行消化的工作，但胃的工作，雖然進行，卻不能有良好的效果；而且睡眠不能深熟，往往要做惡夢，早晨醒來，必覺全身不爽，早餐也就沒有胃口。我們到床上休息之時，胃的工作應當完全結束，那麼胃就得與身體其他器官同得休息。對於整日靜坐的人，延遲的晚餐尤其是有害的，往往足以發生致死的疾患。

有許多人之所以到晚間覺得肚裏飢餓，是因為消化器官在日間工作太甚之故。每於消化一餐之後，腸胃須有相當的休息。從第一餐到第二餐相隔的時間，至少應有五小時或六小時。對於多數的人，每天兩餐反比三餐有益；他們若能一試，就可知道了。

飲食的通常錯誤

過冷或過熱的飲食，都是不相宜的。冷的食物進到胃裏，必先吸收胃的一部分工作力來暖它以後才能消化，冰冷飲料有害消化，就是這層道理。至於太常喝熱的飲料，也能使消化器官衰弱。實在講來，進餐之時，湯水喝得愈多，消化就愈困難；因為胃必須先把流質吸盡，才能開始消化。鹽也不可用得太多。醃辣和濃烈的食物應當免用。水果要多吃，那麼用餐之時就不會想喝過多的湯水了。

進食應當緩慢，並當細細咀嚼。這是必需的，以便口裏的涎沫能與食物正當地相和，而使消化液起作用。

常人在飲食方面還有一種極大的弊病，就是在不相宜的時間進食，如在激烈運動之後，那時人已經是十分勞頓困倦了。神經系於進食之後，立刻有很重的工作要做；若是大腦或身體於餐前或餐後也負了重的擔子，消化的工作就要受阻礙了。人在興奮、慌忙或煩惱的時候，不如先定了心，休息一下，然後再進食為妙。

胃與腦的關係是很密切的，每遇胃有病時，腦就遣出神經之力去幫助那衰弱的消化器官。何時此種情形發生了，那麼腦部就要患充血症。人在多用腦力而少運動的時候，連清淡的食物也不可吃得太多。吃飯時當把一切煩惱掛慮丟開，不要慌忙焦急，但要滿心存著喜樂和感謝神恩之意，慢慢地吃。

過量的飲食

有許多戒除了肉食和其他粗劣有害的飲食的人，以為自己所吃的既是蔬菜淡飯就可以饜足食欲，漫無限制地亂吃了，因此常常吃得過度，甚至成為貪食之徒，這也是一種過錯。我們不該使消化器官負過重的擔子，叫它去消化那些在質與量上同是難為身體的食物。

依社會的風俗，在用膳時，菜是按道上桌的。吃的人既不知道後面有什麼要來，往往就把對於他不十分適宜的菜吃飽了。等到末一道菜上桌之時，他往往容易越過肚子的容量，吃那最後誘人的點心——對於他無益而有害的點心！若是一切食品在開始時一齊都放

在桌上，那麼各人就可以隨意選擇了。

有時候，我們能立刻發覺飲食過量的結果。然而有時我們並不覺得什麼痛苦，只是消化器官已暗中失了健全的機能，體力的本源就被摧殘了。

除了身體所需要的養分以外，那多餘的食物、就是身體的重負，足以發生胃口失常和發炎的狀態，使分外的血液，聚集到胃裏，致手足四肢等部容易發冷。非但如此，那過多的食物，尤足以為消化器官的重壓，以致消化工作完成以後，腸胃還留下一種困乏凋疲的感覺。有些時常飲食過量的人，稱這種感覺叫做「食後餓」，卻不知道這是消化器官工作過度的徵狀。有的時候，還有大腦疲倦易睏，身體懶於動彈等徵狀。

這種不適的徵狀，是因為自然之功已在非必須的情形下用了過量的精力，雖作成了它的工作，但已到精疲力盡了。胃在那裏悶叫：「讓我休息！」然而許多人誤以為這種耗竭的感覺是飢餓，所以非但不容胃有休息時間，反去再加一層重負。結果，消化器官往往在應該能運用自如的時候，就已磨損殆盡了。

安息日的食品

我們不該在安息日預備比平常較豐富較多的食物。反之，我們在安息日當吃得比平常更少、更簡單，以便大腦可以清楚而活潑地去領悟屬靈的事。壅塞的胃，就必造成壅塞的大腦。因為大腦受不正當飲食之擾，我們也許會聽了最可貴的話而不覺其意義。許多人為了在安息日上吃的太多，而使自己不配受神聖之福，他們所失去

的機會，實有過於他們所想的。

在安息日應該避免烹飪，但也不必因此吃冷食。天冷的時候，那早一天所預備的食物，必須重熱。所吃的飯菜，雖是簡單，卻要悅目可口。尤其是有孩子的家庭，最好在安息日能略備一點特別好的東西，與平日略示一點不同。

飲食的改良

飲食方面如果有什麼不良的習尚，應該立刻著手改良，不可遲延。如果我們因為以前的胡吃亂喝，以致胃受了虐待，起了消化不良之症，就應該努力謹慎，除卻一切過重的擔子，來保養剩下的一點精力。經過長時期的虐待以後的胃，也許永不能完全恢復原狀，然而適當的飲食，至少可以避免往後的衰弱，且使許多人回復強健的地步。在飲食上要迎合個人的需要，自是不易辦到，但我們在飲食方面若能遵行衛生的原理，就可改良許多積弊，並且煮飯的人，也可以不必時時費許多心機，去引發人的食欲了。

人在飲食上節制所得的報償，是思想上的靈敏和道德方面的剛強，而且也能助人制服情感。過度的飲食，對於性質怠惰的人尤其有害；這種人應該少吃而多運動。如今有許多極具天才的男女，就因為未在飲食方面節制，以致所成就的，不到所能成就的一半。

許多著作家和演說家的錯誤，就在於此。他們往往吃了一頓飽餐之後，就立刻坐下來用功沉思、閱讀、寫作，毫不給身體一點運動的機會。結果，思想就不能流暢豁達。他們所寫、所講的話，都顯得平淡而無效果，沒有感動人心所不可少的那種活力和緊湊。

凡擔任重要職務，尤其是在屬靈的事物上居於長者地位的人，必須有精密的思想和敏捷的見解。他們在飲食方面尤其要比普通人謹慎節制。他們的桌上，完全不宜有大魚大肉的食物。

　　凡身負重責的人，每天有許多事情要斷定。他們那一決之下的關係十分重大，影響十分長遠，而且他們沒有多少工夫可以考慮，往往要當機立斷。遇到這種境地，那絕對節制的人，便能應付自如。人的腦筋在身體和思想受正當待遇的情形之下，便能強固。如果腦力不是用得過度，那麼每次的運用都能生出新的精力。然而往往這身任要職，對於重大問題要商議決斷的人，因為飲食不適當，就大受其害。有病的胃，引起有病的腦筋，使思想紊亂失常。諸如急躁的性情，暴戾的脾氣，蠻橫無理的態度等等，往往是從胃裏來的，許多能為世界造福的打算和計畫之沒有實行，許多不公正的律法和壓迫的手段，甚至暴虐的命令之頒佈施行，不知有多少是當局者受了不良飲食的影響所致的呢！

　　現在我們對於一般終日靜坐而且工作多半用腦的人，有一個建議。那些有相當的意志和自治之力的人，不妨一試：每餐只吃兩三樣簡單的蔬菜；不可吃得過飽。每天作戶外運動。且看究竟能否獲益。

　　做勞力之工的人，身體強健，整天地在那裏運動，對於飲食的多少和品質，就不一定要像靜坐的人那樣仔細。然而若能在吃喝方面有節制，也必會更加強壯。

　　有的人，先是亂吃亂喝，後來懊悔，就想訂一種準確不更的規例。他們心中專念著吃什麼，喝什麼，這也是不對的。人的情形和

需要各有不同，所以一個人不能為另一個人立什麼一定的規例。各人應按著自己的理智和自制力，遵循衛生的原理去行才是。

我們的身體，是耶穌付了代價買來的產業，所以我們不能依自己的意思對待身體。凡人既明白上帝在人體中所定的衛生之例，就該自覺服從這種規例的責任。這種服從原是一種個人的責任。若是我們干犯這種規例，受苦的還是我們自己。在上帝面前，我們各人也必自己交帳，自己承擔我們的習慣和行為。所以我們的問題並不是「世界上流行些什麼？」，卻是「我個人應該怎樣對待上帝所賜給我的身體。」

第 24 章・肉類食物

「起初並不是這樣。」

　　上帝在起初所賜給人的食物，原沒有什麼動物的肉在內。直到洪水把地上的一切菜蔬都消滅之後，人類才得了食肉的許可。

　　上帝在伊甸園中為人類選定食物之時，就使人知道蔬菜是最優良的食品，在為以色列人選食物時，祂也指示了同樣的教訓。祂把以色列人領出埃及，親自教誨他們，要使他們成為自己的子民。祂想要藉著他們而教訓世人，使萬國得福。祂所賜給他們的食物，也是最合乎此旨的，這食物不是肉，卻是嗎哪──「天上的糧食」。只因他們發怨言，貪戀埃及的肉食，上帝才聽任他們去吃肉，但這也不過是暫時的。當時千萬人因吃肉而致生病或死亡，只是他們終不肯甘心領受素食，依然是公開或祕密地發怨言，以致不吃肉的習慣，終未能永久養成。

　　到了迦南以後，上帝便准以色列人吃肉，然而也有很嚴密的規律，無非是要減除食肉的惡果。豬肉以及其他不潔的蟲魚鳥獸之肉，都在禁止之列。即是可吃的牲畜，也絕對不可吃它的油和血。可吃的牲畜，須健全無恙，方可宰殺。凡被撕裂或自己倒斃以及血未流盡的牲畜之肉，一概不可食用。

戒除肉食的理由

　　吃肉的人無非是間接地吃五穀和菜蔬；因為牲畜是靠菜蔬的滋養而生長的。牲畜的活力，是從所吃的菜蔬中得來的。我們再去吃

牲畜的肉，就轉從肉中吸收活力，與其如此，何不直接吃上帝所賜給我們的食物，豈不好得多嗎？

肉類從來就不是最好的食物。近代牲畜的疾病突然加增，肉食於是乎格外有害了。那些吃肉的人，很少知道自己所吃的究竟是什麼。往往他們若果真能親見那牲畜的生活狀況，和肉的原質，他們就要厭憎而避之了。往往在人所吃的肉中，充滿了病毒的黴菌。於是乎疾病和其他的傳染病，便傳到人的身上了。

有許多地方，魚類也能因所吃的穢物而使人類得病，尤其是在靠近城市的地方，魚類往往吃到陰溝裏的穢物，再游到清潔的水中，人把牠們捉起，以為是清潔無害的，吃了以後，就於不知不覺中招惹疾病死亡。

吃肉的危險也許不是立刻被發覺，但這卻不能因此而就證明其為無害。很少人肯相信自己所受的痛苦是因為食肉導致血中毒。許多人完全是因為吃肉致病而死，可是他們本人或旁人從未懷疑致病的真實原因。

從身體方面講，肉食是有害的，從道德方面講，肉食之害，也不遜於身體。原來身體與人的道德和思想，是連帶關係的，肉食既是害及身體之物，自必使心靈同受影響。試想吃肉所引起的殘酷和殺戮，以及這種行為在施行的人和眼見的人腦筋中所有的影響，是多麼足以毀傷我們對於上帝所造之物應有的尊重和愛護之心啊！

許多動物，有時所顯的理智，與人的理智十分相近，這真是一種神祕。動物能看、能聽、能愛、能憂懼、能傷痛。它們對於使用

自己身體的器官，其忠謹實遠勝於許多人類。對於受苦的同類，牠們也表示同情哀憐。有許多牲畜對於餵養牠的人所顯出的一種愛情，要比一般人與人之間的愛情高尚得多。牠們對人常戀戀不捨。在與人分離之際，牠們也未嘗不有深切的痛苦和憂傷。

請問哪一個具有心肝的豢養家畜的人，眼見到牲畜的眼中，滿含著信靠敬愛的光芒，而竟能忍心地使牠們經過那屠戶的刀下呢？他又怎能吞牠們的肉，像吞一粒穀呢？

飲食的更改

有人以為肌肉的力量全靠肉食供給，這是一種謬見。人要供給身體的需要，多享健康的樂趣，不吃肉反倒更好。五穀蔬果之中，含有各種營養素，盡足以製造優良的血液了。這種種營養，在肉食中倒沒有這樣多，也沒有這樣好，若人身體的精力和健康少不了肉食的供給，那麼太初上帝指定人類的飲食之時，早就把牲畜的肉包括在內了。

慣於吃肉的人，一旦停止吃肉，初時往往要覺得疲倦乏力。許多人就以為這是人身必需肉食的證據。殊不知肉類，是刺激腸胃，使血液發炎，使神經奮興的。所以有的人難以戒除肉食，正像喝酒的人不易丟開酒杯。但若能把它們丟開，自然更好。

肉食戒除之後，當代以各種的五穀、菜蔬、水果、和堅果等滋養而味美的食物。凡是身體素來衰弱或長日做苦工的人，尤不可不注意這一點。至於有些貧困窮乏的地方，肉類是最便宜的，在這種情形之下，要戒除肉食就有較大的困難了，然而這也不是不可能

的。只是我們必須為當地人民的環境和那年深日久的生活習慣著想，雖是正義大道，我們也不可過分地急迫推行，也不要叫人突然更改。若是廢除肉食，就必須有價廉而滋養的食物來代替。這件事大半在乎煮飯的人。若是他運用思想的技能，必能煮成各種滋補而味美的素食，甚至可以代替肉食。

無論在什麼情形之下，我們要教育人的良心，集中他們的意志，同時要供給他們滋補優良的食品，那麼情形就要改變，而食肉的要求也將即刻停止了。

現今豈不是我們大家都應該一致戒除肉食的時候嗎？那些正在盡力求清潔神聖，而得與天使為伴的人們，怎能依然繼續用任何極有害於身體和靈性的食材為食物呢？他們怎能單為了口腹之欲而宰殺上帝所造的動物呢？但願他們回復太初上帝賜給人滋養甘美的飲食，而向上帝所造並交予我們管理的動物施予憐恤——自己施予，也教兒童施予。

第 25 章・飲食改良的極端

「當叫眾人知道你們的中庸之道。」

口中承認信服飲食改良的人，並不都是真正的改革家。許多人所謂飲食改良，不過是戒除某種不健康的飲食而已。他們並不徹底瞭解健康的原理，桌子上仍堆滿著有害的珍饈，要他們在基督徒的節制之道方面做真正的模範，還差得很遠！

另有一等人，為了切心要做飲食改革的模範，就趨於對方的極端——有些人得不到最適宜的飲食，就非但不設法找可作代替的食物來補救，反而隨便吃無營養價值的東西，以至所吃的不夠供給製造良好血液所需的原料，致使身體受虧損，工作的效率也就減少。這種人的榜樣非但不為飲食改良的主張爭光，反予人以不利的口舌。

還有一等人以為健康之道既以簡單的飲食為尚，那麼我們對於食物的選擇和烹飪就不必多費心思。於是有的人就過分地刻苦，吃極空乏的食品，質既粗劣，種類又不夠身體各部的需要，他們的健康就發生問題，全身都受影響。

對於健康改良一知半解的人，往往是最嚴格而固執的。他們不但實行自己的主張，還硬要叫親朋好友服從他們的意思。然而他們自己病弱的身體所顯示錯誤改革的結果，和他們那勉強別人服從自己主張的種種行為，往往引起許多誤會，終究使人完全拒絕健康改良的主張。

那真能瞭解健康之道而依著規例行事的人，必取中庸之道，不走過分或不足的極端。他們揀選食物，不單為口腹的滿足，也從身體的建造方面著想。在一切事上，他們總打算保養全身的精力，以期為上帝和人類作最重大的服務。他們的食欲，是受良心和理智管束的，他們所得的報酬，便是身體和心靈的強健。在這種情形之下，他們雖不以侵略的態度，在別人身上硬行自己的主張，然而他們的榜樣，卻是好見證。這種人有廣大的良好影響力。

飲食改良的道理中，包括真正的常識。人們對於這道理，應作廣博深切的研究。若是兩人的主張和見解不能樣樣方面相同，誰也不該批評誰。我們不能立什麼一成不變的規則來管理各人，所以沒有人可把自己算為眾人的規範。再說人的口味，各有不同，這個人以為美味滋養的食物，那一個人也許要視為乏味，甚至有害。像有些人不能喝牛奶，有些人卻幾乎靠牛奶度日。有些人不能消化豌豆黃豆等，有些人卻很能得到豆類的滋養。又如黍穀之類，對於有些人是極好的食物，但是有些人卻不能吃。

住在窮鄉僻壤的人，若是難以得到水果和堅果等食品，我們就不該催迫他們把牛奶和雞蛋放棄。固然，身體肥胖和欲望旺盛的人，應該戒除刺激性食物。然而對於一般造血器官衰弱的人，牛奶和雞蛋卻也不能完全丟開——尤其是在不能得到一切別的適宜食物時，不過喝牛奶的人應注意選擇健壯的牛，吃雞蛋的人，應選擇健壯的雞，方不致受疾病的傳染。而且雞蛋應當煮得最易消化為要。

飲食改良，應有進步的趨勢。牲畜的疾病天天增多，那麼吃牛奶和雞蛋的危險也必愈久愈大。我們當趁現今的時候，設法找營養

豐富而價錢便宜的食物來代替雞蛋和牛奶，一方面到處去教導人民怎樣在烹飪方面免用雞蛋和牛奶，而仍有滋養可口的食物。

一天兩餐的辦法，據一般人試行是有益於身體的；然而在有些情形之下，第三餐也確是不可少的。不過人若是吃第三餐，必須吃得少，而且吃容易消化的物品，如餅乾、麵包、水果、麥茶，都是晚餐最適宜之食品。

有些人時常關懷他們的食物，無論它是如何簡單與健康，總以為是與己有害的。我（懷氏自稱）要對這等人說：不要想你們所吃的飯食於你們有害，一點也不要放在心上。你們依自己最好的評斷去吃，既求上帝使飯食營養你們的身體，就該安心息慮地相信祂會聽你們的祈禱，不必過度思慮。

按健康的原理，凡是刺激腸胃而有害健康的食物，我們一概必須戒除，同時我們尤要記得過於貧乏的飲食，能使血液衰貧。而且飲食不足，會釀成極難醫治的疾病。身體的營養不足，胃病和虛弱等病就因之而起。那些採用這種飲食的人，並不都是因為貧窮的緣故，乃是因為沒有知識，或是疏忽，或是因為要實行他們錯誤的改良觀念的緣故。

人若疏忽身體，虐待身體，使身體不配為上帝服務，這就是不榮耀上帝。治家者的首務，就是預備美味而強身的飲食來營養身體。寧可在衣著和家用的器具上面節省，切不可刻苦飲食。

有些主持家務的人，為了厚待賓客，就吝節家中的伙食。這是愚笨的打算。款待客人的飲食，應該力求簡單。我們該先為自己家

裏的人著想。

愚笨的節省與虛偽的習俗，往往攔阻人實行那有需要而且有福的接待客旅之事。我們平日桌上的飯菜應該如此適宜，以至隨時有客人來，主婦都可以不必另備飯菜。

我們應該吃什麼東西，應該怎樣煮菜煮飯，這是人人都當學習的事。男子也像女人那樣，需要學習簡單健康的烹飪之法。他們往往因公務而到不能獲得適宜飲食的地方，在這種時候，若是他們有一點烹飪的知識，必能大有幫助。

我們對於飲食，要詳加考慮，作徹底的研究。我們需要修養自治的能力，使食欲受理智管束，總不要胡亂吃喝地虐待腸胃，也不要刻薄身體的需要，不吃佳美滋補的食品。

一般改革不徹底之人的狹窄觀念，於健康的道理有很大的妨礙。衛生專家應該明白人們對於飲食改良的主張，是要看那已實行改良的人桌上所擺的食物而作判斷的。所以健康改革的信徒，應該以身作則地代表他們的主張，使公正坦白的旁人，見貨估價，萬不可做愚笨的事，而使主張受毀謗。但有很多人是懷著成見反對飲食改良的。無論是什麼運動，無論多麼合理，若是對於飲食方面宣傳什麼節制，他們總是要反對的。這等人專顧口感，而不遵從健康的條例。凡違反舊風俗而提倡改革的人，不論理由多充足，他們都以為是激烈派。在這等人面前，健康專家不可故意地顯示自己與他們是多麼不同，卻應該儘量地在不犧牲主張的情形之下與他們妥協。

提倡改革的人，若是趨於極端，旁人以為真正的健康專家都是

這樣的，就難怪要完全拒絕他們的主張了。這種極端舉動，對於主張的威信在很短的時期中所能造成的害處，往往要比一生合理的榜樣所建設的功績更甚。

健康的改革是根據寬大廣泛的主義為標準的，我們不可把狹窄的主張和舉動來限止它的範圍。然而我們也不可因別人的反對和譏嘲，或討人歡悅的心理而悖離原則。凡真正服從原則的人，必能堅定不移地為真理而站立；然而在與人相處之間，他們也會表示出像耶穌那樣寬宏大量的真精神。

第 26 章・刺激物與麻醉劑

不可拿，不可嚐，不可摸。

所謂刺激物和麻醉劑，也包括一般人日常飲食方面一切足以刺激腸胃，毒害血液，奮興神經的物品。服用這些物品，於人身是絕對有害的。普通人之喜食刺激物，大都因為貪一時的快樂，然而後來的反應，他們也是要承受的。而且人吃含有刺激性的物品，往往愈吃愈多，容易過量，足以傷害身體，削弱精力。

香料

在此混亂擾嚷的時代，飲食愈平淡愈好。香料一類的調味品是有害的：諸如芥末、胡椒、桂皮、茴香、以及其他同類物品，都足以刺激腸胃，使血液污濁發熱。我們常講到喝酒的人的胃會有發炎的情形，然而香辣的食物，在胃中也能發生同樣的危害。不久普通的食物就不足以滿足食欲，全身感覺一種欠缺，並有一種貪求刺激性食物的欲望。

茶和咖啡

茶有刺激的作用，並且多少帶著麻醉性。咖啡等類的飲料，也有同樣的作用。反應的第一步，就是提神。胃的神經受了刺激，傳到腦中，心臟以及全身各部，就都加添了暫時的活力。疲倦忘記了，全身覺得格外有力。思想似乎特別靈敏，想像力也更覺活潑。

鑒於這種種效果，許多人就以為茶和咖啡於他們有很大的益處，其實這是不對的。茶和咖啡並不營養身體。在它們未經消化之

前，它們的效果就發現了，所謂精力的加添，其實不過是神經的暫時興奮而已。等到刺激性過去，身體的天然精力也就減退，結果，身體就要依著方才興奮的程度，反受虧損。

頭痛、失眠、心悸、消化不良、全身震顫，以及其他禍害，都是常用這種刺激神經之物的結果；因為它們把生命之力消磨了。疲乏的神經是需要休息靜養，而不應加以刺激和使之作過分活動的。人身天然的精力既用罄，就需相當的時間恢復。我們若用刺激的物品，驅使神經繼續活用，在一時之間，固然達到目的，然而身體的精力既因常受刺激而漸減退，日久害深，我們就更難去使它達到預期的地步。那貪求刺激物的欲望也愈久而愈難遏止，終致意志力完全消失，對於不自然的嗜好毫無抵抗之能。同時身體對於刺激物的需要也就與日俱增，直至體力衰竭不再能起反應為止。

吸菸的習慣

菸草的毒害和緩而隱暗，但卻是極兇險的。初起時幾乎不能察覺；因為如此，所以毒就更其可怕了！凡是吸菸的人，無論吸的是哪一種菸，他所受的害處，都必在他身上顯出來。菸的作用，先是奮興神經，後來麻木神經，腦力和思想就因之衰弱模糊。菸對於神經的害處，往往要比酒更厲害；因為菸的害處，陰險而深刻，也更難以補救。再說菸能引起人貪濃酒的欲望，所以吸菸往往是喝酒的根基。

吸菸這種習慣，既不經濟，尤礙清潔，更不便利；一方面污濁本身，再者又惹別人討厭。我們無論到什麼地方，都會碰到吸菸的人，走過人多的地方，幾乎沒有一次不有人把那骯髒的毒氣，噴到

你的面上。在旅行的車中，或在房間裏，往往充滿了菸酒的熏氣，人留在這種地方，實在不爽快，也是不衛生的。吸菸的人，雖是自己甘受毒害，但他們卻有什麼權利可以去污穢別人所必須呼吸的空氣呢？

吸菸的習慣，對於青年和兒童，實是無窮的危害。大人的惡習，影響了今日的兒孫。無用的腦筋，軟弱的身體，錯亂的神經，和種種不良的嗜好，都從父母身上傳給子女，算是一種遺產；而且這種惡習，再由子女繼續去行，則其禍患就愈擴大而深刻了。現今社會上那種驚人的墮落——體力的墮落，道德的墮落——一大部分都是這個原因！

男生大多在很年輕時就接觸吸菸了，在這時期，他們的身體和腦筋，特別易受外界的影響，一旦有了吸菸的習慣，身體的發育就受阻礙，智力就變得遲鈍，道德也日趨腐敗。

然而現今的父母、教師、神職人員等，既都留下吸菸的榜樣，我們還有什麼方法可叫兒童明白菸的害處呢？我們往往看見很小的孩子，還沒有脫離童年的時代，已在那裏吸菸了。若有人去叫他不要吸菸，他就要說：「我的父親也吸菸的。」他還要指著牧師或主任說：「某某人，他也吸菸的，我跟著他學，有什麼害處呢？」甚至有許多從事於節制運動的人員，也沉溺於吸菸的惡習。這種人能有什麼力量來制止放縱之進行呢？

我（懷氏自稱）對凡承認自己是信從上帝之道的人，有所請求：你們既為基督徒，能容這種污穢的嗜好來麻醉你們的智力，剝奪你們對於永生產業的正確估計嗎？你們能天天同意去剝奪那應歸

於上帝的服務，並剝奪你們的同胞，使他們不得你們的服務和榜樣嗎？

上帝把金錢交在你們手裏，你們做祂的管家有否想到自己的責任？你們把上帝的金錢花費在吸菸上的有多少？你們把一生所花費的金錢一一計算起來，花在這種污穢嗜好上的錢，與捐作賙濟窮人宣傳福音的錢比較起來，相差幾何？

沒有一個人是需要吸菸的，然而千萬的人卻因為缺少了金錢，正在死亡。這些金錢用在菸草上，是比白白丟掉更有害。你是否在那裏濫用上帝的財物？有否搶劫上帝和人類的權利的罪名？豈不知你們「不是自己的人，因為你們是重價買來的！所以要在你們的身子上榮耀上帝。」（林前6:19-20）

致醉的酒

「酒能使人褻慢，濃酒使人喧嚷；凡因酒錯誤的，就無智慧！」（箴20:1）

「誰有禍患？誰有憂愁？誰有爭鬥？誰有哀歎？誰無故受傷？誰眼目紅赤？就是那流連飲酒，常去尋找調和酒的人！酒發紅，在杯中閃爍；你不可觀看！雖然下嚥舒暢，終久是咬你如蛇，刺你如毒蛇！」（箴23:29-32）

人的文字，描寫在酒下犧牲、墮落、做奴隸的景象，沒有比上面的這段話更真切、更透徹的了。酒能挾制人、令人墮落，甚至人雖然覺悟了自己的困苦不堪，也沒有能力脫離酒的桎梏。「仍去尋酒。」（箴23:35）

酒在人身上的害處，我們也不用辯論了。那昏迷朦朧，形態狼籍的人——耶穌為他死，天使為他哭的人——到處都有。這種人是我們所展示的文化污點，是世界上各國各族的恥辱、危險和咒詛。

至於酒徒家中那困苦絕望的景象，又有誰能描摹呢？試想他那優嫻秀雅的妻子，伴著這樣一個被酒化成的惡魔酒鬼。再想那些天真爛漫的兒童，非但享不到家庭的安樂、教育，和訓練，反而在那本該作他們保障和榮耀的父親的淫威之下恐怖度日。他們承受羞辱地來到世界，往往還有貪酒的性格遺傳在身。

再想酒在每天造成的許多可怕的不測之事。在鐵路上某職員疏忽了一個信號或是誤解了一個命令，火車向前直馳，與對面的快車撞了，死傷的人很多；一艘船觸了礁，全船的人都葬身魚腹。事後調查，原來是身負重任的某職員醉酒失職所致。那身負許多人生命之責的人能喝多少酒呢？他除非絕對地把酒戒除，就不能負什麼責任。

淡酒

人若從遺傳方面有什麼貪愛不自然刺激食物的嗜好，那麼無論酒、啤酒以及果子酒等，一概應該遠避，連看也不可給他看見，免致常常受引誘。（譯者注：果子酒原文作cider，是用果子榨汁，如蘋果汁、梨汁等類。此種果汁存貯稍久即發酵，如我國之酒醸。）許多人以為甜的果子酒，是無害的，所以就毫不躊躇去買來喝，然而果子酒經不得多時就會發酵，發酵以後那辣味，似乎反覺開胃可口，喝的人更往往不肯承認所喝的已是發了酵和有害的。

普通市上所售的果子酒，即便新鮮的，也於衛生有害。若是人能從顯微鏡中看見所買的果子酒，恐怕沒有幾個人要喝了。製造果子酒的人，對於所用的果子往往不十分小心，連那腐爛，生蟲的蘋果也拿來榨汁。腐爛生蟲的蘋果，誰都不要吃的，但是爛蘋果的汁，大家喝了還以為是好東西。不過從顯微鏡中看來，這種所謂可口的飲料，即使是才從榨床上榨出的，也是完全不適合供人享用。

飲酒足以醉人，蘋果酒、啤酒、酒，也一樣足以醉人。用這些飲料，會激起嘗試較濃烈飲料的欲望，於是飲酒的嗜好，便養成了，淡酒，乃是一般人受訓練成為酒徒生涯的學校。不過這淡酒的作用是如此地陰險難察，以致一般人還沒有疑到危險時，卻早已走上了醉漢的大路了。

有一些人雖然沒有真正地醉過，卻是時時置身在淡的麻醉物勢力之下。他們常呈熱狂之象，腦筋也錯亂失常。由於自覺沒有危險，以致天天喝那淡酒，終致人格上的一切保障完全破除，一切原則盡都犧牲，最強的決心也被消滅，最高的意志都不足使墮落的嗜好克服在理智之下。

《聖經》從來不讚許醉人的酒，耶穌在迦拿用水所變成的「酒」，純是葡萄的鮮汁，就是「葡萄中尋得新酒」，就是《聖經》所說「不要毀壞，因為有福在其中」的新酒。（賽65:8）

在舊約《聖經》中曾有警告以色列人的話說：「酒能使人褻慢，濃酒使人喧嚷，凡因酒錯誤的，就無智慧。」（箴20:1）耶穌既親自警告人不可飲酒，自必不會自己造酒。撒但誘人在凡足以蒙蔽理智，使人靈性眼光模糊的事上放縱，耶穌則教我們克服卑下的

品性。祂絕不把誘惑放在人腳前。祂的一生為人，是克己的模範。祂在曠野禁食四十天，為我們受人類最嚴酷的試煉，也無非是要打破口腹的權勢。吩咐約翰不可喝濃酒和淡酒的是上帝，命令瑪挪亞的妻子實行節制飲食的也是上帝。耶穌不會違反自己的教訓。祂在婚筵上所拿出的未發酵的葡萄汁，實是一種可口滋補的飲料，也就是救主和祂門徒設立聖餐之禮時所用的葡萄汁。現在我們每次舉行聖餐禮時，也應該用同樣的葡萄汁來代表耶穌的寶血。聖餐的用意，原是要復興人的靈性，賜人以新的生命，絕不能涉及什麼能引起罪惡之事的。

既是《聖經》的話，天然的定例，和我們的理智，對於飲酒一事都有明確的警戒，那麼做基督徒的人，怎能從事於造酒和果子酒的事業，或把田間的出產來供應釀酒者的需要呢？若果他們愛鄰舍像愛自己一樣，焉能幫同惡人在鄰舍的路上張置羅網呢？

父母的責任

不節制的習慣，往往是在家庭中開始的。先是消化器官因為常吃油膩不衛生的食物而衰弱，一種愛吃含刺激性食物的欲望，就從此而生。這種欲望愈久愈深，也愈難遏止。到後來，身體內部就或多或少地藏著毒質，毒質愈多，各器官的功能也就愈減退，而對於刺激物的需要也愈甚。一步走錯，滿盤皆輸。有許多人本不願把酒放在桌上的，然而因為他們的飲食不適當，以致引起一種嗜酒的欲望，使他們幾乎不能拒絕酒的引誘。所以飲食的不慎，足以毀壞健康而大開醉酒的門戶。

如果我們能在那構建和養成社會之青年人的胸中，種下節制的

真旨，不久我們就不必有什麼禁酒的運動了。但願做父母的人，應該在家庭之內開始提倡節制，從小就教訓兒童服從正義，那麼節制運動的成功就有希望了·

幫助兒童養成良好的習慣和純潔的個性，做母親的人有責任要盡，要培養良好的飲食觀；教兒童摒棄刺激性的食物。使他們長大起來有堅強的道德力，足以抵禦周圍的惡影響。又要教他們不可盲從別人去走錯路，以致他們不但不屈服於強烈的惡勢力，反而要去感化別人行善·

個人的責任

世人為節制運動奮鬥，所費的力已是不少，可是有許多時候，所費的力沒有用在適當的地方。提倡節制運動的人，應當覺悟飲食中的香料、茶、咖啡，和一切不衛生食物的害處。我們對凡從事節制運動的人，謹祝他們一路成功；不過同時我們還得請他們作更進一步的研究，要注意他們所攻擊的惡魔的根源所在，一致進行，沒有什麼矛盾。

智力與道德力的平衡，大部分是在乎身體各部運行的平衡。這個定理是必須在人民面前宣傳的。一切麻醉劑和不自然的刺激物，凡足以戕弱體力的，也足以削減道德和理智的功能。不節制是現今世上道德墮落的根本原因。人既放縱於卑下的食欲，就因此失去抵拒引誘的能力。

在這些方面，提倡節制運動的人，有一種工作要做，就是使人們明白用刺激物來興奮已竭的精力，使之作不自然的狂熱活動，並

危及品格、身體健康、性命。

談起茶、咖啡、菸、酒，唯一的安全辦法，就是不要摸、不要嚐、不要拿。茶和咖啡一類的飲料與菸酒有同樣的作用。有的時候喝茶喝咖啡的人，要他們戒茶戒咖啡，真像吸菸喝酒的人要他們戒煙戒酒一樣地難。用這種刺激物的人，一旦實行戒除，起初必覺難堪，好像失去了什麼似的，然而若能堅持到底，必能克服嗜好，那種欠缺的感覺，也終必完全消滅。人身的天然作用，也許需要一些時間來恢復已往的傷害，但是只要給它相當的時間和機會，它必漸漸恢復，依舊好好地盡它的職務。

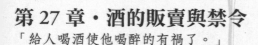

第 27 章・酒的販賣與禁令

「給人喝酒使他喝醉的有禍了。」

「那行不義蓋房、行不公造樓、……有禍了！他說：「我
要為自己蓋廣大的房、寬敞的樓，為自己開窗戶。」這樓
房的護牆板是香柏木的，樓房是丹色油漆的。「難道你作
王是在乎造香柏木樓房爭勝嗎？……你的眼和你的心專顧
貪婪，流無辜人的血，行欺壓和強暴。」（耶22:13-17）

酒販的行為

以上的一段話，是釀酒和販酒之人行為的寫照。他們的營業，
無異盜劫，因為他們收人家的錢，沒有給以相等價值的貨品。他們
每得一塊錢，反使花錢的人多受一分災禍。

上帝以祂的寬宏大量，把福氣賜給人類。世人若能善用上帝的
恩典，世界就不致有今日的貧窮和困苦！只是人的罪惡，把上帝的
恩典轉成了咒詛。為了貪財的欲望和口腹的嗜好，人就把上帝所賜
給我們養生的五穀和果子化成造禍作孽的毒物。

人們每年所喝的酒，何止幾千萬桶。花了成千累萬的金錢，無
非是買來些困苦、窮乏、病痛、墮落、情欲、罪惡、死亡。為了要
賺錢，販酒的人就用傷害身心的東西分給那遭他禍害的人，把貧窮
和困苦引進喝酒之人的家庭。

喝酒的人死了，酒販的刻薄手段還不停止。他還要向寡婦搶
奪，使孤兒淪落為乞丐。那破殘家中所有的生活費，他也毫不猶豫

地接受，作為那男人的酒帳。孤兒的哀求、寡婦的眼淚，只能沖激他發怒而已。他們餓死，於他有什麼相干？他們墮落流離，在他眼中算得什麼一回事？他把別人引進絕境，搜刮別人的脂膏，來肥自己的口袋。

許多酒家、娛樂場所、法庭、監獄、醫院、扶貧慈善機關、精神療養院，都擠滿了人。這種現象，大部分可說是酒販的成績。販酒的人像《聖經》啟示錄上所說的巴比倫一樣，是以奴僕和人口作買賣的。酒販的後面，就是那偉大的滅命者（撒但）。他用盡了人間和地獄裏所有的一切詭計和誘惑，把人罩入他的權威之下。不論在城中、在鄉間、火車和輪船上、營業之處、遊戲場、藥房內，甚至於教會裏聖餐的桌上，也都有了酒的陷阱。凡是能激發酒的嗜好，養成愛酒的欲望的計策方法，無不盡量地用盡用絕。無論走到哪裏，都可以看見那燈紅酒綠的酒館，興高采烈地在那裏歡迎一般勞苦的工人，閒蕩的富家子弟，和無知的青年。

在私人的餐廳裏和時髦的娛樂場所中，女子也可得一般時髦的飲料。這種飲料，名雖好聽，其實就是醇酒之類。至於報紙廣告上的所謂「提神壯力」及「最適合病後調理」的藥劑和飲料，大都也含著酒精的成分。

為要養成兒童喝酒的習慣，人們就把糖果裏面也加了酒精，而在糖果店裏出賣。販酒的人便用這種糖果誘兒童到他的酒館去喝酒。

這種破壞的工作，日積月累地進行。許多做父親做丈夫做兄長的人——國家的柱子和光榮——高頭闊步地往酒吧走去，而出來時

卻變得衰弱殘廢、狼狽不堪。

尤可怕者，酒的咒詛已經達到家庭的中心了。婦女喝酒的，已日見眾多。在許多家庭中，連那無知無罪的嬰孩，也因著喝酒的母親的疏忽放蕩而天天處在危險的境地。在這種危險黑暗的可怕惡影響之下，幼稚的男女兒童，一天一天地長大起來。試問他們的前途有什麼光明可言？他們的墮落，難保不比他們的父母更深！

酒的毒害，竟至從一般所謂基督教的國家，傳到拜偶像的區域去教那可憐無知的野蠻民族喝酒。但是那迷信邪教的人民中間，也有知識高尚的人起來反對，指酒為可怕的毒物，要保護他們國土不受這種禍害，只是他們的奔走呼號，卻沒有什麼成效。煙、酒、鴉片，盡由所謂文明的民族硬放在信奉邪教的人民頭上。所以那野蠻人民放浪不羈的性情，再加上酒的刺激，便把他們直拖到空前的墮落之中。現在再要派教士去救，已是近乎絕望的事了。

崇奉邪教的人，與基督徒之邦接觸，本該從他們而認識上帝。可是情形恰是相反，基督徒引他們走到罪惡的路上，竟使他們全族全群滅亡。為了此故，文明之邦的人民，就在世界的黑暗之處受怨恨。

教會的責任

酒的事業，在世上確是一股強大的勢力。它有金錢的威權，習慣的魔力，和嗜好的權勢。即使在教會裏面，也能感覺到這種勢力。往往有些所謂「名譽高尚行為端正」的教友，卻是直接或間接地由酒的事業上賺錢的。他們對於各項捐款和慈善事業，大多慷慨

得很。教會的事業和牧師們的薪水，也得他們的接濟。因為有錢，別人也似乎另眼看待他們。凡接受這種人做教友的教會，實際上無異是在擁護酒的事業。往往做牧師的人，沒有履行正義的膽量，不敢對教友們宣佈上帝對於販酒者所說的話。他若是坦白直言，也許要得罪大眾，失去自己的聲譽，犧牲掉自己的薪水。

只是教會的裁判之上，還有上帝的裁判。那曾對世界上的第一個兇手說，「你兄弟的血，有聲音從地裏向我哀告」（創4:10）的上帝，祂絕不接受酒販獻在祂壇上的禮物。凡想要借慷慨的捐款來掩飾罪惡的人，是要惹起上帝怒氣的。他們的金錢，有血的污跡，是帶著咒詛的。

> 「耶和華說，你們所獻的許多祭物，與我何益呢？……你
> 們來朝見我，誰向你們討這些，使你們踐踏我的院宇呢？
> 你們不要再獻虛浮的供物，……你們舉手禱告，我必遮眼
> 不看；就是你們多多的祈禱，我也不聽；你們的手都滿了
> 殺人的血。」（賽1:11-15）

酒徒並不是一無所能的。他們也受天賦的才能，可以榮耀上帝，福惠人群。只是有些人在他們的路上設了陷阱，在他們的墮落和失敗上，建設了自己。當他們做了犧牲者，一生在困苦慘絕的境遇中討生活之時，那搶劫陷害他們的盜賊，卻在那裏奢華作樂。但是那令酒鬼進入敗亡的人，上帝是要向他算帳的。那位治理諸天的上帝，未嘗看不見酒徒所處境地的前因後果。祂既養活雀鳥，裝飾田間的花草，必不目睹那依祂自己形像而造，經祂自己的血贖來的人受害而不顧，祂也絕不塞耳不聽他們的哀告。人間一切造成困苦

愁怨的罪惡，上帝都注意的。

世人和教會對於謀財害命的人縱能姑息容忍，縱能向那引人步步墮落者含笑點頭，但是上帝鑒察分明，必按公義審判。世人雖然把販酒的人當作成功的商人，但上帝卻說，「他有禍了。」酒所帶到世界上來的一切慘毒、困苦、煩惱，都要由他負責。那無衣無食流離失所、一生福樂喪盡的孤兒寡婦的苦況，都寫在祂的帳上。那未及準備得到永生之人的性命，上帝要向他討索。凡是幫助維持販酒的人，都要分擔他的罪名。對這些人，上帝說，「你們的手滿了殺人的血。」

酒業執照

許多人認為酒業登記及執照的規定可以限制酒的害處。但是一經登記領照，酒便受法律保護了。當局既發給執照，無形中即是讚許酒業，名為限制，實則慫恿，於是酒廠可以隨處林立，酒販也竟可以到人家中挨戶兜售，上門勸飲了。

法律往往禁止賣酒給那些常常醉酒鬧事的人，然而把大好青年造成酒徒的工作，卻仍在那裏天天進行。原來酒商的營業命脈，全賴乎養成青年人喝酒的嗜好，把他們一步一步地引進牢籠，終至喝酒的習慣造成，貪酒的嗜好養成，為要滿足這種嗜好，就不惜任何犧牲了。

酒一經發照公賣，一般誠心願意改革的人，就要常常受引誘。社會設了機關要幫助受煙酒之害的人戒除他們的惡習，這本是高尚的事；然酒既在法律之下存在，不節制的人就不能從戒酒機構得什

麼實益。他們不能永久住在那裏的，還得回到社會上做人。他們喝酒的癮雖已壓平，卻沒有完全消滅；一有各方面的誘惑來侵，他們往往就輕易地重入牢籠了。

人若有一口野性難馴的牲畜，既知道它的野性而又不關住它，那麼它到外面去闖的禍，按法律是要主人負責的。照從前上帝所宣佈給以色列人的法律，人若知道自己的牲畜性野而竟容它出去傷人致死，那麼他必須以命抵命；因為他不是疏忽，便是故意害人。據這理來講，若是政府發給執照容人賣酒，則酒所造成的禍害，也必由政府負責。放一頭凶野的牲畜在外傷人尚須抵命，那麼准酒通行的罪，又是何其重大呢！

人喝酒後在理智上的損失，與生命方面上帝形像的消失，以及子女的流離墮落，再加上終身遺傳的禍害，這種損失，拿什麼來補償呢？

禁酒

飲酒成癮的人，真可說是處於絕望之境了。他的心志失了常態，意志力十分薄弱。從他本身講來，他的嗜好是完全無法制伏的了，任你去同他論理勸戒，他終不能約束自己，被拖進了罪惡的洞穴。那賭咒發誓不喝酒的人，只要看見酒杯，就會抓住不放，一杯下嚥，所有的好志願和決心都消散了。那荒唐的父親，只求自己酣暢；愛妻的眼淚和兒女的飢餓襤褸，一概置之度外。法律准酒公賣，真無異是縱容國民的墮落，眼見那充斥人間的作孽營業而不阻止。

這種禍患難道就是這樣下去嗎？誘惑的門，真要從此大開，使生靈天天要奮鬥掙扎嗎？文明的世界豈真要永遠留著不節制之禍害污點嗎？酒像濃烈的火焰，我們真要讓它每年吞滅千萬歡樂的人家嗎？一隻船若在近岸之處沉沒，岸上的人絕不觀望。他們冒上自己生命之險，努力去救船上的男女免遭滅頂之禍。今日要救世界上的酒徒的命運，真是需要何等更大的努力啊！

販酒者所害及的人，不僅是喝酒者和其家族，所造的孽，不單是鄉里間稅務的負擔。人與人的相處，彼此有縱橫密切的關係，凡是臨到人身無論哪一部分的禍患，無不連帶危害大眾。

有許多人因為名利的關係，或為了省事，不肯出力擁護禁酒的運動，待至看見自己的子女們受了酒的影響，誤入歧途，周圍犯罪作惡的事日見猖獗，財產不穩妥，生命也不安全，水上陸上覆車沉舟的慘劇天天增多，平民窟中污穢的疾病，侵入了繁華豪富的人家，高雅門中的青年子弟，踏入了卑賤下流的路上。那時他才知道酒的害處，原來也關及他個人的。可是這種覺悟已是太遲了。

從事於酒業的人，沒有不害及別人的，所以凡欲謀自身安全的人，不可不竭力撲滅酒禍。

政府各機關之中，立法院與審判廳尤其應該指出酒的禍害。省長、議員、人民代表，以及審判官等，掌了一國司法立法之權，國人的名譽、生命、財產，都在他們的手中。這種人應該絕對地在飲食起居方面節制有度，才可以有清楚敏銳的大腦，來鑒別是非，才可以有大公無私的精神和主義，來執行公理，施布恩慈。但是事實到底怎樣呢？立法員、陪審員、律師、證人，甚至正式的審判官，

有多少是在那裏花天酒地，以致思想模糊，是非心錯亂的啊！他們所定的法律，有多少是苛橫的，所定的死罪，有多少是無辜的啊！有許多這種執政的人員，是「勇於飲酒，以能力調濃酒的人，」是「稱惡為善，稱善為惡，」「稱惡人為義，將義人的義奪去」的人（賽5:22-23）。

> 「禍哉，……火苗怎樣吞滅碎秸，乾草怎樣落在火焰之中，照樣，他們的根必像朽物，他們的花，必像灰塵飛騰；因為他們厭棄萬軍之耶和華的訓誨，藐視以色列聖者的言語。」（賽5:24）

為求上帝的尊榮、國家的穩固、地方的福利、家庭的快樂、個人的安全，我們必須各出全力，喚起民眾，來與酒魔奮鬥。誰肯伸出堅強的手，攔住酒的破壞工作呢？以目前的情形，我們的戰爭還未算是開始。我們急須打退那驅人瘋狂的酒之營業，來廣傳酒的禍害，來造成禁酒的公論和民意，替狂飲的酒徒開一條脫離奴役的出路，來鼓動全國人士，一致起來，要求當局下令禁止這種害人的營業。

> 「人被拉到死地，你要解救；人將被殺，你須攔阻。你若說，這事我未曾知道；那衡量人心的，豈不明白嗎？保守你命的，豈不知道嗎？祂豈不按各人所行的，報應各人嗎？」（箴24:11, 12）「那時你還有什麼話說呢？」（耶13:21）

論‧健康佈道
Ministry of Healing

第六篇‧家庭

人生乃是一所訓練學校，

父母和子女要從其中畢業，

升入上帝居所中的高級學校。

第 28 章・家庭的服務

沒有什麼傳道的區域,是比那交託於父母的責任更重要。

　　人類的恢復和提升,是從家庭開始的。父母的工作,是其他每一種工作的基礎。社會是由家庭所組織的,所以社會如何,全在乎家長如何。人的「生命之源」是出於心,家庭便是社會的心、教會的心、國家的心。而社會的安寧、教會的興旺、國家的強盛,端賴乎家庭的影響。

　　家庭生活的重要和機會,在耶穌的身上是顯得很明白的。祂從天上來是做我們的模範和師傅,卻也在拿撒勒的家裏住了三十年。關於祂這三十年的生活,《聖經》的記載是很簡略的。沒有什麼偉大的神蹟,足以引起人們的注意,也沒有熱心的民眾跟著祂,要聽祂的教訓;然而在這三十年之內,祂正是在成全祂神聖的使命。祂像我們一樣,在家中過生活,服從一切家庭裏的教訓,盡家庭裏的義務,負家庭裏的擔子。在一個卑微的家庭蔭蔽之下,過著與常人甘苦相同的生活,祂的「智慧和身量,並上帝和人喜愛祂的心,都一齊增長。」(路2:52)

　　在這些幽居的年歲之內,祂的為人,總是幫助人,向人表憐憫。祂的不自私和耐苦的精神,祂的忠誠不懈的勇氣,祂的抵禦罪惡的能力,和祂的永久和平鎮靜愉快的態度,常足以使別人受鼓勵。祂把一種純潔甜蜜的空氣帶進家庭,祂的生命像酵在社會起了作用。沒有人說祂曾行過一件奇事,然而祂的德行──愛的醫治之力──卻從祂的身上發出,惠及一切痛苦、受罪、患病、傷心的

人。從年幼的時候，祂就在無形之中服事於人，所以等到祂開始公開傳道的時候，許多人無不樂於聽從祂。

救主的幼年，不但足為青年的模範，也是使作家長的得教訓，足為父母的鼓勵。人若要為同胞謀幸福，家庭和鄰舍，便是他工作範圍的出發點。所以家長的地位，比任何地位更為重要；父母的責任，尤比其他人的責任更沉重，更遠大。

社會的前途，視今日的兒童和青年而定；兒童和青年的造就，便在家庭的身上。現在使人類受咒詛的疾病、煩惱、痛苦、罪惡，若追根究柢，大部分不能不歸咎於缺乏正當的家庭教育所致。若是在家庭之中，能有純潔真實的生活，使凡從家庭中出去的兒童，對於人生的一切義務和危險，都有了相當的準備，那麼世界上將有多麼大的改變啊！

為營救那些被惡習慣所害的人所費的金錢和精力，幾已無限，所設立的事業和各種機關，亦是不少。但這種種的設施和經營，尚不足以應付大需要。所得的效果，是何等地微少；所拯救的人，是何等地寥寥無幾呢！

多少人想求一個更美滿的生活，只是他們都缺少擺脫惡習慣的勇氣和決心。要他們奮鬥、努力、犧牲，他們就退避後向，於是他們的一生終致毀壞了。雖是最聰明、最有高尚志願的能力及前途最有希望的天生奇才，也竟因此墮落，失了今生，也失了來生。

就說那些戒除惡癮成功的人吧！他們所經過的奮鬥，也是何等辛苦費力啊！他們的一生，因惡習而使身體支離敗壞了，意志薄弱

了，腦筋糊塗了，靈命衰微了，他們多數是收穫了自己以前所種的惡果。要是他們能早點明白，防患未然，那豈不要好得多嗎？

這種教育工作大部分是在父母的身上。在現今的節制運動、拒毒運動，和其他去除毒害社會的種種罪惡之工作方面，我們若能多注意父母的狀況，使他們知道怎樣可以使兒女有良好的習慣和品格，則所收的果效就可以百倍於今了。人的習慣，在惡癮方面有十分可怕的勢力，但是做父母的，也能夠把習慣的惡勢力翻轉過來，使向於善。好像一條河流應在源泉之處加以導引，而這種責任就在父母的身上。

父母可以為自己的子女打下一生健康快樂的根基，可以使他們在未出家門以前，就有穩固的道德，足以抵抗誘惑，和充足的勇氣能力，足以與人生的種種困難奮鬥而取勝；可以使他們的心裏找到人生目的，養成生活能力，叫他們生存於世，為上帝增光榮，為人類增幸福；可以在他們腳前開正直的大道，經過陽光照耀的平原，或經過蔭翳密蓋的幽谷，都達到華美富麗的高天。

基督徒的家庭是世人的表率

家庭的使命，不僅是關乎一家之人。基督化的家庭，須做一個表率，向人類顯出人生真諦的美妙。這樣的一個表率，有使世界趨善的力量。一個真實的家庭，其所有化民成俗的勢力影響，要比任何演講的影響都大得多。青年人從這樣的家庭裏出來，他們所受的教訓也就傳及別人，於是別的家庭也就得了更高尚的生命原理，而鄉里之間也受了良善提升的影響。

對於客人的款待

我們的家庭，還可以使許多人受惠。我們的社交，不應該遵照世俗的方式和禮規，乃應以耶穌的靈和祂的教訓為根據。以色列人在一切宗教的節期和社交的宴會中，常把窮人、陌生人、利未人（利未人是聖殿裏祭司的助手，也是教師和傳道士）列入，同享慶祝之樂，並且這等人遇有患病，或遭困難之時，也可以得到優待和照顧。我們的家裏也應該接待這類的人。那些傳道的護士和教師，多愁多慮勞苦的母親，或年老衰弱、無家可歸、在貧困和種種苦惱之中掙扎的人，我們若能這樣地歡迎他們，就多麼可以激勵他們，使他們快樂呢！

> 「你擺設午飯或晚飯，不要請你的朋友、弟兄、親屬、和富足的鄰舍；恐怕他們也請你，你就得了報答。你擺設筵席，倒要請那貧窮的、殘廢的、瘸腿的、瞎眼的，你就有福了；因為他們沒有什麼可報答你；到義人復活的時候，你要得著報答。」（路14:12-14）

你們接待這種客人，不致有什麼重大的擔負。你們不必設什麼貴重浪費的筵席，不必有什麼華貴的陳設。只要你們能顯出一種熱忱的歡迎，在你們的爐邊食桌上和家庭禮拜的時候，給他們留一個座位，許多人就視為天上的一線曙光那樣可喜。

我們的愛心和同情心，應流出自身和家牆的範圍之外。凡肯以自己的家庭使別人蒙福的人，都有絕好的機會。交際的影響，有莫大的勢力。我們只要願意，就可以在交際方面濟助四周的人。

我們的家庭，應該作那些受誘惑的青年之避難所。如今有許多青年子弟，是在善惡交叉的岔路口。每一分印象，每一點影響，就足以左右他們的路程，而定他們今生與來生的命運。罪惡向他們招手，歡迎每一個來者，它的樂趣是多麼炫耀，多麼迷人啊！在我們的左右，隨處都有青年人，因為沒有家，或有家而其家不足以扶助他們，提攜他們，以致他們沒有歸宿，進入罪的道路。在我們家門的影子所到的地方，他們卻在墮落，向下沉淪。

這些青年人需要一隻同情的援手。幾句仁愛的話，只要真切地從我們口中說出；一點照顧之意，只要誠懇地從我們心中發出，就足以掃除別人靈性上一切誘惑的烏雲。同情之心的真表示，能夠開啟他人的心門。原來人的心是需要基督化的言語之香氣的慰藉，和耶穌仁愛精神的輕撫的。若是我們肯顧恤青年人，請他們到我們的家裏來，使快樂激勵的好氣氛圍著他們，那麼有許多人是極願調轉腳步向上走的。

人生的機會

我們在世的光陰是短促的，我們做人也只能做一世；所以我們活著時，總要勉力從事，莫辜負了這一生。我們所要做的工作，並不需要什麼富足財產、社會高位、宏大的才幹；只要有一般仁愛犧牲的精神和堅定不移的宗旨就行了。一盞燈雖然渺小，只要長明不滅，就足以燃著許多別的燈。看上去我們的勢力範圍雖然狹窄，我們的才能雖然有限，我們的機會雖然稀少，我們的學識雖然淺薄，但只要我們能在家庭方面善用機會，我們就有絕大的可能。如果我們能開心領受神聖的生命原理，我們就能夠成為流布生命之力的河

道。從我們家裏能流出療治的恩水，使一般荒蕪死灰之地，現出生命美麗和豐腴的景象。

第 29 章・家庭的建造者

「房屋因智慧建造，又因聰明立穩。」

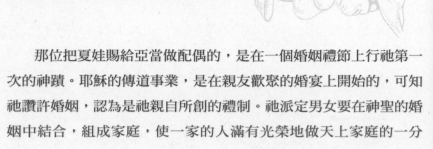

　　那位把夏娃賜給亞當做配偶的，是在一個婚姻禮節上行祂第一次的神蹟。耶穌的傳道事業，是在親友歡聚的婚宴上開始的，可知祂讚許婚姻，認為是祂親自所創的禮制。祂派定男女要在神聖的婚姻中結合，組成家庭，使一家的人滿有光榮地做天上家庭的一分子。

　　耶穌因為尊重婚姻的關係，就把婚姻拿來代表祂與祂所救贖之人的關係。祂自己是新郎；教會是新婦，是祂所專愛的。祂對教會說：「我的佳偶，你全然美麗，毫無瑕疵。」（歌4:7）

　　《聖經》上說，耶穌「愛教會，為教會捨己；……把教會洗淨，成為聖潔，……毫無玷污。」（弗5:25-27）「丈夫也當照樣愛妻子。」（弗5:28）

　　家庭的關係是地上最親密、最恩愛、最神聖的關係。它原是為謀人類幸福而設的。人若能以審慎的理智，敬畏上帝的態度，和相當的責任心去訂立婚約，那麼婚約對於人確實是一種幸福。

　　凡計畫結婚的人，應當注意他們所要組織的家庭，將屬何等性質，將有何等影響。他們做了父母後，就要負起一種神聖的責任。子女們今世的生活興趣和來世的幸福，大半要由他們鑄造；兒童的體格和德性，大都也要由他們塑定。社會的狀況，也要看各個家庭的性質為轉移；各家的勢力影響，都要在社會的天秤中占一分重

量，左右社會的局面。

終身伴侶的選擇，務要以父母和子女雙方德育、智育，和體育的幸福及健全為目的，務要使父母和子女都能為人類謀福利，為造物主爭光榮。

青年男女在尚未扛起婚姻的擔子之前，對於生活的種種義務和責任，應得先有一種切實的經驗和準備。早婚是不可取的。像婚姻這種關係重大、影響深遠的事，是不應當在智力和身體尚未充分發育及毫無準備之時貿然進行的。

男女雙方或許沒有許多屬世的金錢，但他們應有比金錢更貴重許多的健康福分。至於雙方的年齡，通常也不可相差太多，否則年幼的一方，必在健康方面大受虧損。而且將來的兒童，也往往不能有充分的體力和智力，因為他們不能從年老的父母身上得著他們那幼稚的生命所需要的照護和陪伴。萬一父親或母親有什麼不測，那麼他們就要在最緊要的關頭，失去了愛護和引導。

婚姻的契約，只有在耶穌中訂立，才是安全穩固。人的愛應從上帝的愛中提取最緊密的關係。只有耶穌在人心中作主，人心才會發出深切真誠的捨己之愛。

愛是一種極可貴的禮物，是我們從耶穌那裏得來的。真正聖潔的愛情，不是一種情感，乃是一種主義。凡是胸中存著真愛的人，不是沒理性的，也不是盲目的。他們是受了聖靈的教導，而愛上帝超乎一切，愛鄰舍像自己。

但願正在考慮婚姻問題的男女，要權衡每一份情感，要注意對

方——所要結為終身伴侶之人——每一品格上的發展。婚姻結合的進行，每一步驟都當含有真誠懇切和貞潔的精神，和切心討上帝喜悅榮耀上帝的性質。原來婚姻對於人生，關及今世和來世。忠誠的基督徒，必不至於斷定上帝所不能許可的計畫。

諸位若幸而有敬畏上帝的父母，你便應當徵求他們的意見，把你的希望和打算，陳明在他們面前，從他們的生平經驗上學習教訓，如此你就可免卻許多心的創痛。最要緊的，要把耶穌當作你的顧問。要帶著禱告去研究祂的話。

青年女子要在這種指導之下，只接受那純潔、剛強、有大丈夫品格、勤儉、有志氣、誠實、忠厚、敬畏上帝的男子，為她終身的伴侶。青年男子要尋求那能勝任婦人的擔子，能有高超的影響，能抬舉他，陶煉他，能用她的愛使他快樂的女子，做他永久的配偶。

《聖經》上論到賢德的婦人說：「賢慧的妻，是耶和華所賜的。」「她丈夫心裏倚靠她，……她一生使丈夫有益無損。」「她開口就發智慧；她舌上有仁慈的法則。她觀察家務，並不吃閒飯。她的兒女起來稱她有福；她的丈夫也稱讚她，說：才德的女子很多，唯獨你超過一切。」（箴19:14；31:11-12, 26-29）得到這種妻子的人，便是「得著好處，也是蒙了耶和華的恩惠。」

婚後的生活

人對於婚姻的問題，無論考慮得多麼謹慎周詳，終沒有幾對男女可以說在結婚的時候就已是完全結合了。真正的結合，是結婚以後年長月久的一回事。

男女既結了婚，生活的擔子和煩惱就一一地向他們迎面而來，戀愛時代的幻想和希望都消逝了。男女互識對方的品格，是以前交際時所無可知悉的．這個時期實是夫婦同居生活上最危急的時期。他們前途的一生幸福，全在乎他們能否在這個時期作相當的應付，走在適當的路上。往往他們要發覺對方有種種以前所想不到的短處和弱點；然而他們的心中若有真正的愛，也必能彼此看出以前所未見的長處。但願他們只求對方的長處，不求短處。我們對於別人的觀察，往往因我們自己的態度和當時的情形及環境而不同。有許多人以為把愛顯在臉上是懦弱的表示，所以就時刻表現著一種冷淡固守的神氣，恩愛和諒解的熱流，於是就不能通過。情感既受遏止，就漸漸枯焦，心也變得冷而硬了。我們要謹防這種大錯。愛沒有表示是不能長存的。不要讓那同你連著的心，因得不到仁慈和同情而餓死。

「用愛心彼此原諒」

雖有困苦艱難和灰心的事發生，但丈夫和妻子絕不可想他們的結合是一種錯誤或失望，終要盡心盡意地滿足彼此，持續初戀時代的恩愛。在一切方面要盡力鼓勵對方，作生活的奮鬥，謀對方的幸福。要彼此相愛，彼此體諒。若能如此，則結婚非但不會成為戀愛的墳墓，反而可成為戀愛的開始。那真友誼的熱情，和心心相印的愛情，是人對於天上之樂的預嘗。

每一個家庭之中，有一個神聖的範圍是不可破壞的。在這個範圍之內，別的人是無權可以進來。無論丈夫或妻子，不可讓別人來分享他們對於對方所獨有的信任。

夫婦之間，要彼此相愛，不要苛求對方的愛。自己有什麼高尚的品格，要培植修養；對方有什麼長處，要速於認出。能得到別人的理解，乃是一種極大的滿足和激勵。同情和敬愛能夠鼓勵人上進，同時愛情也隨其更高尚的意旨而增加。

丈夫或妻子都不要把自己的個性泯滅在對方的個性之內。各人對於上帝都有一種個人的關係。論到上帝，各人要自問：「什麼是正當的？什麼是不正當的？我怎能最圓滿地去成就人生的目的呢？」你們的敬愛之心，要向那位為你們捨命的救主暢流，在一切事上把祂視為最先、最後、最好的一位。你們愛耶穌的心既日就深切強固，夫婦間的愛也就會格外純潔堅強了。

耶穌對我們所表示的愛，就是丈夫和妻子間所應有的愛。《聖經》上說：「要憑愛心行事，正如基督愛我們。」「教會怎樣順服基督，妻子也要怎樣凡事順服丈夫。你們作丈夫的，要愛你們的妻子，正如基督愛教會，為教會捨己。」（弗5:2, 24-25）

丈夫和妻子都不可用專制的手段彼此壓制。不要強迫對方服從你的意見。因為人若這樣行，那是絕不能保持對方愛情的。總要仁愛、忍耐、寬容、體諒、殷勤。靠著上帝的恩惠，你們定能照著你們結婚時的誓約彼此使對方快樂。

在克己服務之中快樂

夫婦固當相愛，但也要記得只有兩人關起了門單獨相愛是得不到真快樂的。你們要利用每一個機會，為周圍的人謀福利。要記得惟有克己而為他人服務，方能獲得真正的快樂。

凡在耶穌基督中得新生命的人，他們的言語行為，必有寬宏克己的精神。你們要過耶穌的生活，應當努力克服自己和自私的心，來服務別人，就可節節勝利了。世界也可以因你們而得福了。

　　無論是男是女，只要接受耶穌基督的幫助，就能夠應付上帝對於他們理想中的成就。凡是人的智慧所辦不到的事，耶穌的恩惠卻能成全抱著敬愛之心投靠祂的人。祂的照顧，能使人的心在天上來的愛中結合。這樣的愛，不單是幾句柔軟好聽的情話。天上的織機，比地上的織機所能織出的錦繡是更精密更堅韌，而不是一種細薄的織物，乃是能經得起長久的折磨和試煉的織品。經這種紡織機結合的心，必能在純潔而永久的愛中心心相印，白頭偕老。

　　　　我寧有福樂安康的家，不貪精金的寶貴。

　　　　父母、子女、兄弟、姊妹，團聚在一堂，

　　　　　　無異是天庭降到了人間。

　　　　不論是甕牖繩樞，不論是饑寒交迫，

　　　　　　金錢都不能與天倫之樂相比；

　　　　　　哪有人肯出賣家庭！

　　　　　　　——佚名

第30章・家庭的選擇與籌備

「耶和華上帝……立了一個園子，把所造的人安置在那裏。」

　　上帝的福音，有神奇的功能，能把人生的問題，由複雜化為簡單。只要人能服從《聖經》的教訓，就可以解決許多煩惱，避免許多困難。《聖經》教我們估計事物的真價值，並把一生最純粹的精力，用來追求最有價值的事業──那永遠不朽的事業。這種教訓是負成立家庭之責的人所不可少的。他們萬萬不可轉離那最高尚的目標。要想到地上的家庭，作天上家庭的預表和先聲。人生是一個訓練學校，不論父母子女，都要經過這個訓練方可進入上帝家中的高級學校。我們選擇家庭的時候，須得把這種目標存在心中。要從簡樸、純潔、健康，和真正的價值方面著想，切不可讓金錢、虛榮、社會的風氣，影響精明的見解。

　　世界上的一切大城，愈來愈成為罪惡彙聚之所了。淫聲惡色、肉欲的引誘、墮落的陷阱，比比皆是。犯罪作惡的潮流，持續澎漲不已。那種殺人、搶劫、自殺、以及種種莫可名狀的罪惡，無有一天沒有強暴的記錄。

　　城市的生活是虛假而造作的。那些求財的欲望、尋歡作樂的甜情、擾嚷喧囂的奮興、虛榮時尚的貪戀、奢華浮耗的渴望、人海潮湧的忙亂，都在那裏敞開萬惡的門戶，使人思想遠離人生的真旨。這種誘惑，在青年人身上，幾有不可抵抗的勢力。

　　城市對於青年和孩童一種最危險最詭詐的引誘，就是快樂的追求。休假的日子很多，各種競技遊戲的場所，擠滿了千萬的人，這

種騷擾奮興的空氣，實足使青年人志倒神迷，把人生正經的責任拋在腦後，把應該留作正途的金錢揮霍在娛樂上面。

城市的環境，往往對於身體的健康是有害的。那污濁的空氣，不清潔的水，不安全的食物，黑暗擁塞的房屋，以及隨時疾病傳染的危險，都不過是城市的一部分害處而已。

上帝的旨意，不要人擠在城市之中，住在狹小的巷子裏面。祂起初造人時，把我們的始祖安置在和樂美麗的景色中，這種自然的景色，也是祂現在所要我們享受的。我們的生活愈與上帝的起初旨意相近，我們的心靈身體和思想就愈容易到健全活潑的地步。

宏壯的房屋，富麗的陳設，以及一切安逸豪華的裝置，都不是幸福生活的必需品。耶穌到世上來，是要成就人間最偉大的事業。祂以上帝兒子的資格，來教導我們怎樣生活，以求人生最高的成效。但是那全能的天父為祂兒子所選擇的環境是怎樣的呢？加利利山中一間荒僻的房子；一個勤苦操勞靠手藝度日的家庭；一種簡單的生活；每日與艱難困苦奮鬥；克己、節省、忍耐、快樂的服務；在母親旁邊開卷勤讀的光陰；青蔥的山谷，晨曦夕陽的逸景；花草樹木的陶化；上帝的手段和創造天地之功能的默想和研究；天天與上帝心靈上的相通，……這些便是耶穌幼年生活的景況和機會。

歷代偉人的環境，大多與耶穌相仿。且讀亞伯拉罕、雅各、約瑟、摩西、大衛、以利沙的歷史，再研究後來許多成大事立大業，頂天立地的英雄豪傑們的生活。

這許多偉人當中，有多少是在鄉村中長大的。他們不知道奢華

為何物，也不把少年的光陰用來求歡樂。有許多更不得不與艱難和困苦奮鬥。從很小的時候，他們就學習工作；戶外活潑的生活，使他們一切智能都能奮發順應。他們不得不倚仗自己的機智，於是就學會了抵抗困難，勝過障礙並且得了勇氣和毅力。他們沒有大機會與惡友相交，所以得享一點自然界的清福，和幾個良朋益友，就知足了。他們的興致和習慣，都是簡純而有節制的。他們悉聽節操的指揮，長大起來，就成了強壯純潔正直的人。負起人生的責任時，尤能把身體和腦筋的精力都運用在所做的事業上；仗著活潑的精神，能謀能行的才力，以及抗禦罪惡的剛毅之氣，他們就成了世界上為人群謀福利的良將。

強健的身體、健全的思想、高尚的人格，乃是人所能給予子孫最好的禮物，這比什麼遺產都更寶貴。所以凡是明曉人生成功真諦的人，必定未雨綢繆。當他們在選擇家庭的時候，也必不忘記人生的最優之事務。

與其住在一處地方，終日只見人的作為，和引起罪惡思想的聲色場所，以及惹人厭倦的紛擾喧嚷，還是到能夠欣賞上帝作為的地方去。到那幽雅明媚的自然美景中，去求心神的怡樂。在那裏，你們可以看到青翠的田地，起伏的山嶺，和不染塵煙的青天朗日，呼吸到心曠神怡的清氣。在那裏，遠避著城市的聲色和引誘，你們就能與兒女結伴，在上帝的作為中教導他們認識上帝，訓練他們作正直有用的人才。

家庭陳設的簡潔

我們虛偽做作的時尚，剝奪了我們許多真正的幸福和享受，並

使我們不配度那有用的生活。家中奢華貴重的器具，不但是浪費金錢，也是浪費比金錢貴重萬倍的事物，無端地加重了家中的工作和煩惱掛慮。

有許多人家，資財有限，一切家務雜事，都要主婦一人去做，然而他們家中的情形是怎樣呢？那最好的房間所排置的傢具，既遠出乎家中經濟能力之上，又不適於他們的便利和享用，此外更有貴重的地毯，細巧的帷簾，和精製雕刻的傢具。桌上，火爐架上，以及一切空閒之處，都布滿了裝飾品，牆上掛滿圖畫甚至令人看了生厭。這許多複雜的陳設，要整埋清潔，拭抹灑掃花費的工夫要多少啊！這些事務，以及其他種種為競求時尚的忙碌，實足以在主婦身上加上無窮的重累。

許多家中做母親、做主婦的人，沒有時間讀書看報來與時代的知識並進，沒有時間做她丈夫的伴侶，沒有時間與孩子們天天在發達的心思接觸。更沒有位置和時間，可以給那慈悲的救主做親愛的密友。漸漸地她就成了家務的奴隸，她的精力光陰和興趣，完全貫注在漸用漸壞的事物上，等到醒來，覺得在自己家中幾乎是個生客，那時覺悟已是太遲了。在子女的身上，她失去了影響他們、誘導他們向上的無比良機，這樣的機會，是一去而不復回了。

成立家庭的人啊，你們要打定主意，依更聰明的計畫生活。你們第一個宗旨，就是要成立一個快樂的家庭。凡屬減輕工作，增進健康適的種種便利，是要置備的。對於客人，你們也得預備款待，因為耶穌吩咐我們要迎接客人，並且說：「這些事你們既作在我這弟兄中最小的一個身上，就是作在我身上了。」（太25:40）

你們家用的器具，務求簡單而雅緻，能夠經久耐用，又易於潔淨，如果破壞了，添置新的，也不須花費許多錢。如果家庭中有愛和知足，你便能藉著審美的力量而把一個簡單的家庭，布置得高雅清潔而動人。

美麗的景物

上帝是愛美的。祂在天地之間，布滿了美景秀色。祂抱著父親的歡悅態度，看著祂兒女從祂所創造之物中享受快樂。祂要我們用天然的美物圍繞我們的家。

住在鄉間的人，不論多麼窮苦，大概都能有一塊草地，幾棵樹木，和一些美麗的花叢。這些自然的花木對於家庭快樂方面的貢獻，實遠勝於任何人工的裝飾。它們能使家裏有柔和高雅的風氣，激發人愛美的天性，和對於自然界的欣賞，且使一家的人彼此更加親近，也與上帝更加親近。

第 31 章・母親

「主告訴婦人的一切事她都當謹慎。」

父母現在怎樣，子女將來也大概是怎樣。父母的體格、性情、嗜好，以及智育德育方面的傾向，多少是在子女身上重印出來的。

為父母的愈有偉大的目標，高強的智力和靈力，以及壯健而充分發育的身體，他們所生的子女，也就愈有人生成功的機會和可能。所以為父母的若能發展自己的特長，就無異是在改良社會，提拔後代。

做父母的需要明瞭自己的責任。當今之世，青年人的足前在在都有陷阱，為私利嗜好和肉欲的快樂所迷惑的真不知有多少。他們只覺得前面的路似乎是快樂的，而看不到路上隱伏的危險和最後可怕的結果。為了情欲和嗜好的放縱，他們的精力就此消耗，以致千萬的人，不但今世的人生遭了毀壞，連來世的永生也失了其分。做父母的應當知道他們的子女必要經受這些引誘，甚至於在嬰孩未曾出世時，就要仔細思考為他著想，好使他到這世上以後，與罪惡作勝利的戰爭。

這種責任，在母親的身上尤為重大。母親以自己的血肉造就嬰孩的體格，供給他所需的營養，同時她的智力和靈力也就影響嬰孩一生的思想和品格。有約基別那樣信心堅固「不怕王命」（來11:23）的希伯來母親，才有救拔以色列人的摩西；有哈拿那樣充滿了靈感而能克己祈求的女子，才有那受天之教的孩子，大公無私的士師、以色列聖校的創辦者撒母耳；有拿撒勒馬利亞的親戚、有與

馬利亞靈感相同的以利沙伯，才生出救主的先鋒。

節制與自治

《聖經》上對於做母親的人應該如何謹慎地管束自身習慣的問題，已有明訓。主要養大參孫拯救以色列時，「耶和華的使者」先去見他的母親，特地按著上帝的吩咐，教訓關於起居飲食方面的禁忌和撫養孩子的方法。天使對她說：「清酒濃酒都不可喝，一切不潔之物也不可吃。」（士13:7）

有許多做父母的人，把嬰兒出生以前所受的影響看為無關緊要的事，但是上天不是這樣看的。只要看上帝差天使告訴參孫母親的話，並且極鄭重地連連叮囑，就可知道這是我們所極應該細心考慮的事了。

上帝對那希伯來母親說的話，也就是對歷代以來一切母親說的。天使說：「我告訴婦人的一切事，她都當謹慎。」母親的起居飲食，關及嬰孩的健全，所以她的飲食和情感都須受律理的管束。若是她成全上帝賜她一個嬰兒的意旨，那麼有些事，她必須丟棄，有些事，她必須抵抗。如果她在生產之前，放縱情欲、專顧自己、發脾氣、凡事苛求，這些特性將來都要在孩子的性情上反照出來的。所以有許多的孩子在初生之時，就領受了幾乎不能制勝的犯罪傾向，這就算是他們所受的遺產了。

但是如果那母親能堅守正當的律理，能有節制，能克己，能有和平仁愛，不求自己益處的態度，這些可貴的性格，也就能傳給所要生的嬰孩。在天使對參孫母親說的話中，關於禁止她飲酒的話，

說得十分堅決。受胎的婦人，為滿足食欲而喝的每一滴酒，都足危及胎兒德智體三育的健全，也就是直接地得罪造物主。

許多人主張滿足孕婦的每一欲望，若是她要吃什麼，不論多麼有害，都要讓她任性去吃。這種說法是錯誤的，也可說是開玩笑的話。不錯，孕婦身體上的需要是不可疏忽的。兩條性命是在她的身上，她的欲望，她的需要，是應該得到供應和滿足的。然而在此時期，她更應該在飲食和一切方面，避免一切足以減低她身體和精神能力的事物。上帝是親自吩咐她要她極嚴切地管束自己。

操勞過度

母親的體力必須善得保養。她的憂慮和負擔應該減輕，不可讓她用可貴的精力去做粗重吃力的工作。往往那做丈夫和父親的人，不明白謀家庭幸福所必須知道的定律，為了生計的問題，或是求財的欲望，迫於種種困慮，就容他的妻子在這最重要的時期，負過重的擔子，她的身體就此衰弱，疾病也就此釀成。

許多做丈夫和父親的人，可以從那忠心牧羊人的謹慎方面，學一個良好的教訓。以掃叫雅各在難走的路上趕快走路的時候，雅各回答道：「孩子們年幼嬌嫩，牛羊也正在乳養的時候，若是催趕一天，群畜都必死了。」「我要量著在我面前群畜和孩子的力量慢慢地前行。」（創33:13-14）

在人生費力的路上，做丈夫和父親的，盡當量著他那伴侶的力量，「慢慢地前行」。當今普世追求錢財和勢力之時，做丈夫的應當學習體諒的心，緩止他的腳步，扶助安慰那與他同行的伴侶。

快樂的精神

做母親的應當培養一種快樂知足的性情，將來她孩子們健康的身體和高尚的道德，就是她培養愉快性情的報酬。並且快樂的精神能增進她家庭的幸福，也使她自己的身體大得健康。

做丈夫的應當存著體貼的心和無窮的愛，扶助他的妻子。若是他願見他的妻子保持青春活潑快樂的精神，而做家中可愛的陽光，那麼他必須幫助她負家庭的擔子。他的仁愛和體貼，對於他的妻子必是一種可貴的激勵和安慰，同時他看見妻子快樂，自己心中也必得到安慰和快樂。

那慍怒、利己、傲慢的丈夫和父親，不但使自己不得快樂，也是將幽鬱的空氣散布在一家之中，使人人都不快樂。他必看見妻子懊喪憔悴的神態，和孩子們像他一樣有不良的脾氣，這就是他所收的效果了。

如果母親得不到她所應得的愛護和安適，時常操勞過度，常在憂慮不樂的心境中度日，弄得精疲力盡，那麼她的子女也必承受不到他們所應有的靈敏活潑的天真。因此最好能使她快樂安適，不叫她感受匱乏，不使她做費力的工作，除去她的掛慮，以便兒童承受優良的體格，將來能靠著飽滿的精神作人生的奮鬥。

做父母的人，在兒童面前是代表上帝，這是何等大的尊榮，何等重的責任啊！他們的品格，他們的一舉一動，以及他們的教養方法，都是要向孩子們傳述上帝的話的。他們能左右兒童的信仰，能使他們信靠上帝的應許，也能使他們拒絕。

教養兒女的權利

為人父母者，若能在自己的行為上反照神的形像，使上帝的應許和誡命在兒童心裏引起感謝和尊敬，用自己的慈愛、公義、忍耐，對兒童解釋上帝的慈愛、公義、忍耐，並且從教訓兒童，敬愛自己、信靠自己、順從自己，而敬愛、信靠、順從他在天上的父，這樣的父母是何等快樂啊！能把這樣的禮物給兒童的，便是給了兒童一種永遠長存的財寶，比從古到今的一切財寶更可貴。

上帝每將一個孩子交給母親撫養，就有一種神聖的責任放在她身上。祂對凡做母親的人說：「我將這兒子、這女兒交給你，你要替我教養他；你要使他有像王宮那樣崇高的品格，使他在耶和華的殿中永遠發光。」

做母親的人，往往似乎不覺得自己所做的是一種何等重要的工作，這種工作是很少有人能加以欣賞的。旁人也不知道她的辛苦和掛慮。她一天到晚全是忙著做些零星的小事，這些瑣事都是要她用忍耐的心思，自制的能力，和靈敏機警的手腕，以及克己犧牲的愛心去做的。

雖然這樣，但她還是沒有什麼功績可誇。她不過是把家事料理得整潔有序，使一切不致零亂而已。往往在疲乏煩惱的時候，她還得和聲柔氣地對孩子們說話，要使他們忙而快樂，並且引他們的小足走在正直的路上。她似乎覺得沒有成就什麼，然而事情並不是這樣。天上的天使，天天看著這辛苦勞碌的母親，知道她所挑的重擔。她的名字也許是無聞於世，但卻寫在羔羊的生命冊上。

母親的機會

在天上有一位上帝。當那忠心的母親教導兒女抵抗罪惡勢力之時，祂的寶座便發出榮耀光輝，照在她的身上。世上一切事業沒有比母親的事業再重大了。她不像美術家把佳景描在紙上、布上；不像雕刻家把美態刻在木上、石上；不像著作家把高尚的思想表現在深刻的文字裏；不像音樂家把豐富的情感發洩於和諧的聲音中。她乃是要靠著上帝的幫助在人的靈性上發展神的形像。

能充分明白此理的母親，就會把自己的機會看作無價之寶。她必定盡心竭力地藉著自己的榜樣和教法，將至高偉大的標準放在兒童面前。同時她必定克苦耐心地發展自己的本能，以求善用思想的最高能力來教養她的兒童。每走一步，她總得自問道：「上帝怎樣說的？」她必潛心研究上帝的話，注目望著耶穌，以求自己的日常起居行動，在家庭的事務和掛慮之中，仍能做那生命之主的真切反照。

第 32 章 · 兒童

「我們當怎樣待這孩子？」

　　天使所吩咐希伯來父母的話，不單是關於作母親者自身的飲食起居問題而已，還關於孩童的教養。參孫——要救以色列的孩子——不僅須有良好的先天遺傳，也須有審慎的後天訓練，從懷抱的時候就要養成他絕對節制的習慣。

　　關於施洗約翰也有同樣的教訓。他還沒有出生的時候，從天上就有信息傳達給他的父母說：「你必歡喜快樂；有許多人因他出世，也必喜樂。他在主面前將要為大，淡酒濃酒都不喝，從母腹裏就被聖靈充滿了。」（路1:14-15）

　　講到天上冊子內所記錄的貴人，救主說沒有比施洗約翰再大的了。他所負的使命，不但要有堅強耐苦的體力，更少不了極高尚的腦力和靈力。為要準備擔任這種事工，他的身體必須有正當的訓練，甚至於上帝特意差了天上最高級的使者來指導他的父母，可知這件事是何等的重要了。

　　看到主對於兒童的教養怎樣吩咐以色列人，我們就知道凡是有關於兒童健康問題的事，沒有一樣是可以疏忽的，沒有一樣是不要緊的，因為凡足以影響身體的，就能影響思想，影響品格。

　　我們對於兒童幼年的教養，無論費多少心思，用多少精力，都不足為過分。人在幼年時所受的教訓，所養成的習慣，其影響於他一生的品格和志趣，更甚於長成後的一切訓練和造就。

　　做父母的，應當詳加考慮這一件事，他們該明白撫養兒童的根本原理，要能在德智體三育方面撫養兒童日漸長成，又須研究自然的定例，明白人體各部的組織和作用，彼此之間有什麼關係和連帶，以及思想對於身體的健康有什麼影響。毫無準備而擔起父母的責任，這就是罪。

　　現今世上的疾病增多，人的壽命減短，即使是在最文明、優秀的地方，也是如此。然而世人對於這種災禍的根本原因，實在也太不加研究了。人類是在退化墮落。

　　使人類遭受痛苦敗亡的災禍，大多數是可以防止的，其能力多半是在乎父母。兒童的夭折並不是什麼「惡運」所致。上帝並不要兒童死亡。祂把兒童賜給父母，是要父母造就他們，在地上的今世，和天上的來世，作有用的人才。如果作父母的人能盡他們的能力，先使子女有良好的遺傳，再用適當的方法來補救遺傳方面的不足和錯誤，那麼，這世界的情形要改良多少啊！

嬰兒的照護

　　兒童的生活愈樸實愈安靜，就愈適於他體力和智力的發育。做父親的應當在無論什麼時候都保持鎮靜溫和的態度。有許多嬰兒是非常容易受刺激和興奮的，母親溫柔緩和的態度，能有一種慰撫的能力，在兒童身上有無窮的益處。

　　嬰兒是要溫暖的，但是往往有人把嬰兒放在太熱的房中，沒有充分新鮮的空氣，這就是大錯了。還有在嬰兒睡眠的時候，用被褥等物遮蓋他的頭，妨礙呼吸這也是有害的。

凡是有害於嬰兒身體的事物，都當避免。在嬰兒四圍的東西，都須竭力注意使其清潔和美觀。至於嬰兒所處之地的空氣、溫度，務求常定，不可忽冷忽熱，但是也要時常流通，無論白天夜晚，醒著睡著，都要使他呼吸清潔爽快的空氣。

嬰兒的衣服

　　嬰兒的衣服，務取其簡便安適，在沒有講求樣式的美觀，和討人稱讚等等之前，先要講究衛生。兒童的衣服，若能兼有溫暖、護體、舒適這三種作用，那麼兒童躁怒不安的一大原因就可以免除了。兒童的身體必定更加健康，母親照料兒童也可以省卻許多光陰和精力，不致不能勝任了。

　　衣服的腰身過窄，或是裹帶太緊，都會阻礙心肺的動作，不可不加防免。身體的各部分，必須隨時舒適，不可受衣服壓制，妨礙自由行動。兒童的衣服尤須寬大輕鬆，使呼吸有絕對的自由。

　　在有些國家，仍盛行兒童袒露胸肩和腳趾的風俗，對於這種風俗，我們要盡及所能地排除。因為人的四肢是離血液循環的中心較遠，所以是特別需要保護的。血運行到手足等身體末端之處的血管，是要使手足得到與身體各部同樣的溫暖和營養。然而四肢若缺少衣服，或得不到相當的保護，則動脈和靜脈都要因感寒氣而收縮，血液的循環也因身體的知覺靈敏功能受凍而阻滯了。

　　正在發育成長的兒童，應讓自然的一切生長力有充分的機會發長他的體格。但如果四肢沒有充分的保護，那麼除非是和暖的天氣，兒童——尤其是女孩子——就不要在門外玩耍，於是為了怕冷

就常關在家裏。但若是衣服穿得溫暖，那麼無論冬夏，他們都可以在戶外空曠之地遊玩得益。

凡願見兒女強健活潑的母親，必須使兒女穿合適的衣服，並且在一切適宜的天氣多使他們在戶外玩耍。要破除舊習慣，在衣服和教養的方法上都遵行健康之道，也許是很費力的，然而所收的效果，必定值得所費的力。

兒童的飲食

嬰孩最優質的飲食，就是自然所為他預備的飲食。如非萬不得已，不可用別樣來代替。一個母親為了求自己的方便和交遊之樂，而把餵養嬰孩的責任放棄，這乃是很殘忍的事。

教養兒童在飲食方面有正當的習慣，這件事重要極了。在極小的時候，就要使他知道人是因為要存活而吃，並不是因為要吃而存活的。這種訓練，須從襁褓的時候，在母親懷中開始。嬰孩進食須有一定的時間，等他漸漸長大，進食的次數就漸漸減少。至於糖果，以及成人所吃的不易消化之物，完全不可給嬰孩吃。這種飲食的謹慎與按時，非但能使嬰孩身體強健，性情溫和快樂，且可養成一種良好習慣的根基，是他將來一生的福氣。

兒童從嬰孩時代成長到童年時代的時候，父母仍必須注意教育他們的嗜好與胃口，往往有許多做父母的，隨兒童在無論什麼時候去吃他所歡喜吃的食物，與他身體有益有害都不問。那往往耗費在預備美味而無益於身體之物的金錢和心思，使兒童以為人生的最高目的和最大樂趣，就是放縱食欲，大吃大嚼。這種教育的結果就是

貪吃，跟著便是生病；生了病往往還要服用種種毒害身體的藥品。

父母應督管兒童的食性，禁止無益的食物。然而同時我們也不可勉強兒童吃沒有滋味的食物，或硬使他們吃得太多。兒童有兒童的權利，有他們的喜愛厭惡，只要他們的選擇是合理的，我們也應該尊重。

按時飲食，這是應當謹慎遵守的。糖果、糕餅、點心，和一切零食，非在正當進食的時間，一概應當丟開。飲食若無定時，腸胃就不強健；腸胃既不強健，全身就不能安康快樂。而且兒童在吃飯時，坐到桌前，就不喜吃正當養身的飲食，他們的食性只貪有害的零食。

那只顧依順兒童的欲望，而不替他們的健康和好脾氣著想的母親，是種了惡的種子，將來必有收成的。那放縱的習慣與兒童的年齡一同長起來，使智力和體力都遭犧牲。這樣的母親，必在愁苦中收穫自己所下的種子。她要看見自己的兒童長大時，在思想和品格上，不值得在社會上和家庭裏做高尚有用的人才。不健康的飲食，使德育、智育、體育三方面的能力都受影響。良心昏迷了，受好印象的可能性也消滅了。

父母應該教導兒童管束食欲，遵守健康之道。然而在教導的時候，須使兒童明瞭他們所節制的無非是於身體有害的食物。他們捨棄有害的，無非是因為要得到有益的。每餐的桌子上應有好看好吃的食物，就是上帝憑著祂豐盛的恩惠所賜給世人的。吃飯的時候，要歡喜快樂。我們享受上帝的恩典，應該存感謝的心，讚美賜恩的主。

兒童疾病的調治

兒童的疾病，往往肇端於撫養的不得其法。飲食無定，在寒冷的晚間衣服沒有穿夠，缺少活潑的運動使血液流動通暢，或是新鮮的空氣不足，不能濾清血液等等，也許都是致病的原因。做父母的當研究疾病的根源，知道得病的根源，就立刻設法救治。

一切做父母的人，都可以深切研究疾病的作用、防禦，和治療的方法；尤其是做母親的，在家人偶患普通的病症時，不可不明看護之法。她應當知道怎樣照料她有病的孩子；以她的慈愛和見識，她應得能夠親自去做凡是不能託給別人的事。

生理學的研究

父母應該在很早的時候，就使兒童有研究生理學的興趣，也當教導他們明白生理的簡單原理。當教他們怎樣用最好的方法保養身體、思想、靈性的精力；怎樣利用他們的才能，以便他們的一生可以造福人群、榮耀上帝。這種知識對於青年有無窮的價值。有關於生活和健康的教育，對於他們是比學校中所教的許多科學更屬重要。

父母的生活，應該多顧及自己的子女，少管社會的交際。要研究健康的種種問題，作切實的應用。要教你的兒童推究事情的原因和結果。使他們知道，他們若要求健康和快樂，就必須遵守自然的律法。這樣的訓誨教導，即使不能迅速地顯出意中的進步，但你仍不可灰心放棄，總要恆心忍耐地繼續努力。

要教訓你們的兒童在童年中就開始克己自治。要教他們欣賞自

然之美，在有用的事上，循序操練身心一切有用的才力。你們擔負養育的責任，務要使他們長大起來，有強健的體格，有優良的道德，有光明可愛的品格，有溫和仁慈的性情。在他們柔嫩的大腦中，要印著上帝的真理，使他們知道上帝並非要我們活著單求眼前的快樂，而是要我們謀最後的幸福。要告訴他們，依從試探就是軟弱，就是罪惡；拒絕試探就是勇敢，就是大丈夫。這些教訓必如種子撒在好地上，就必結出果子，使你們的心歡喜。

最要緊的，父母當在兒童周圍造成一種歡樂有禮貌和仁愛的氣象，一個有愛存在，並且這愛是在言語行為和一切形式上表現出來的家庭，是天使歡喜顯示聖容的所在。

作父母的人啊！要讓那仁愛、快樂，和知足的日光照入你們自己的心裏，再讓那快樂甜蜜的影響滿罩你們的全家。你們總要顯示一種仁愛寬容的精神，也幫助兒童發出這樣的精神。凡能使家庭生活益發光明的美德，你們都要培養。在這種情形之中造成的環境，必如陽光和空氣之對於植物有同樣的作用，增長思想和身體的精力。

第 33 章・家庭的感化力

一個真正的家庭，在人心和人生上的影響，是強如世上的任何勢力。

　　家庭對於兒童，應該是世界上最有吸引力的地方。家中的母親尤其是吸引力中的最大吸引力。兒童有富於情感和愛情的天性，容易快樂，也容易不快樂。母親若能用溫和的態度並慈愛的言語和行動來教導他們，就會把兒童吸引到心坎上。

　　年幼的兒童歡喜友伴，他們不常歡喜獨自玩耍。他們極想得別人的愛護和同情。他們以為凡是自己所歡喜的，母親一定也是歡喜；所以他們那小小的心中，無論有什麼快樂或是苦惱，都要去找母親訴說，這原是極自然的行為。做母親的就不該用冷淡的態度來傷他們柔軟的心。要知道兒童的事在成人看來雖然似乎毫無意義，但在兒童自己看來卻是極要緊的。母親的同情和稱讚，對於兒童是極可貴的。嘉獎的微笑，鼓勵稱讚的話，必如陽光在他們心裏，常能使他們整天快樂。

　　母親不要因為厭煩兒童的纏擾和吵鬧的聲音，就把他們趕開，乃是當為他們設計一些遊戲或輕省的工作，使他們活動的手腳和思想有事情做。

　　母親若能與兒童分憂分樂，做他們的同伴，在遊戲和工作方面處處指導他們，就必得到他們的信靠。既得到了他們的信靠，那麼他們若有錯誤的習慣，不良的性情，或自私自利的行為，母親就更容易教化糾正。勸戒和責備，施於適當之時，是極有價值的。做母

親的若有忍耐的態度，和誠懇的愛護，必能把兒童的思想轉到正當的方向，在他們心中培養善良可愛的性格。

有一件事是母親所必須謹防的，就是不可在教養方面養成兒童一種依賴的性質和專顧自己的心。絕不可使他們認為自己是一個中心，萬事都必須集中在他們的身上。有的父母在兒童身上費了不少的光陰和精力，要使他們快樂，然而他們也應該教兒童自己尋求快樂，施用他們自己所有的心智和才能。那麼，雖是極平常的遊戲，也能使他們得到滿足的快樂。遇有什麼小失望小艱難，當教他們以勇敢的精神去擔當。不要叫他們受到一點痛苦或傷害，就大驚小怪；要教他們以安泰冷靜的態度、容忍細微的煩惱和不方便，把思想轉移到別事上去。要設法教訓兒童常為別人著想，求別人的好處。

然而也不要把兒童丟在一旁，置之不顧。往往有的時候，做母親的因為種種的重擔和煩惱而疲倦不堪，就覺得不能用功夫忍耐地來教訓孩子，對他們顯出慈愛和體貼。然而要記著，若是兒童不能在家中父母身上滿足求同情和作伴的渴望，就要向別的方面去求，於是他們的思想和品格都要遭受危險。

許多母親，因為缺少時間與心思，就拒絕兒童天真的要求，而她們那忙碌的手和疲乏的眼睛所從事的，卻是虛浮的裝飾，至多也不過是在兒童的心裏引起奢華耗費的欲望而已。等到兒女長大成人，這種不良的印象和教訓就結出驕傲和輕薄的果子，母親看了他們這種過失，心中覺得愁悶，卻不知道這是她自己以前所撒之種的收成。

有的母親待兒童沒有一定的態度，高興時便事事放縱他們，不高興時，就連孩子天真爛漫的一點心願也不順他們。這樣地對待兒童，是不以耶穌為榜樣。耶穌愛兒童，祂明白他們的心境，與他們同樂同憂。

父親的責任

做丈夫和父親的人，是一家的頭，妻子向他求愛情和體貼，在教養孩子的問題上，也要他幫助，這原是應當的。因為孩子不僅是母親的孩子，也是父親的孩子。父親對於孩子的事，應與母親一樣關心。兒童靠父親扶助指引，所以做父親的對於人生，當有正確的觀念，對於家庭的環境和各方面的影響，須有精明的見解。還有最緊要的，就是他應受那愛上帝和敬畏上帝的心以及上帝的教訓管束，那麼，他才可以領子女走在正直的路上。

父親是家中的立法者，像亞伯拉罕一樣，他當把上帝的律法作家中的規條。上帝論到亞伯拉罕說：「我眷顧他，為要叫他吩咐他的眾子，和他的眷屬，遵守我的道。」（創18:19）上帝知道亞伯拉罕是不會容忍罪惡的，不會顯出懦弱愚昧的慈愛和偏愛的，也不會因溺愛而放棄責任的。亞伯拉罕不但給家人以正當的教訓，也保持公正律法的威權。上帝已給我們規律，做我們的引導。我們不可讓兒童違離上帝所指明的平安之路，而到那四面網羅的危險地方。若是他們有什麼不應有的欲望，或是不良的嗜好，做父母的務須以仁愛而堅決的態度和持久的精神同懇切的禱告，來禁止拒絕兒童這種不良的欲望和嗜好。

還有那些更堅強的德行，如辦事的剛強、勇敢、正直、勤懇、

誠實、忍耐，以及切實的技能等，父親都要在家中力行。凡他要兒童做的，自己應當先做，要在自己高尚的行為中，彰顯這些佳美的德性。

然而父親們不要使兒女灰心。你們在威權上要加恩愛，嚴切的禁止當與慈悲和同情並施。分一點空閒的時間給兒童；要了解他們；與他們一同玩耍，一同做工，得他們的信任。培養你與他們——尤其是你們的兒子——之間的友誼。這樣，你們就要有一種引他們趨善的堅強感化力了。

父親應盡他的一分責任，使家庭快樂。在外面的事業上無論有多少掛慮，多少困難，他總不可讓它們的黑影壟罩在家庭裏面。在進入家門時，他的臉上應該帶著笑容並說使人快樂的話。

從身分上講，父親是家中的祭司，每在早晨和晚上，要將祭物獻在家庭的壇上。妻子和兒女也該與他同心祈禱，齊唱讚美詩歌。每早出去辦事以前，父親應把子女招集在自己身旁，跪在上帝面前，將他們交給天父照顧。到一天辛苦完畢時，一家人又當祈禱、唱詩、感謝、讚美聖父一天的看顧祝福。

父親和母親，你們無論事情是多麼忙，切不可疏忽舉行家庭禮拜。要祈求聖天使在你的家中照顧保守。須記得你們所親愛的子女，常有遭受引誘的危險。無論是老是少，每天都有許多煩惱等著他們。凡想有忍耐、仁愛、快樂之生活，非多禱告不行。只有時刻接受上帝的幫助，我們才能夠戰勝自己。

家庭應該是快樂、謙恭、慈愛的氣氛常存之處；因為這種氣氛

所到之處，便是幸福與和平的所在。有時家中也許難免受煩惱侵犯，然而這原是人生的意中之事，我們雖在極陰鬱的日子，仍當保持忍耐、感恩、仁愛的精神，使心中仍有太陽的光芒。在這樣的家庭中，就有上帝的天使來住了。

丈夫和妻子應當彼此為對方求幸福，雖在極小的事上，也要時時顯出謙恭和敬愛，使對方的生活光明快樂。夫妻之間，須有完全的信任。兩人應當共同討論所有的責任，同為子女的福利努力。總不要在子女面前批評彼此的計畫，或質問評斷。妻子要小心，不要使她丈夫在兒童身上的工作加添困難。丈夫應當擁護妻子，時常給她聰明的忠告和恩愛的獎勵。

父母和子女之間，不可有冷淡隔閡的情形發生。父母應當諒解兒童，明白兒童，研究他們的性情和愛好，把自己放在他們的地位，體會他們的心思。

做父母的人哪！你們要使兒女明白你們是愛他們的，且願盡你們一切的力量，為他們求福樂的。若能如此，則你們在不得已時所加在他們身上的管束，對他們年幼的心志必定影響很深。你們要用仁愛和憐憫管教兒童，不要忘記「他們的使者在天上，常見我天父的面。」（太18:10）若是你們要天使在兒童身上做上帝叫他們做的事，你們就該盡你們的本分與他們合作。

在真家庭的仁慈精明的指導之下長大的兒童，就不會有離開正道去尋求世上快樂和同伴的心思。罪惡也不足以引誘他們。家庭中美善的空氣和教化，必能鑄造他們的品格，養成他們那種剛強的習慣和原則，以致將來他們離開家庭範圍，在世界上立足的時候，就

有抵抗罪惡誘惑的能力。

兒童也像父母一樣地在家庭中有重要的職務。應該教訓他們明白自己是家庭公司的一分子。他們在家中有吃有穿，領受愛護照顧，就當分擔愛中的事務，盡力同謀一家之人的幸福。

兒童有時會怨恨所受的管束，然而到將來，他們要想起在年幼無知時曾如何因父母忠誠的愛護和嚴切的監視，而獲得一生的扶助指引，那時他們就要感謝父母了。

第34章 • 真教育——傳道的訓練

凡屬真正的基督徒，都是上帝的幫手。

真教育乃是傳道的訓練。凡屬上帝的子女，個個都是奉召作傳道者；我們是奉召要為上帝和人類服務的；並且我們所受的教育，應以培植我們作這種服務為目標。

為服務而訓練

這個目標是每一位基督徒父母和教員所當注意的。我們不知道我們的兒童將來要在哪一方面服務，或在家庭的範圍之內，或從事人生一般的職業，或被派往異邦去宣傳福音，但他們都是奉召作上帝的傳道者，要向世人作慈愛的使者。

兒童和青年，具有活潑的才幹、能力、勇氣，和敏捷的機變，是上帝所寵愛的，並且祂要使他們與神聖的力量融和。他們必須受一種能使他們站在耶穌之旁犧牲性服務的教育。

像從前指著十二個使徒，現在耶穌也照樣指著祂末世的子民對上帝說：「祢怎樣差我到世上，我也照樣差他們到世上。」（約17:18）去作上帝的代表，彰顯祂的精神，表揚祂的品性，成就祂的工作。

我們的兒童，現在正站在所謂是道路的交叉點。在各方面都有世俗的迷惑，要誘他們遠離上帝為被贖者所開的一條正路，去走自私自利滿足自身欲望的歧途。他們的一生禍福，全在乎他們的選擇。青年人原是好動的，他們那活潑的精力，溢乎一舉一動之間，

不竭倦的才能，正在躍躍欲試，必須有一條出路來發洩才好。他們為善或是為惡，都是很活躍的。

上帝的道，對於人的行為，只施正當的誘導，不加什麼抑制。上帝並不叫青年人降低希望。堅決的意志，積極奮鬥的精神，百折不撓的剛毅之氣，和步步求高的進取心，乃是叫人能成功地達到人生高處所不可少的品格，這本是應該獎勵的。如天之怎樣高出於地，我們賴上帝的恩惠也應該使這種志氣高出於自利的目標和世俗的企圖。

做父母和基督徒的，我們有責任要給我們兒童以正當的指導，謹慎小心地指導他們走到像耶穌那樣服務的道上。我們已與上帝立了約，在這聖約之下，我們須把子女撫養起來，為祂服務。我們當為兒童造成一種能使他們選定為耶穌服務的環境，再給他們以相當的訓練，這便是我們的首職。

「上帝愛世人，甚至將祂的獨生子賜給我們，使我們不至滅亡，反得永生。」（約3:16）「基督愛我們，為我們捨了自己。」（弗5:2）若是我們有愛心，我們就必要施捨。「不是要受人的服事，乃是要服事人」（太20：28），這是我們所應該自己學習，同時也教導別人的大功課。

當使青年們牢牢地記著，他們不是屬自己的。他們是屬於耶穌的。耶穌用寶血贖了他們，他們是耶穌慈愛的財產。他們靠耶穌的能力接濟而生存，所有的光陰、才能、精力，都是耶穌的，應當為耶穌而培養，為耶穌而造就，為耶穌而使用。

除了天使之外，那依著上帝形像而造的人類要算是上帝創造之中最高貴的作品了。上帝要他們盡祂所造他們的能力發展，盡祂所賜給他們的才幹使用。

人生是奧祕而神聖的，是上帝——生命之源——本身的顯示。人生的機緣，是可貴的，應該誠心應用，一旦錯過，就永不再來了。

上帝把永生及其重要性擺在我們面前，以便我們對於不朽不滅之道有所把握。同時，祂又把貴重而富於超拔性的真理賜給我們，使我們可以在安泰穩定的一條路上進行，專心用上我們的一切才幹，追求一種值得的目標。

上帝審視祂自己所造的小種子，看見裏面有鮮豔的花，叢密的樹，或高大的森林。祂看每一個人的才能，也是如此。我們生在世上，是有作用的。上帝對於我們的一生，有祂的計畫交給我們，祂要我們達到發展的最高點。

上帝要我們在聖潔、幸福、效用各方面不斷地有長進，人人都有才智，這種才智，他們必須要知道如何尊重保守，視為神聖的委託，和上帝的禮物，好好地使用。上帝要青年人培植全身的一切精力，使一切才能都得活動和操練，享受此生一切可貴和有用之物，成善、行善，為來生儲存天上的財寶。

青年人當立志在一切公正、高尚、可貴的事上出人頭地，以耶穌為模範，學祂的為人。耶穌在世時所表現的聖潔志向他們也須懷抱，這個志向，就是使世界因有他們活著而有所改良。這就是他們奉召去做的工作。

廣闊的根基

一切科學中之最高的，要算救人的科學了。人類所能企圖的最偉大的事業，乃是救人脫離罪孽化成聖潔的事業。為要成就這種事業，必須安放廣闊的根基。更須有廣博的教育——施行這種教育，為父母和教員的必須花費許多較平常科學所毋須花費的心思和精力。這種教育，與單是智力的教育有所不同。教育若沒有身體、智力、心靈三方面並駕齊驅，就不可算為完全。品格須受相當的訓練教育，以達充分的發展。智力和體力方面的一切本能，都得在良好的情形之下培養啟發。運用並操練自身的一切能力，以期增進為上帝做工的效率，這原是我們的本分。

真教育是包括全身的，是要教我們怎樣利用自己。它使我們善用我們的腦筋、筋骨、肌肉、身體、知識和心靈，使其能奏最大的功效。人的理智，乃是全身最高的權能，須作全身的主宰。一切本性的情欲，皆須受理智和靈感的管束。耶穌為人群之首。祂有意要領我們在祂的服務中走高尚聖潔的路。賴祂恩惠的奇妙作用，我們要在耶穌裏面化成完善。

耶穌在家中得著教育。祂的母親是祂在地上的第一個教師。從她口中和先知的書卷中，祂學了天上的事情。耶穌生在清寒之家，忠心歡然地盡祂一分子的責任，負起家庭的擔子。祂本是天上的司令，卻仍情願在地上做聽命的僕人和孝順的兒子。祂學了一種職業，親手和約瑟在木匠鋪中操勞。祂穿普通工人的衣服，在小鎮的街道上來來去去，忙祂卑微的工作。

事物的價值在那時代的人民是以外觀而定的。宗教的精神減退

了，虛華的禮儀和形式卻反擴張。當時的教育家都藉由外表的誇示和聲勢來贏得人的尊敬。但耶穌的人生，卻與這種時尚作顯殊的對照。祂的為人，適足以證明人所以為重要的一般形式，是何等的無謂。祂不去請教當時那些注重小事而輕忽大事的學校。祂的學問是從天庭的根源得來的——有益的工作、《聖經》、自然界的事物、人生的經驗，這些都是上帝的課本，充滿著教訓，給凡願意做工的手、睜開著的眼，和穎悟之心的人。

《聖經》記耶穌幼年的情形說：「孩子漸漸長大，強健起來，充滿智慧；又有上帝的恩在祂身上。」（路2:40）

有了這樣的準備，祂就出去從事於祂的任務，與人接觸之間，祂時刻發出一種世上從未有過的造福的影響和改造的力量。

家庭教育

家庭是孩童的第一個學校，是服務生活安置根基的地方。服務的原理不但要從理論方面開始教授，也要從實際方面去影響兒童一生的訓練。

服務的教訓，從兒童很小的時候就要開始教授。孩子的體力和理解一發達到充分的地步，就該派他一些事務在家裏做。應當鼓勵他去幫助父親和母親，養成他克己自制的精神，叫他把別人的快樂和需用放在自己之前，時刻找機會幫助弟弟妹妹和玩伴，好好地對待年老患病和窮苦可憐的人，使他們心中快樂。一個家庭之中愈充滿服務的真精神，這種精神也必更圓滿地發展在兒童的生活中。他們必學會在為人謀福的服務犧牲中尋快樂。

學校的工作

家庭的訓練，應由學校的工作加以補充。整個人類——靈智體三方面的發展，以及服務與犧牲的教訓，這是我們所應該常常注意的。

能造就品格，規導人生，使人以公益為念的，莫如天天在平常的小事上為耶穌服務。父母和教員的責任，就是要引起興趣、培養，和好好地指導這種在日常小事上為基督服務的精神。這種責任，可說是再重要不過了。服務的精神，原出自天上，為培養鼓勵這種精神，人每有出力，天使必與之合作。

這樣的教育，必須以上帝的道為根據。因為它的原則，只有在上帝的道中可以完全找到。我們應把《聖經》作為研究和教授的基礎。認識上帝和上帝所差來的那一位，這是最主要的學問。

每一個兒童，每一個青年，都應該有一種對於自身的認識。他應該明白上帝所賜給他的身體作用的原理和健康的規條。對於各種普通的學問，人人必須有徹底的根基，又須受職業的訓練，將來可以成為有切實技藝的男人和女人，足以應付生活方面日常的事務。此外他們尤須在各項傳道的工作方面得著訓練和實地的經驗。

轉教別人與自身的進步

青年人求學問，只要能力所及，進步得愈多愈好，所占的園地，愈廣闊愈好。不過他們一方面學習，一方面也要把所明白的轉告於人。這樣，他們的思想就會有靈感和活力。人所受的教育，其價值是在乎他們能怎樣利用。花費許多光陰去求學問而不想把所有

的學問分給別人，這種學問非但於事無濟，而且往往反足以阻礙人生的真發展。所以或在家內，或在校中，學生都應當一方面求學，一方面把所求得的學問轉授與人。人不論從事什麼職業，活在世上一天，必須做一天的學生，同時也須做一天的教員，那麼他才能靠著那位智慧無窮，能啟示千古奧祕，能為信靠祂的人解決任何難題的上帝天天進步。

交友的影響

就是對於成年的男女，上帝的教訓也是十分注重交友對於人生的影響。那麼交友的影響對於知識正在發展，品格猶在建造中的幼童和青年，其勢力更是何等偉大啊！他們所交的朋友，所採取的準則，所養成的習慣，足以斷定今世的造就，並將來永久的福利。

現在社會上有一件令人驚駭也使凡為父母之人寒心的事，就是在許多學校和大學中，都有一種不良的影響盛行，使為求增進智慧鍛煉思想而來的青年，反踐殘了品格，墮落了德性，消失了人生的真觀念。因為與那些毫無信仰觀念、那些尋歡作樂、那些腐敗墮落之輩做了朋友，許許多多的青年，就失去了原來品格上的純正和廉潔，丟掉了信仰上帝的心，消沒了他們那虔誠信主的父母，在懇摯的祈禱和嚴切的督責之下所希望他們養成的那種犧牲克己的精神。

有許多抱著為救世的工作而來求學的青年，乃反埋頭於唯俗的功課之中。高大的志向，移到了同學中分數的競爭和物質上功名富貴的追求方面去了。當初入學的宗旨，現在已忘記了。他們的行事為人於是都以自己的利益和世俗的企圖為中心。可怕的習慣往往乃從此養成，禍及今世與來生。

大半具有遠大的目光、克己為公的目標，和高超思想的男女之所以能有這種品性，多半是早年間靠著所結識的朋友而養成的。古時上帝對於以色列人，在樣樣事上無不設法使他們察覺到督率兒童的交友問題是何等重要的一回事。當時民事方面、宗教方面，和社會方面一切禮制，都有一種同一的目標，就是要保守他們的兒童不受外界損友的影響，並使他們從幼年之時就熟悉上帝律法的教訓和原則。當以色列立國之初，上帝就借物引喻地使他們心中都受一個深刻的教訓。在那最後的重罰——長子死亡——臨到埃及人之先，上帝吩咐祂自己的百姓要把他們的兒童保守在家中，每家的門框上要塗上羊血，一家的人都須留在這受血保護的門內，方得安全。照樣今日凡屬敬畏上帝的父母，也必須保守他們兒童在與耶和華所立之約的關係——在耶穌寶血所造成的神聖影響和環境保護之下。

「你們務要……與他們分別」

　　論到祂的門徒，耶穌對祂天上的父說：「我已將祢的道賜給他們；……他們不屬世界，正如我不屬世界一樣。」（約17:14）上帝吩咐我們說：「不要效法這個世界，只要心意更新而變化。」（羅12:2）

> 「你們和不信的原不相配，不要同負一軛；義和不義有什麼相交呢？光明和黑暗有什麼相通呢？……上帝的殿和偶像有什麼相同呢？因為我們是永生上帝的殿；就如上帝曾說：『我要在他們中間居住，在他們中間來往；我要作他們的上帝，他們要作我的子民。』又說：『你們務要從他們中間出來，與他們分別，不要沾不潔淨的物，我就收納

你們。我要作你們的父，你們要作我的兒女。」這是全能
的主說的。」（林後6:14-18）

祝福的應許

「聚集孩童」（珥2:16）「叫他們知道上帝的律例和法
度。」（出18:16）

「奉我的名為以色列人祝福，我也要賜福給他們。」（民
6:27）

「天下萬民見你歸在耶和華的名下，就要懼怕你。」（申
28:10）

「雅各餘剩的人必在多國的民中，如從耶和華那裏降下的
露水，又如甘霖降在草上；不仗賴人力，也不等候世人之
功。」（彌5:7）

我們也被算是以色列人。凡是上帝吩咐古時以色列人的一切教
養兒童之法和祂所應許的一切順從之福，也全是給我們的。上帝現
在對我們說：「我必賜福給你，……你也要叫別人得福。」（創
12:2）

耶穌指著祂的十二使徒和凡要從他們而信服救主的人，對祂的
天父說：「祢所賜給我的榮耀，我已賜給他們，使他們合而為一，
像我們合而為一。我在他們裏面，祢在我裏面，使他們完完全全的
合而為一，叫世人知道祢差了我來，也知道祢愛他們如同愛我一
樣。」（約17:22-23）

這樣的話，是何等神奇，何等美妙，幾乎令人難以相信！宇宙間一切世界的創造者，愛那凡獻身為祂服務的人，竟像愛祂自己的兒子一樣。現在，在這個世界上，祂的恩寵和慈愛，已是這樣奇妙無邊地加給我們了。祂已將天上的皇子──耶穌基督──賜給我們，又把一切天上的財寶同著祂一併送給了我們。除應許我們來生無量的福樂之外，祂又在今世加給我們種種洪恩厚賜。我們是祂恩惠的承受者，祂要我們享受一切足以提拔，發展，並抬高我們品格的事物。祂等著要用祂天上的能力來感動人間的少年，使他們能站在耶穌之血所染的紅旗之下，像耶穌那樣努力工作，引人走入安全的路中，領許多人的腳踏上那萬古的磐石。

上帝的保證

凡在盡力與上帝的教育方針合作的人，上帝必用恩惠扶助他，親自伴著他，以自己的能力保護他。祂對每一個人說：「你當剛強壯膽；不要懼怕，也不要驚惶；因為你無論往哪裏去，耶和華你的上帝必與你同在。」「我必不撇下你，也不丟棄你。」（書1:9,5）

> 「雨雪從天而降，並不返回，卻滋潤地土，使地上發芽結實，使撒種的有種，使要吃的有糧；我口所出的話，也必如此，絕不徒然返回，卻要成就我所喜悅的，在我發它去成就的事上必然亨通。你們必歡歡喜喜而出來，平平安安蒙引導；大山小山必在你們面前發聲歌唱；田野的樹木也都拍掌。松樹長出代替荊棘；番石榴長出代替蒺藜；這要為耶和華留名，作為永遠的證據，不能剪除。」（賽55:10-13）

天下各處的社會，是在混亂的狀態之中，必須根本地徹底改革。青年所受的教育，必須鑄出社會改造的模型。

「他們必修造已久的荒場，建立先前淒涼之處，重修歷代荒涼之城。……人必稱你們為我們上帝的僕役；……永遠之樂必歸與你們；因為我耶和華喜愛公平。」（賽61:4,6-8）

「我要憑誠實施行報應，並要與我的百姓立永約。」（賽61:8）「他們的後裔必在列國中被人認識，他們的子孫在眾民中也是如此；凡看見他們的，必認他們是耶和華賜福的後裔。……田地怎樣使百穀發芽，園子怎樣使所種的發生，主耶和華必照樣使公義和讚美在萬民中發出。」（賽61:9-11）

論·健康佈道
Ministry of Healing

第七篇·主要的知識

「叫我們得知上帝榮耀的光。」

第 35 章・對於上帝的真認識

「上帝的神能已將一切關乎生命和敬虔的事賜給我們，皆因我們認識……主。」

　　像我們的救主，我們在世上是要為上帝服務的。我們活著，在品格上是要像上帝一樣，又要用我們服務的人生，來向世界顯示上帝。但若要做上帝的同工者，若要像祂，若要顯示祂的品格，我們必須真正地明白祂，必須照著祂所彰顯的本來面目認識祂。

　　認識上帝是一切真教育真服務的根本，是抵抗世上誘惑唯一的真保障，是能使我們在品格上與上帝相像的唯一途徑。

　　凡從事於超拔人群之工的人，非得認識上帝不可。人品格的展現，生活的純潔，工作的效率，遵守正義的毅力，都是從真正認識上帝而來的。這種認識，乃是人生今世和來世雙方所不可少的準備。

　　「認識至聖者，便是聰明。」（箴9:10）我們所得「一切關乎生命和虔敬的事」（彼後1:3），都是從認識祂而來的。耶穌說：「認識祢獨一的真神，並且認識祢所差來的耶穌基督，這就是永生。」（約17:3）

> 「耶和華如此說：『智慧人不要因他的智慧誇口，勇士不要因他的勇力誇口，財主不要因他的財物誇口；誇口的卻因他有聰明，認識我是耶和華，又知道我喜悅在世上施行慈愛公平和公義，以此誇口；這是耶和華說的。』」（耶9:23-24）

　　我們應當去研究上帝所賜給我們關於祂本身的啟示。

「你要認識上帝，就是平安；福氣也必臨到你。你當領受
祂口中的教訓，將祂的言語存在心裏，……全能者就必為
你的珍寶。……你就要以全能者為喜樂，向上帝仰起臉
來。你要禱告祂，祂就聽你；你也要還你的願。你定意要
作何事，必然給你成就；亮光也必照耀你的路。人使你降
卑，你仍可說，必得高升；謙卑的人，上帝必然拯救。」
（伯22:21-22，25-29）

自然界顯出的上帝

「自從造天地以來，上帝的永能和神性是明明可知的，雖
是眼不能見，但藉著所造之物，就可以曉得，叫人無可推
諉。」（羅1:20）

我們現在所看見的自然界的事物，只能隱約模糊地給我們一點
伊甸光榮的景象而已。罪已污損了世界的美麗，它的痕跡，在無論
什麼事物上都是顯然留著。雖然如此，還有許多美麗之物依然存
在。大自然向我們證明有一位功能無邊恩慈無量的主造了這世界，
把生命和快樂充滿其間。自然界的百花，雖已到了枯萎墜落的地
步，卻依然顯出那位大美術師的成績。無論到什麼地方，我們都可
以聽到上帝的聲音，看到祂仁慈的證據。

從那深長宏亮轟轟的雷聲，和澎湃奔騰的海濤怒吼，以至於枝
頭林中清幽的鳥歌，自然界的千萬聲音，都向上帝發出讚頌。在
地上、海裏、空中，從那萬紫千紅的彩色，或是煙光與晚霞的調
和，或是青天和白雲的襯托，我們都可以看出上帝的光榮。亙古
的山嶺，傳述祂的威權。陽光中臨風搖擺的綠樹，和美麗嬌豔的

鮮花，都向它們的創造者展現。像地毯一樣地蓋著黃土的青草，
證明上帝是怎樣的顧惜祂所造的最小之物。海的深處，地的窟
穴，顯示上帝的財富。那位把珍珠藏於海底，將水晶玉和橄欖石
存在磐石內的神，是愛美的神。朝陽東升，是上帝的代表，上帝
是一切被造之物的生命和亮光。一切照耀世界和天空的光，都是
上帝功能的表示。

> 「祂的榮光遮蔽諸天。」（哈3:3）「遍地滿了祢的豐
> 富。」（詩104:24）「這日到那日發出言語；這夜到那夜
> 傳出知識。無言無語，也無聲音可聽。祂的量帶通遍天
> 下，祂的言語傳到地極。」（詩19:2-4）

萬物都顯示祂的慈愛，祂那父親般的照顧，和祂為兒女們謀福
樂的心意。

有形體的上帝

保持宇宙萬象，並在天地間一切事物上顯出的那種偉大的能
力，並不是像有些科學家所說的單是一種自然的定律或動力而已。
上帝是靈，然而祂也是一位有形體的神；因為祂曾在人類面前顯示
自己說：

> 「惟耶和華是真上帝，是活上帝，是永遠的王；⋯⋯不是
> 那創造天地的神，必從地上從天下被除滅。」「雅各的份
> 不像這些；因祂是造作萬有的主。」「耶和華用能力創造
> 天地，用智慧建立世界，用聰明鋪張穹蒼。」（耶10:10,
> 11, 16, 12）

自然界不是上帝

上帝在自然界所顯的功績，並不是上帝本身。自然界的事物乃是上帝品性和權威的一種表示；但我們不可就把自然界當作上帝。人用他的技藝，造出精巧悅目的作品，我們看了這些作品，可以略見作者的思想；然而作品並不是作者本身。該受尊敬的，並不是作品，乃是作者。所以自然界雖是上帝思想的表現，而我們所應該景仰的，並不是自然界，乃是自然界的上帝。

> 「來啊！我們要屈身敬拜，在造我們的耶和華面前跪下。」（詩95:6）「地的深處在祂手中；山的高峰也屬祂。海洋屬祂，是祂造的；旱地也是祂手造成的。」（詩95:4-5）「要尋求那造昴星，和參星，使死蔭變為晨光，使白日變為黑夜，」（摩5:8）「那創山，造風，將心意指示人，」（摩4:13）「那在天上建造樓閣，在地上安定穹蒼，」（摩9:6）「命海水澆在地上的，耶和華是祂的名。」（摩9:6）

地的創造

創造的工作，是不能用科學來解釋的。生命的奧祕，有什麼科學能解釋呢？

> 「我們因著信，就知道諸世界是借上帝話造成的；這樣，所看見的，並不是從顯然之物造出來的。」（來11:3）

> 「我造光，又造暗；……造作這一切的是我耶和華。……我造地，又造人在地上，我親手鋪張諸天，天上萬象也是

我所命定的。」（賽45:7-12）「我一招呼便都立住。」
（賽48:13）

　　上帝造世界之時，並未借助於故有的物質。「祂說有，就有；
命立，就立。」（詩33:9）世上的一切，不論是物質、生命，都隨
著耶和華的聲音而到祂面前，都是照著耶和華的本意被造的。諸天
和諸天的萬象，大地和地上的百物，都從祂口中的氣而生出。

造人

　　一位有形體之神的手腕，在造人的事上就顯明了。上帝照自己
的形像造人以後，人的身體在一切方面都已完備，只是沒有生命。
於是這位有形有體自然而有的上帝，就把自己的生命之氣吹入這沒
有生命的身體，人便成了活而有靈的動物。人身體的各部都活動起
來。那心臟、血管、動脈、靜脈、耳、目、口、鼻、手、足、四
肢、以及大腦和思想的機能，各都在定律之下開始工作。人於是就
成了一個活的生靈。一位有形體的上帝，藉著耶穌──道──的手
造了人，又賦給他靈智和能力。

　　我們在暗中受造之時，我們的體質並未向上帝隱藏。我們的體
格尚未成完備，祂早已親眼看見我們的質料。我們的肢體一個也未
成形，祂的冊子上卻早已記下了。

　　人是上帝創造之功的絕頂成績。在一切動物之上，上帝預定人
當作發表祂的思想，顯示祂的尊榮。然而人卻不可抬高自己，把自
己算為上帝。

　　「當向耶和華歡呼。你們當樂意事奉耶和華；當來向祂歌

唱。你們當曉得耶和華是上帝；我們是祂造的，也是屬祂的；我們是祂的民，也是祂草場的羊，當稱謝進入祂的門，當讚美進入祂的院；當感謝祂，稱頌祂的名。」（詩100:1-4）「你們要尊崇耶和華我們的上帝，在祂的聖山下拜；因為耶和華我們的上帝本為聖。」（詩99:9）

自然的定例是上帝的僕役

上帝是時刻從事於維持並利用祂所造的萬物做祂的僕役的。祂也利用天然的定律為工具，行使祂的功能。一切天然的定律，並不是自起作用的。自然界的氣象和作用，都證明有一位全智全能的神靈在那裏隨自己的旨意安排主持，運行一切。

「耶和華啊，祢的話安定在天，直到永遠。祢的誠實存到萬代。祢堅定了地，地就長存。天地照祢的安排，存到今日；萬物都是祢的僕役。」（詩119:89-91）

「耶和華在天上，在地下，在海中，在一切的深處，都隨自己的意旨而行。」（詩135:6）「祂一吩咐，便都造成。祂將這些立定，直到永永遠遠；祂定了命，不能廢去。」（詩148:5-6）

大地年年豐產百物，世界一刻不停地繞著太陽輪轉，並不是因著什麼固有的能力。那位全能之手是時刻在那裏指揮並引導地球的行動。地球之所以能維持轉動的位置，全賴乎上帝時刻施展的大能。上帝使太陽在天上升起，祂打開天上的窗戶降雨。

「祂降雪如羊毛，撒霜如爐灰。」（詩147:16）

「祂一發聲，空中便有多水激動；祂使雲霧從地極上騰，

祂造電隨雨而閃，從祂府庫中帶出風來。」（耶10:13）

草木的茂盛，每一張樹葉的產生，每一朵花的開放，每一個果子的成熟，都是上帝之力使然。

人體的構造，是我們所不能完全明白的。其間的神祕，即最智慧的人也不能瞭解。心的跳動，氣息的接續，並不是什麼一經發動就能自行工作的機械作用所致。我們生活，動作，存留，都在乎上帝，跳著的心，動著的脈息，以及身體一切肌膚筋絡，都是那位時刻存在的上帝之力使它們各安其位，循序運動的。

上帝的保佑

《聖經》告訴我們，上帝在祂的至高至聖之處並不是坐著不動，清靜孤獨的。天上有千千萬萬的聖者，候令實行祂的吩咐。由這些使者的傳達，祂與所治理的各處，都有直接的接觸。仗著祂的聖靈，祂是無所不在的。藉著祂的靈和祂的天使，祂與世人服務。

祂坐在寶座上，超乎地上的一切紛擾；萬事都坦露在祂面前，供祂聖覽，祂就在祂大自然的威權和千古不更的鎮定之下發令，行使祂的旨意。

「人的道路不由自己；行路的人，也不能定自己的腳步。」（耶10：23）

「你要專心仰賴耶和華，……在你一切所行的事上，都要認定祂，祂必指引你的路。」（箴3:5-6）

「耶和華的眼目，看顧敬畏祂的人，和仰望祂慈愛的人，要救他們的命脫離死亡，並使他們在饑荒中存活。」（詩33:18-19）「上帝啊，祢的慈愛，何其寶貴；世人投靠在祢翅膀的蔭下。」（詩36:7）「以雅各的上帝為幫助，仰望耶和華他上帝的，這人便為有福。」（詩146:5）

「耶和華啊，祢的慈愛遍滿大地。」（詩119:64）

「祢喜愛仁義公平。」（詩33:5）

「祢本是一切地極，和海上遠處的人所倚靠的。祂既以大能束腰，就用力量安定諸山；使諸海的響聲……並萬民的喧嘩，都平靜了。」（詩65:5-7）

「祢使日出日落之地都歡呼。」「祢以恩典為年歲的冠冕；祢的路徑都滴下脂油。」（詩65:8,11）

「凡跌倒的，耶和華將他們扶持；凡被壓下的，將他們扶起。萬民都舉目仰望祢；祢隨時給他們食物。祢張手，使有生氣的都隨願飽足。」（詩145:14-16）

上帝在耶穌身上顯現

有形有體的上帝，已從祂的兒子身上向人類顯示祂的本身。耶穌是天父榮耀的光輝，和祂「本體的真像」（來1:3）。祂降世來做我們個人的救主。祂升天，現在仍在天庭做人類的中保。祂就是「好像人子」（啟1:13）的那位，在上帝寶座前為我們各人代求。

世上的光——耶穌，遮隱了祂神體的耀目光輝，以人的形態住

在人間，使人類可以認識他們的創造主而不被祂的榮光所滅。自從罪把人與他的造化主隔開以來，沒有人親眼見過上帝，除非從耶穌身上看見上帝的表示。

「我與父原為一」（約10:30），這是耶穌親口說的。「除了父，沒有人知道子；除了子和子所願意指示的，沒有人知道父。」（太11:27）

耶穌到世上來，是要把上帝所要世人知道的事教訓他們。看天，看地，看那無邊無岸的海洋，我們都可見上帝的功績。一切被造之物全證明祂的權能、祂的智慧、祂的仁愛。然而我們卻不能從天上的星辰和地上的海洋泉水來認識上帝，像在耶穌身上所表現的。

上帝知道要把祂的品性和形體二者同時顯出，單靠大自然是不夠的。祂就差祂的兒子來盡人類所能夠忍受的範圍之內，顯示那位看不見之神的個性和品格。

耶穌向門徒顯示上帝

現在我們且來研究一下，耶穌在被釘之前一晚在耶路撒冷城內大樓上對門徒所說的話。那時祂受難之時已近，門徒心中都因此遭很重大的困難和試煉，耶穌就想安慰他們。

「祂對他們說：『你們心裏不要憂愁，你們信上帝，也當信我，在我父的家裏，有許多住處，若是沒有，我就早已告訴你們了；我去原是為你們預備地方去。……』

多馬對祂說：『主啊，我們不知道祢往哪裏去，怎麼知道那條路呢？』耶穌說：『我就是道路，真理，生命，若不藉著我，沒有人能到父那裏去。你們若認識我，也就認識我父；從今以後，你們認識他，並且已經看見祂。』……

腓力對祂說：『求主將父顯給我們看，我們就知足了。』耶穌對他說：『腓力，我與你們同在這樣長久，你還不認識我嗎？人看見了我，就是看見了父；你怎麼說，將父顯給我們看呢？我在父裏面，父在我裏面，你不信嗎？我對你們所說的話，不是憑著自己說的，乃是住在我裏面的父作祂自己的事。』」（約14:1-10）

門徒聽了這一席話，仍不明白耶穌與上帝的關係。對於耶穌多半的教訓，他們仍在黑暗中。耶穌則要他們對於上帝有更清楚、更真切的認識。

「這些事，我是用比喻對你們說的；時候將到，我不再用比喻對你們說，乃要將父明明的告訴你們。」（約16:25）

待至五旬節的那天，聖靈降到門徒身上，他們就更徹底明白耶穌用比喻所對他們講的道理了。許多以前奧祕不解的教訓，現在清楚了。然而耶穌所應許的，他們尚未完全得著。他們因已盡所能領會的認識了上帝，但耶穌所應許要把父明明告訴他們的話，仍待充分的實驗。今日也正如此。我們對於上帝的認識，是片面而不是完全的。等到這場善惡的戰爭告終，等到那位人類的代表耶穌基督，在父面前承認那些曾在這罪惡的世界上，為祂作真實見證的忠僕時，那時他們才會清清楚楚地明白當前所不懂的奧祕。

耶穌把祂榮化的人體帶回天庭。凡領受祂救恩的人，祂給他們權柄作上帝的兒子，好讓末後上帝可以收納他們，與祂永遠同居。若是他們在此生忠於上帝，末後必得「見祂的面；祂的名字必寫在他們的額上。」（啟22：4）看見上帝，這不是天上最大的福氣嗎？能夠親眼見上帝的面，認祂為父親，蒙耶穌恩惠救贖的罪人所能享的福樂，還有比這更大的嗎？

《聖經》的證言

《聖經》明明地指出耶穌與上帝的關係，並且也清楚地顯出祂的個性和品格。

> 「上帝既在古時藉著眾先知，多次多方的曉諭列祖，就在這末世，藉著祂兒子曉諭我們，……祂是上帝榮耀所發的光輝，是上帝本體的真像，常用祂權能的命令托住萬有，祂洗淨了人的罪，就坐在高天至大者的右邊。祂所承受的名，既比天使的名更尊貴，就遠超過天使。所有的天使，上帝從來對哪一個說：『你是我的兒子，我今日生你。』又指著那一個說：『我要作他的父，他要作我的子。』」（來1:1-5）

天父與祂兒子的個性，和二位之間的團結，在約翰福音十七章耶穌為門徒祈禱的話中，可以看出。

> 「我不但為這些人祈求，也為那些因他們的話信我的人祈求；使他們都合而為一；正如父在我裏面，我在祢裏面，使他們也在我們裏面；叫世人可以信祢差了我來。」（約17:20-21）

耶穌與門徒之間的聯絡，並不使耶穌的個性消滅，也不使門徒的個性消滅。他們是在宗旨、思想、品格上合一，並不是在身體方面合一。上帝與耶穌合一，也是如此。

上帝的品性在耶穌身上顯出

取了人的形態，耶穌降世與人為伍，同時要向有罪的人類顯示我們的天父。祂是從太初就與上帝同在的，是看不見的上帝的真像，惟有祂，足在人類面前顯示神的品性。祂成了人，在一切方面都與我們人一樣屬於肉體。祂也感覺飢餓、口渴、疲乏；也靠食物存活，因睡眠得養息。祂雖與人同命，卻是上帝無可指摘的兒子。祂在地上做客旅，做陌生人——在世界上，卻不屬世界；與現今世上的男女一樣受試探，遭誘惑，只是祂的一生沒有犯過罪。祂表現出上帝的品性，富有溫柔、慈悲、憐憫、常為別人著想、時刻事奉上帝、服務人類。

> 「主耶和華的靈在我身上，叫我傳好信息給謙卑的人，
> 差遣我醫好傷心的人，報告被擄的得釋放，」（賽
> 61:1）「瞎眼的得看見，」（路4:18）「報告耶和華的恩
> 年，……安慰一切悲哀的人。」（賽61:2）

> 「愛你們的仇敵，為那逼迫你們的禱告，這樣就可以作你
> 們天父的兒子。」（太5:44-45）「因為祂恩待那忘恩的和
> 作惡的。」（路6:35）「祂叫日頭照好人，也照歹人，降
> 雨給義人，也給不義的人。」（太5:45）「你們要慈悲，
> 像你們的父慈悲一樣。」（路6:36）

「因我們上帝憐憫的心腸，叫清晨的日光從高天臨到我們，要照亮坐在黑暗中死蔭裏的人；把我們的腳引到平安的路上。」（路1:78-79）

十字架的光榮

十字架是上帝對人類之愛表示的中心，其所含的意義是口所不能充分言喻，筆墨所不能徹底描寫，人心所不能領會的。我們抬頭仰望髑髏地的十字架，只能說：「上帝愛世人，甚至將祂的獨生子賜給他們，叫一切信祂的，不至滅亡，反得永生。」（約3:16）

耶穌為我們的罪被釘，耶穌由死復生，耶穌升上高天，這就是我們所當學習所當教人的「救人的科學」。

這就是耶穌

「祂本有上帝的形像，並不以自己與上帝同等為強奪的；反倒虛己，取了奴僕的形像，成為人的樣式；既有人的樣子，就自己卑微，存心順服，以至於死，且死在十字架上。」（腓2:6-8）

「有耶穌基督已經死了，而且從死裏復活，現今在上帝的右邊。」（羅8:34）「凡靠著祂進到上帝面前的人，祂都能拯救到底；因為祂是長遠活著，替他們祈求。」（來7:25）

「我們的大祭司，並非不能體恤我們的軟弱；祂也曾凡事受過試探，與我們一樣；只是祂沒有犯罪。」（來4:15）上帝無窮的智慧，無量的仁愛，廣泛無邊的公正，普遍無限的慈悲，就在於此

──「深哉，上帝豐富的智慧和知識。」（羅11:33）

莫可言喻的禮物

藉著上帝所賜的禮物──耶穌──我們得到一切福氣。藉著這恩賜，我們天天領受耶和華之恩惠，長流不息。每一朵鮮豔沁香的花，也是藉著這禮物而給我們享受的。天上的曉日和明月，是祂所造的。空中美麗的星球，沒有一顆不是祂親手所制。每一滴降到地上的雨，每一線照在我們這忘恩之世的光，無不證明上帝從耶穌而顯出的慈愛。我們天天享用的一切，全是由這位莫可言喻的禮物供給我們的，這莫可言喻的禮物就是上帝的獨生子。祂在十字架上被釘，原是要使這許多福惠澤及上帝所造的人。

「你看父賜給我們是何等的慈愛，使我們得稱為上帝的兒女。」（約壹3:1）

「從古以來人未曾聽見，未曾耳聞，未曾眼見，在你以外有什麼神為等候祂的人行事。」（賽64:4）

改革人心的知識

上帝在耶穌身上所顯的知識，是一切蒙救的人所必須有的知識。這知識就是改革品格的知識，一經接受，就能按著上帝的形像重建生靈，並使全人都受一種神聖的靈力。「我們眾人既然敞著臉，得以看見主的榮光，好像從鏡子裏反照，就變成主的形狀，榮上加榮。」（林後3:18）

論及自己的一生，救主說：「我遵守了我父的命令。」（約

15:10）「那差我來的，是與我同在；祂沒有撇下我獨自在這裏，因為我常作祂所喜悅的事。」（約8:29）耶穌在世怎樣為人，上帝也要跟從耶穌的人怎樣為人。我們須仗著救主的能力，像祂一樣做高超純潔的人。

> 「因此，我在父面前屈膝，（天上地上的各家，都是從祂得
> 名。）求祂按著祂豐盛的榮耀，藉著祂的靈，叫你們心裏的
> 力量剛強起來，使耶穌因你們的信，住在你們心裏，叫你們
> 的愛心，有根有基，能以和眾聖徒一同明白耶穌的愛，是何
> 等長闊高深，並知道這愛是過於人所能測度的，便叫上帝一
> 切所充滿的，充滿了你們。」（弗3:14-19）

> 「我們自從聽見的日子，也就為你們不住的禱告祈求，願
> 你們在一切屬靈的智慧悟性上，滿心知道上帝的旨意，好
> 叫你們行事為人對得起主，凡事蒙祂喜悅，在一切善事上
> 結果子，漸漸的多知道上帝；照祂榮耀的權能，得以在各
> 樣的力上加力，好叫你們凡事歡歡喜喜的忍耐寬容。」
> （西1:9-11）

這就是上帝現在請我們來得的知識。除此以外，一切都是虛空無謂的。

第 36 章・推測與理論的危害

「他們在思想上變為虛妄，他們無知的心就昏暗了。」

人有一種傾向，往往高舉自己的理解到相當的範圍和實在的價值之上，這是追求學問和研究科學的最大危害之一。有許多人想用自己有限的科學知識，來判斷造物主和祂的作為，創出種種胡猜亂測的學說，來決定那位功能無邊之神的性質、能力和權威。這一派人實在是越過了自己的範圍，侵犯了禁地。他們的考察和研究，絕不會有什麼有價值的結果，他們的所謂求學，是在冒險自己的靈性。

我們第一代祖宗被誘犯罪，就是因要得上帝所沒有給他們的知識。為了想得這知識，他們反倒失了一切真有價值的產業。要是亞當和夏娃不去碰那禁果，上帝自會賜給他們知識——不帶罪惡咒詛的知識，能使他們有永久快樂的知識。但他們因聽了魔鬼而得的，不過是認識了罪和罪的結果而已。為了他們的違逆，人類就與上帝隔絕，這世界就與天庭分界。

我們應該從此學一教訓。魔鬼現在引誘人的目的，與從前引誘我們的始祖是一樣的。他在世界上播滿了許多虛妄而中聽的學說，用他所有的手段要引誘人猜疑上帝。如此他就想可以阻止人認識上帝——認識上帝就是出死入生。

多神派學說

現今各處教育機關和教會裏面，都正盛行一種靈學的說法，說

上帝是一種布滿於大自然的靈氣。有許多自認是相信《聖經》的人，卻也接受這種足以破壞人類對於上帝和祂的道的信仰或學說。這種學說。雖然表面好看，卻是極兇險的欺騙，不但誤表上帝，更是侮辱上帝的大能和威權，不但足以迷惑人，更足以使人墮落無疑，其根源是黑暗，其範圍是縱欲。接受的結果，就是與上帝隔絕。人已因罪被貶，若再與上帝隔絕，就是沉淪。

我們因罪而處的境地，是不自然的。欲求恢復，必須靠一種超乎自然的能力，否則就無效果。天地之間，只有一種能力足以在人的心裏打破罪的操縱，這能力就是從耶穌基督而來的上帝的能力。只有那被釘之救主的血，能把人的罪孽洗淨。只有祂的恩惠，能助我們抗制自己墮落之性的趨勢。靈學派解釋上帝的說法，使這超乎的恩惠失去效力。如果上帝是一種布滿大自然的靈氣，那麼祂也在一切人的身體裏面；人欲求聖潔，只需發展自己內心的能力就行了。

這種學說之根本的結論，就是把耶穌的教訓和制度完全推翻，就是根本否認救贖的必要，說人可以作自己的救主，就是使上帝的道無效。接受這種學說的人，末後必把《聖經》看作虛構的小說。他們或許會認為德性是勝於惡行，但既把上帝的威權和正當地位擺開，他們就專靠人自身的能力來行善，而人身的能力沒有上帝的能力補充，是沒有價值沒有抗制罪惡的實力的。於是人靈性方面抵禦罪惡的防線就崩潰了，惡潮沖來，人便沒有自禦之能。我們一經拒絕上帝的道和祂聖靈的結束，自己就不知要沉到什麼深淵。

「上帝的言語，句句都是煉淨的，投靠祂的，祂便作他們的盾牌。祂的言語，你不可加添，恐怕祂責備你，你就顯

為說謊言的。」（箴30:5-6）

「惡人必被自己的罪孽捉住；他必被自己的罪惡如繩索纏繞。」（箴5:22）

探索神聖的奧祕

「隱祕的事，是屬耶和華我們上帝的，惟有明顯的事，是永遠屬我們和我們子孫的。」（申29:29）上帝在《聖經》中的話，是供我們研究的，我們盡可以去考察尋求，此外我們就不應該僭越範圍。人間任是那一個聰明的人，若要測量上帝，盡可以把腦汁消磨殆盡，但終究必是毫無結果，因為上帝沒有要人類解決這個問題。人的思想不能領會上帝。沒有人應該胡猜祂的本性，在這件事上，緘默便是智慧。全智全能的上帝，是無可議論的。

天上的父子議定救人計畫之時，連天使也不准加入會議，而人類更不可侵犯至高之神的奧祕。我們像孩童一樣不明白上帝，然而我們可以像孩童那樣敬愛上帝、順從上帝。我們不要臆測上帝的特性和權威，乃應當聽從祂所說的話：

「你考察，就能測透上帝嗎？你豈能盡情測透全能者嗎？祂的智慧高於天，你還能作什麼？深於陰間，你還能知道什麼？其量，比地長，比海寬。」（伯11:7-9）

「然而智慧有何處可尋？聰明之處在哪裏呢？智慧的價值無人能知，在活人之地也無處可尋。深淵說，不在我內；滄海說，不在我中。智慧非用黃金可得，也不能平白銀為他的價值。俄斐金和貴重的紅瑪瑙，並藍寶石，不足與較

量。黃金和玻璃不足與比較，精金的器皿不足與兌換。珊
瑚、水晶都不足論，智慧的價值勝過珍珠。古實的紅璧璽
不足與比較。精金也不足與較量。智慧從何處來呢？聰明
之處在哪裏呢？……滅沒和死亡說，我們風聞其名。上帝
明白智慧的道路，曉得智慧的所在。」

「祂鑒察直到地極，遍觀普天之下；……祂為雨露定命
令，為雷電定道路。那時祂看見智慧，而且述說，祂堅
定，並且查究。祂對人說，敬畏主就是智慧，遠離惡便是
聰明。」（伯28:12-28）

搜尋地的深處，刺探上帝神性的奧祕，都不能使人得智慧。求
智慧的真法，就是謙心誠意地接受上帝所願意給我們的指示，順著
祂的旨意為人。

自然的奧祕

世界上最聰明的人，都不能明白自然界所顯示的耶和華的奧
祕。人受了神的靈感，發出許多問題，但那根基最深的學者，也不
能回答。這些問題，並不是為要我們答覆而問的，不過是要我們想
到上帝深刻的奧祕，同時回顧自己知識的有限，而知道在我們日常
的環境中有許多事是我們微小的人類所不能明白的。

多疑善慮的人，不肯相信上帝，因為他們不能識透上帝所顯的
神能。然而我們應該從祂所未顯示自己的事物上去承認上帝，正如
從我們有限智力所能明白的事物一樣。在祂神聖的啟示和自然的現
象方面，上帝都已顯出足令我們信仰的奧祕，這必定是如此的。我

們盡力去追求、考問、探索，那無窮的奧妙卻盡是無窮，終非我們的理解所能及到。

「誰曾用手心量諸水，用手虎口量蒼天，用升斗盛大地的塵土，用秤稱山嶺，用天平平岡陵呢？誰曾測度耶和華的心，或作祂的謀士指教祂呢？看哪，萬民都像水桶的一滴，又算如天平上的微塵；祂舉起眾海島，好像極微之物。黎巴嫩的樹林不夠當柴燒，其中的走獸也不夠作燔祭。萬民在祂面前好像虛無，被祂看為不及虛無，乃為虛空。你們究竟將誰比上帝，用什麼形像與上帝比較呢？……你們豈不曾知道嗎？你們豈不曾聽見嗎？從起初豈沒有人告訴你們嗎？自從立地的根基，你們豈沒有明白嗎？上帝坐在地球大圈之上，地上的居民好像蝗蟲。祂鋪張穹蒼如幔子，展開諸天如可住的帳棚。……那聖者說，你們將誰比我，叫他與我相等呢？你們向上舉目，看誰創造這萬象，按數目領出，祂一一稱其名；因祂的權能，又因祂的大能大力，連一個都不缺。」

「雅各啊，你為何說，我們道路向耶和華隱藏；以色列啊，你為何言，我的冤屈上帝並不查問。你豈不曾知道嗎？你豈不曾聽見嗎？永在的上帝耶和華，創造地極的主，並不疲乏，也不困倦；祂的智慧無法測度。」（賽40:12-28）

我們上帝的偉大

從聖靈指示祂的先知的話，我們可以略知我們上帝的偉大了。先知以賽亞曾說：

「當烏西雅王崩的那年，我見主坐在高高的寶座上。祂的
衣裳垂下，遮滿聖殿，其上有撒拉弗侍立，各有六個翅
膀；用兩個翅膀遮臉，兩個翅膀遮腳，兩個翅膀飛翔，彼
此呼喊說：『聖哉，聖哉，聖哉，萬軍之耶和華；祂的榮
光充滿全地。』因呼喊者的聲音，門檻的根基震動，殿充
滿了煙雲。」

「那時我說：『禍哉，我滅亡了；因為我是嘴唇不潔的人，
又住在嘴唇不潔的民中；又因我眼見大君王萬軍之耶和
華。」「有一撒拉弗飛到我跟前，手裏拿著紅炭，是用火剪
從壇上取下來的。將炭沾我的口說，看哪，這炭沾了你的
嘴；你的罪孽便除掉，你的罪惡就赦免了。』」（賽6:1-7）

「耶和華啊，沒有能比祢的；祢本為大，有大能大力的名，
萬國的王啊，誰不敬畏祢。」（耶10:6-7）「耶和華啊，祢
已經鑒察我，認識我，我坐下，我起來，祢都曉得；祢從遠
處知道我的意念，我行路，我躺臥，祢都細察，祢也深知我
一切所行的。耶和華啊，我舌頭上的話，祢沒有一句不知道
的。祢在我前後環繞我，按手在我身上。這樣的知識奇妙，
是我不能測的；至高，是我不能及的。」（詩139:1-6）

「我們的主為大，最有能力；祂的智慧，無法測度。」
（詩147:5）「人所行的道，都在耶和華眼前；祂也修平人
一切的路。」（箴5:21）「祂顯明深奧隱秘的事，知道暗
中所有的，光明也與祂同居。」（伯2:22）「這話是從創
世以來，顯明這事的主說的。」（徒15:18）「誰知道主

的心，誰作過祂的謀士呢？誰是先給了祂，使祂後來償還呢？因為萬有都是本於祂，依靠祂，歸於祂；願榮耀歸給祂，直到永遠。」（羅11:34-36）「但願尊貴，榮耀，歸於那不能朽壞不能看見永世的君王。」（提前1:17）「就是那獨一不死，住在人不能靠近的光裏，是人未曾看見，也是不能看見的，要將祂顯明出來。但願尊貴和永遠的權能都歸給祂。」（提前6:16）

「祂的尊榮，豈不叫你們懼怕嗎？祂的驚嚇，豈不臨到你們嗎？」（伯13:11）「上帝豈不是在高天嗎？你看星宿何其高呢？」（伯22:12）「祂的諸軍，豈能數算；祂的光亮一發，誰不蒙照呢？」（伯25:3）

「祂行大事，我們不能測透。他對雪說：『要降在地上；』對大雨和暴雨也是這樣說。祂封住各人的手，叫所造的萬人，都曉得祂的作為。……祂使密雲盛滿水氣；布散電光之雲；這雲是藉祂的指引，遊行旋轉，得以在全地面上行祂一切所吩咐的。或為責罰，或為潤地，或為施行慈愛。……你要留心聽，要站立思想上帝奇妙的作為。上帝如何吩咐這些，如何使雲中的電光照耀，你知道嗎？雲彩如何浮於空中，那知識全備者奇妙的作為，你知道嗎？……你豈能與上帝同鋪穹蒼嗎？這穹蒼堅硬，如同鑄成的鏡子。我們愚昧不能陳說，請你指教我們該對祂說什麼話。……現在有雲遮蔽，人不得見穹蒼的光亮；但風吹過，天又發晴，金光出於北方，在上帝那裏有可怕的威嚴。論到全能者，我們不能測度；祂大有能力，有公平和

大義，……所以人敬畏祂。」（伯37:5-24）

「誰像耶和華我們的上帝呢？祂坐在至高之處，自己謙卑，觀看天上地下的事。」（詩113:5-6）「祂乘旋風和暴雨而來，雲彩為祂腳下的塵土。」（鴻1:3）

「耶和華本為大，該受大讚美；其大無法測度。這代要對那代頌讚祢的作為，也要傳揚祢的大能。我要默念祢威嚴的尊榮，和祢奇妙的作為。人要傳說祢可畏之事的能力；我也要傳揚祢的大德。他們記念祢的大恩，就要傳出來；並要歌唱祢的公義。……耶和華啊，祢一切所造的，都要稱謝祢；祢的聖民也要稱頌祢，傳說祢國的榮耀，談論祢的大能；好叫世人知道祢大能的作為，並祢國度威嚴的榮耀。祢的國是永遠的國，祢執掌的權柄，存到萬代。……我的口要說出讚美耶和華的話；惟願凡有血氣的，都永永遠遠稱頌祂的聖名。」（詩145:3-21）

傲慢擅斷的警戒

我們既漸認清上帝，又想到自己在祂看來如何，我們就要在祂面前懼怕戰慄。古時有人憑著自己的臆斷，漠視上帝所命為聖的事物，因之就慘遭滅亡。他們的刑罰應作我們現代人的鑒戒。當約櫃從非利士地運回之際，有以色列人冒險去開，就因他們不恭敬的唐突，顯然受了刑罰。

再看到烏撒所受的刑罰。大衛登位為王，就把約櫃運到耶路撒冷，烏撒伸手去扶約櫃。約櫃是上帝親臨的表號，上帝因他冒瀆的

罪，就把他立時擊殺在約櫃之旁。

上帝榮顏的神聖

摩西見荊棘被火燒著，卻不知道有上帝在，就轉過身去看那奇異的景象，當時即有聲音吩咐他說：「不要近前來，當把你腳上的鞋脫下來，因為你所站之地是聖地；……摩西蒙上臉，因為怕看上帝。」（出3:5-6）

「雅各出了別是巴向哈蘭走去。到了一個地方，因為太陽落了，就在那裏住宿；便拾起那地方的一塊石頭，枕在頭下，在那裏躺臥睡了。夢見一個梯子立在地上，梯子的頭頂著天，有上帝的使者在梯子上，上去下來。耶和華站在梯子以上說：『我是耶和華你祖亞伯拉罕的上帝，也是以撒的上帝。我要將你現在所躺臥之地賜給你，和你的後裔；……我也與你同在，你無論往哪裏去，我必保佑你，領你歸回這地，總不離棄你，直到我成全了向你所應許的。』雅各睡醒了說：『耶和華真在這裏，我竟不知道。』就懼怕說，『這地方何等可畏，這不是別的，乃是上帝的殿，也是天的門。』」（創28:10-17）

以色列人在曠野所搭的聖幕，和後來在耶路撒冷所造的聖殿，都是地上的上帝居所的表號，兩者都有一部分的地方是上帝親身所在的至聖所。至聖所門口垂著那繡上基路伯的幔子，除了一人之外，沒有別人可以把它拉開。沒有奉命而拉開聖幔，闖犯這至聖所神祕的禁地就是死；因為在賜恩座上面有至聖之神的榮光，這榮光是無人能見而存活的。每年只有一天是特定進至聖所的日子，那

天，大祭司畏懼戰慄地進到上帝面前，當時有煙雲把榮光遮住聖殿的院內，一切都是肅靜無聲，外面的壇上也沒有別的祭司獻祭，眾人都敬虔靜默地跪著，恭求上帝的憐憫。

> 「他們遭遇這些事，都要作為鑒戒；並且寫在經上，正是警戒我們這末世的人。」（林前10:11）

> 「耶和華在祂的聖殿中，全地的人，都當在祂面前肅敬靜默。」（哈2:20）

> 「耶和華作王，萬民當戰抖；祂坐在二基路伯上，地當搖動。耶和華在錫安為大；祂超乎萬民之上。他們當稱讚祂大而可畏的名；祂本為聖。」（詩99:1-3）

> 「耶和華的寶座在天上；祂的慧眼察看世人。」（詩11:4）「祂從至高的聖所，向地觀察。」（詩102:19）「從祂的居所往外察看地上一切的居民。祂是那造成他們眾人心的，留意他們一切作為的。」（詩33:14-15）「願全地都敬畏耶和華；願世上的居民，都懼怕祂。」（詩33:8）

人不能從猜測中找出上帝。我們不要用冒失僭越的手來掀開那遮掩祂榮光的幔子。「祂的判斷，何其難測，祂的蹤跡，何其難尋。」（羅11:33）祂的威權向我們隱藏，正是所以顯出祂的慈悲；因為我們若掀開祂的幔子，就必要死。人類易朽的大腦，無一能明瞭這位大能者的居住和行為的種種奧祕。惟有從祂所願意指示的事上，我們可以認識祂。我們的理解，必須屈服於更高的威權之下。我們的心思和智慧，必須拜倒於那位說「我是耶和華」的神前。

第 37 章・教育之真偽

「你們為何花錢買那不足為食之物呢？」

把人的意見彰示於前，把上帝的道隱沒在後，這是那罪惡首腦在那裏圖謀的計畫。上帝對我們說：「這是正路，要行在其間。」（賽30:21）魔鬼卻要我們不聽上帝的話。他現在正盡力地要藉著虛假腐敗的教育制度，來遮掩天上的真光。

現在有千萬人都因那種否認上帝的哲學理論和科學考察，成了懷疑派的信徒，現在的一般學校裏，正是很清楚周詳地教授一般學者根據科學的研究所得的結論；其所造成明顯的印象，就是說如果這些學者的研究是正確的，那麼《聖經》就不能無訛。懷疑原是人性之所好，青年人惑於幻想，猶以為懷疑就是思想的解放，於是就為所欺，被撒但所勝。他在他們幼稚的心裏，澆灌每一粒懷疑的種子，使之生長結實。不久，不忠不信的收成，就累累成熟了。

人心本近乎惡，所以在幼稚的腦筋中撒下懷疑的種子是十分危險的。凡足以減退人對於上帝之信仰的，就足以劫奪人心靈上抵抗誘惑的能力，剷除罪惡的惟一保障。我們現今所需要的學校，乃是能使青年人明白什麼是「真偉大」的學校——真偉大乃是在日常生活方面彰顯上帝的品格，藉以榮耀上帝的名。我們須從上帝的道和祂的作為上認識祂，以便我們的為人可以合祂的心意。

無神派的著作家

有許多人以為要得學問，不可不讀一般無神論作家的作品，因

為這許多書中，有不少激發思想的言論。然而高明思想的主人是誰？不是上帝嗎？只有祂是一切光明的根源。我們有了上帝，就有了一切真理，又何必為求些許知識，而在這些無神論的作家所寫的一大堆錯誤中徘徊呢？

那些與上帝的政府為敵的人，何以有時還能顯出智慧呢？原來撒但本身是在天國受過教育的，他有善惡的知識，就把高貴的學問和低劣的思想合併起來。他哄騙人之所以得力，就在乎此。但是因為撒但罩上了天上光明的外袍，我們就接待他為光明的天使嗎？魔鬼有他的使者，是依著他的方法教育出來的，又受了他的靈感，適合於他的工作。我們難道要與他們合作，甚至接受他們的著作為求學不可不讀的書籍嗎？

人如果把向無神論學者去求高見所費的光陰和精神省下來，改為研究上帝的道中的寶訓，則現在還坐在死蔭和黑暗之中的人，就可以在生命之光的輝煌中歡呼了。

歷史和神學的學識

有許多人以為要做基督徒的工作，須先在歷史和各種神學方面有廣博的研究。他們以為這種知識，能幫助他們教授福音。殊不知他們克苦用功地去研究人的意見，非但不足以增添他們辦事的精神，反足以減縮他們工作的實力。我每看見圖書館中滿存著大本的歷史和神學的著作，心中就想道，為什麼花錢買那不足為食之物呢？約翰福音第六章所告訴我們的，就比這些書所含的更多了。耶穌說：「我就是生命的糧；到我這裏來的，必定不餓；信我的，永遠不渴。」（約6:35）「我是從天上降下來生命的糧；人若吃這

糧，就必永遠活著。」（約6:51）「信的人有永生。」（約6:47）
「我對你們所說的話，就是靈，就是生命。」（約6:63）

有一種歷史的研究是不可算為錯的！古時以色列先知學校中有一門功課，就是《聖經》的歷史。從上帝對待列國的記錄上，人可以追尋耶和華的腳步。現在我們也當研究耶和華對付世上萬國的方法。我們應該在歷史中看出預言的應驗，研究神意怎樣指揮那些偉大的宗教改革運動，和現在世界時局的大勢怎樣在把萬國驅入漩渦，作歷來善惡之爭的最後一場決鬥。

這樣的研究，能使我們對於人生有偉大廣泛的觀念，使我們多少明白人生的關節和依靠，使我們知道四海之內的萬國萬民彼此之間有何等密切的關係，和一個人的苦惱或墮落，怎樣能牽動大眾，成為大眾的損失。

但是通常我們讀歷史所論的，無非是人的成就，人在戰場上的勝利，人求功名利祿的成功，神有左右人事的能力，卻被人遺忘了。國家的興亡，是上帝的旨意使然，讀歷史的人，卻很少從這方面去研究的。

至於照現今一般學校中所研究和教授的哲理神學，也不過是些人的推想和猜測而已，無非是用「無知的言語，使上帝的旨意暗昧不明」罷了。往往人收貯這種書籍，其目的並不是完全要營養心智和靈性，大半卻是要與那些所謂哲學家和道學家認識，好用出有學問的口氣和地位，來傳揚耶穌的宗教。

人們所寫的一切書，都不足以使人的行為成聖。大教師耶穌基

督說：「我心裏柔和謙卑，你們當負我的軛，學我的樣式。」你們知識的傲心，不能助你們接濟那些靈性上缺乏生命之糧而將死的人。非但如此，你們讀這些書，就容它把你們應從耶穌而學的切實的教訓撇開了。你們研究這種學問的結果，並不能使周圍的人得飽足。原來這種絞腦汁的研究，其中所有能增添人救人能力的成分，實在少極了。

救主到這世界上來，乃是要「傳福音給貧窮的人。」（路4:18）祂的教訓，都用極簡單的言語和極清楚的表號。《聖經》記著說，「眾人都喜歡聽祂。」（可12:37）凡要在現今之世做耶穌的工作的人，對於耶穌的教訓就應有更深切的洞悉。

那位活上帝的道，是一切教育中最高的教育。凡向眾人服務的人，應該吃生命之糧，這就能增加他們的靈力，然後他們方有準備能為一切階級的人服務。

動人視聽的文學作品

現今市上流行的書刊，有許多都滿載了動人的小說。這種小說是在教導青年作惡，引他們到墮落的地步。往往年紀很小的幼童，犯罪的知識卻已長成。他們受了所讀的故事的激動，常常在思想中重演所讀過的情節。久而久之，他們也就要想試試自己的本領，效學小說中的盜賊，可以犯罪而逃避刑法。

兒童和青年的思想活潑，小說中所描述的理想中未來的情節，對於他們就是事實。許多兒童看到描寫謀反以及種種荒唐犯法的方法和情形，就在無形中得了這種精神。他們被誘而去犯法。甚或會

比小說中所描寫的更厲害。現在社會日趨墮落，就是因為受了這種小說的影響。犯法的種子，也隨處在那裏散播。無怪現在社會要大收其犯法的果子了。

稗史傳奇

荒誕、離奇、驚人的傳奇或野史，為害何嘗不大。作者於名義上也許說是要襯出道德的教訓，結構中也許帶著宗教的色彩，然而這往往不過是為全篇荒謬無謂的一點掩飾而已。

奸詐惑人的書報，現在充滿了世界。青年人接受了《聖經》所貶為荒謬的著作為真理。那足使他們心靈敗壞的誘惑和羅網，他們卻反愛護珍視不肯釋手。

小說

有些小說是為要傳揚真理或攻擊某種惡事而寫的，對於社會確有良好的貢獻，然而其所造成的禍害，亦難盡述。這種小說所有的精密的描寫和言論，足以在人的腦中——尤其是在青年的腦中，激發一種極危險的幻景和思想。它所描寫的情節，常在他們的思想中一次次地重演。這種讀物，能使思想不適於服務，失去靈性的作用，毀滅人對於《聖經》的興趣，而使上天之事在思想中沒有什麼地位。而且人的腦筋，既常想到不純潔之事的描寫，情欲就易奮興，結果便是犯罪。

小說即使沒有不純潔的暗示，且專為教授極高尚的主義而寫的，也有害處，因為它易使人養成一種匆促的讀書習慣，只求大概的情節，不察精細的意義。在這一方面，它就足以消滅深刻和聯貫

的思想力，使人對於人生的責任和前途的重大問題，失去沉思默想的涵養。

神話故事

神話仙傳以及種種虛偽的故事，在現今的兒童教育方面，占著很大的地位。學校的課本和家庭的讀物，帶著神話性質的極多。然而信仰耶穌的父母，爲可任他們的兒童與這種滿載虛假的書接觸呢？往往兒童看了這種與父母的教訓完全相反的故事，就要問是什麼意思。父母雖告訴他們說故事是假造的，然而這種回答卻不能除去那不良的結果。神話中所含的意思，足使兒童受惑，使他們對於人生有錯謬的觀念，養成一種對於不真之事的愛慕心。

現今這類書籍的盛行，乃是撒但的詭計之一。他要使人的心，無論長幼老小，都忘記那造就品格的重大工作。他在世界上布滿了毀壞心靈的欺詐，是要像潮水那樣把我們的兒童和少年沖去。爲此他就設法要把少年人的思想移開上帝的道，阻止他們明白那足爲他們保障的真理。

顛倒是非誤解人生的書籍，永不可放到兒童和少年人的手中，我們切不可讓兒童爲受教育反在思想上種下罪的種子。如果思想已經成熟的長者也能把這種書籍丟開，那麼不只他們本身安全得多，而且他們正當的榜樣和影響，更可以保護青年避免試探的問題。

清潔的泉源

我們有很多真實聖潔的事物。渴慕知識的人，又何必去接近那

污穢的溝槽呢？上帝說：

> 「你須側耳聽受智慧人的言語，留心領會我的知識，……
> 我今日以此特特指教你，為要使你倚靠耶和華。」（箴
> 22:17-19）

> 「謀略和知識的美事，我豈沒有寫給你嗎？要使你知道真
> 言的實理，你好將真言回覆那打發你來的人。」（箴22:20-
> 21）

> 「祂在雅各中立法度，在以色列中設律法，是祂吩咐我們
> 祖宗，要傳給子孫的。」（詩78:5）

> 「要將耶和華的美德和祂的能力，並祂奇妙的作為，述說
> 給後代聽。」（詩78:4）

> 「使將要生的後代子孫，可以曉得，他們也要起來告訴他
> 們的子孫；好叫他們仰望上帝。」（詩78:6-7）

> 「耶和華所賜的福，使人富足；並不加上憂慮。」（箴
> 10:22）

耶穌的教訓

耶穌在福音中發揮真理的原則，就是這樣的。祂的教訓，是上
帝寶座那裏流出的甘泉，我們盡可以暢飲止渴。耶穌本可以把種種
新奇的知識傳授給人，使以前的一切知識都失色退後，以後的種種
發明，變為平淡無奇。祂也未嘗不能把天地間所有的奧祕之事一一
啟示於人，使以後一直到世界末日的各代人民，都以祂的曉示為思

想和考察的中心。然而祂有救恩的科學要教，不能一刻分身。祂的光陰、才力、生命，全為成全拯救世人生靈之工而用。祂到世界上來，原是為要尋救失喪的人。這個目的，祂始終絕不放棄，沒有容別的事使祂分心。

耶穌所傳授的，無一不是實用的教訓。祂所對人說的話，處處適合個人實際生活的環境。有些人為了好奇之心的驅使，來問祂許多深究窮追的問題，祂並不回答，反而利用這種機會來向人作誠懇嚴切的請求。凡誠心來向知識樹上求果的人，祂就賜以生命樹的果子。一切路都截斷，只剩一條到上帝那裏去的路；一切泉源都塞住，單剩一處永生之泉。

我們的救主並未勸人入當代的拉比學校，因為人上拉比學校，思想就要受「他們說」或「有人說」的腐化。那麼，我們既有更偉大更確切的智慧可以隨手而得，又何必去接受世人搖動的話，視為崇高的智慧呢？

以我所見到的永久之事、人類的軟弱，我的思想已深深地受了印象，我的一生工作已大大地受了影響。我不知道人在什麼事上配受頌讚或光榮。我更不知道一般所謂偉人和聰明人的見解，何以得到信仰和擁護。那些毫無神的光照的人，又焉能真確地明瞭上帝的計畫和手段呢？他們不是完全否認上帝，便是以自己有限的腦力來限制上帝的大能。

我們應該選那創造天地的神做我們的教師，請那位佈置穹蒼，掌管日月星辰的主為我們的指導。

切實合用的知識

青年人有志發展智能，達到最高之點，這本是應該的。上帝所沒有加以限制的教育，我們自不得加以限制。不過我們的造就若不為榮耀上帝和造福人群而用，就毫無價值。

把許多死板嚴刻而毫無實用價值的科目硬塞到頭腦裏去，是不好的。這種教育對於學生就是損失。因為這些科目，足以消減他對於那真有價值真足以幫助他擔任責務的科目的興趣和意志。一點實用的學問，比無論多少單講學理的科目有用得多。單有學問不足，我們要能夠正當使用學問才好。

許多人在沒有什麼多大用處的教育上費了很多光陰、精力、和金錢。這種光陰、精力和金錢，應該拿來求一種實際的教育——一種能使他們成為切實有用、勝任人生責任的男女的教育。這樣的教育才是最有價值的。

心的教育

我們所需要的知識，是能堅強我們心靈意志，提高我們性情人格的知識。心的教育，比單是書本的學問重要得多了。我們生在這世界上，固不可少世界上的知識，然而若因求世上的學問而把永生撇開，就必遭遇永無恢復的失敗。

一個學生，盡可以用他的全力來求知識，但是他若不認識上帝，若不服從管轄人身的原則，就必自取毀傷。因不良的習慣，他就失了自省自制之力。他不能用理智來斷定與他關係最大之事，又不能依著自然之理善待自己的思想和身體，於是為了疏忽遵循正

規，他就毀傷了自己——毀傷了自己的今生和來世。

　　青年人若能察覺自己的弱點，就可以在上帝那裏得到他們的力量。他們若求教於上帝，就能因上帝的智慧而得智慧，他們的人生，也就於世界有飽滿的幸福。然而他們若是一心單戀世上的智慧，埋頭於臆測的學識，以致與上帝隔絕，就必喪失人生的一切富庶。

第38章・尋求真知識的重要

「你須側耳……留心領會我的知識。」

處在這場偉大戰爭中的我們，對於這場戰爭的重要關鍵，和《聖經》真理的價值，以及人若受惡魔欺騙違離真理的危險，應當有比目前更完全更徹底的明瞭和認識。

觀察為救贖我們所付的無窮代價，我們就可知道罪的為害真是大極了。為了罪，人的全身就遭損壞，人的心思意念就被騙入邪道，人的想像就受腐化，連人心靈的機能也因罪而墮落了。外界的引誘一來，內心就撥弦相應，人的腳步就不知不覺地轉向惡道了。

為我們所獻的祭，既是完全的，所以我們從罪的污穢中脫身，也必須是完全的。沒有惡的行為，是上帝的律法所寬宥的。沒有不義，是能逃避刑罰的。福音在道德的標準方面只承認全聖的品格，不知有什麼讓步。耶穌的人生，對於上帝的律法是條條守全的。祂說：「我遵守了我父的命令。」（約15:10）祂的一生，是我們順從和服務的榜樣。只有上帝能使人心更新。《聖經》上說：「你們立志行事，都是上帝在你們心裏運行，為要成就祂的美意。」然而同時《聖經》也吩咐我們「作成你們得救的工夫。」（腓2:13,12）

需要我們思考的工作

在品格上糾正錯誤，實行改革，單靠一點淺薄的工夫是不行的。建立品格，不是一年一月的事，乃是一生的事。人要克服自己，求得聖潔和天國，這種奮鬥乃是終身的奮鬥。非有繼續不斷的

努力，和時刻無己的活動，絕不能進取神聖的生活，獲得勝利的冠冕。

人是從高處墜下的，其最大明證，就是恢復的困難度。人要恢復原有的地位，這一條歸路須得拚命打開，時時刻刻一寸一寸地進取。在一時之間，為了一件粗莽疏忽的行為，我們就能跌入罪惡的勢力之下；但要掙脫桎梏，回到高尚聖潔的人生，卻不是一時一刻之功。主意或許打定了，工作也開始了；但成功還需要光陰、勞苦、忍耐、堅持的力量和犧牲的精神。

我們絕不可隨一時的衝動而行事，絕不可一刻疏懈。在我們四周有無數的試探包圍，我們必須堅決抵拒，否則必作階下之囚。若是我們到了生命的盡頭，還沒有把工夫做成，那損失便是永遠的損失了。

使徒保羅的一生，是常在與自身爭鬥的。他說：「我是天天冒死。」（林前15:31）他自己的意念和心願，與上帝的旨意和上帝所交給他的責任天天起衝突。他並未隨從自己的意向，卻遵行了上帝的旨意，無論這旨意使他本性感到多麼苦惱。

到了人生之末，回顧所有的奮鬥和勝利，保羅竟能說：「那美好的仗我已經打過了；當跑的路我已經跑盡了；所信的道我已經守住了；從此以後，有公義的冠冕為我存留，就是按著公義審判的主到了那日要賜給我的。」（提後4:7-8）

基督徒的生活，是要且戰且進的。這場戰爭，是沒有休息的，必須時刻堅持地進攻。我們與撒但的試探相爭，要保持勝利的地

位，必須向前猛進。努力不懈才行。我們要有耶穌樣式的完全，必須用勇不可當的毅力去求，用堅定不移的意志來保持。

人若不肯自己下堅持切實的功夫，別人絕不能拖他向上。這人生的仗，各人必須自己去打，別人是不能代我們出戰的。戰爭的結果，也歸我們個人承當。即是挪亞約伯和但以理也不能用他們的義來救自己的子女。

必須精研的科學

基督教有一種科學是必須受人精細研究的。這種科學，比人的無論什麼科學都更深、更寬、更高，好像天高出半地一樣。人的思想，必須管束、教導、訓練；因為我們事奉上帝所需用的方法，與我們原有的志趣和意向是不同的。遺傳和環境所養成的一切不良傾向必須克服。人要在耶穌的學校中做學生，往往須先把一生所受的教育和訓練完全丟開。我們要教練我們的心，使之在上帝裏面穩固。在思想方面，我們須養成一種抵抗罪惡的習慣。我們須學習向上觀看，須明白上帝聖道的主義——高如蒼天，足為永世指南的主義——對於我們日常的生活有什麼關係。我們的一舉一動，言語思想，都必須完全與《聖經》的主義相符。我們的一切，必須歸於耶穌之下，與耶穌相同。

聖靈的可貴的品性，不是在一時之間可以養成的。勇敢、堅忍、溫柔、忠誠的精神，和確定不移地信靠上帝確能拯救的態度，是從歷年的經驗中得來的。上帝的兒女，須以一生聖潔的努力和持守正道的生活，來蓋下自己命運的印記。

沒有可荒廢的光陰

我們沒有光陰可以荒廢了。我們不知道悔改的機會幾時過去，至長也不過這短短的一生，但我們又不知道死的毒箭幾時要向我們的心上射來。我們只知道命令一到，我們必須立時放棄世界和世界上的一切關係，卻不知道這個命令幾時要臨到我們頭上。永久的將來，漫漫地在我們前面。掩隔在今生和來世之間的帳幔，行將掀去了。再等不多幾個短短的年頭，那封閉得救之門的聖諭，必向每一個活著的人發出道：「不義的，叫他仍舊不義；……為義的，叫他仍舊為義；聖潔的，叫他仍舊聖潔。」（啟22:11）

我們預備好了嗎？我們可曾與上帝——天國的總督，大立法家——和祂所派到世上來的代表耶穌基督結識嗎？等到我們一生事業結束時，我們可能像我們的模範耶穌一樣說：「我在地上已經榮耀祢，祢所託付我的事，我已成全了。……我已將祢的名顯明」嗎？（約17:4-6）

上帝的天使正想要使我們忘記自己和世俗的事務，切不要使他們勞而無功才是。

凡被浪漫的思想所占據的心，應得改變過來。《聖經》吩咐我們說：「所以要約束你們的心，謹慎自守，專心盼望耶穌基督顯現的時候所帶來給你們的恩。你們既作順命的兒女，就不要效法從前蒙昧無知的時候，那放縱私欲的樣子。那召你們的既是聖潔，你們在一切所行的事上也要聖潔。因為經上記著說：『你們要聖潔，因為我是聖潔的。』」（彼前1:13-16）

我們的思想，須集中於上帝。我們須切心盡力地設法壓倒本性向惡的趨向。價值無窮的寶物，必須用相稱的努力和堅忍以及犧牲的精神去追求。只有像耶穌那樣的得勝，我們才能獲得生命的冠冕。

須丟開自負的心

人的大危險，就是自欺，自以為滿足，以致與上帝——人的能力之源——隔絕。我們的本性，除非經上帝聖靈的改正，原含有道德死亡的種子。所以我們若不與上帝根本相接，就無從抑制自私的意念和犯罪的引誘，以及種種嗜好的不良影響。

我們若要從耶穌那裏得幫助，須先察覺到自己的欠缺，先真正地認識自己。惟獨知道自己有罪的人，耶穌才能拯救。我們惟有深知自己的完全無力，惟有絕對丟掉自恃之心，才可以拉住神的能力。

不但是在初做基督徒的時候，必須丟開自負之心。在向天之路的行程中，每向前進一步，須把自己丟開一步。我們的一切好行為，完全是靠著一種身外之力；所以我們應該從心中時刻發出仰望上帝的意念，時刻在祂面前謙恭，虔心認罪。當此楚歌四起，危機潛伏之際，我們唯一的安全，就是覺悟自己的懦弱而在信靠的精神之中拉住我們大能的拯救者。

耶穌是真知識的泉源

千萬種引人注意的題目我們須要避開。世上盡有許多消耗光陰，惹人追求的事，其結果卻都是虛空無益。人們往往把精明的腦

力和深切的研究時間去用在無什麼意義的事上，我們卻應該用最純粹的精力來追求最高尚的事。

接受新學說，並不使人心得到新生命。即便是一般確屬重要的理論和事實，單是明曉而不去實行利用，也是無什麼價值的。我們須感覺自己的責任，要用那能滋養並興發靈命的材料，來供給我們的心靈。

> 「側耳聽智慧，專心求聰明，……尋找它如尋找銀子，搜求它如搜求隱藏的珍寶，你就明白敬畏耶和華，得以認識上帝。……你也必明白仁義，公平，正直，一切的善道。智慧必入你心；你的靈要以知識為美；謀略必護衛你，聰明必保守你。」（箴2:2-11）

智慧為「持守它的作生命樹；持定它的俱各有福。」（箴3:18）現在我們所要研究的問題是「什麼是真理——我們所當持定、尊重、敬愛和順服的真理究竟是什麼？」專心從事研究科學的人，想從科學中找到上帝。但他們已是垂頭喪氣地失敗了。他們現在應該問的是：「能使我們的心靈得著拯救的真理究竟是什麼？」

「你們以耶穌為誰？」這是萬分重要的問題。你接受耶穌為你個人的救主嗎？凡接待祂的，祂就賜他們權柄作上帝的兒女。

耶穌用一種方法向門徒顯示上帝，以便在他們心裏成了特別的工作；這種工作，就是耶穌在我們心裏所要成就的。但現在有許多人因為過分地拘泥於學理，就看不到救主的榜樣所含的活力。他們已經看不出耶穌是個謙虛克己的工人。他們所需要的就是仰望耶

穌。我們需要耶穌的樣貌，天天地重現在我們眼前。我們須更仔細地仿效祂克己和謙卑的精神。

我們需有保羅寫以下一段話時所有的經驗：「我已經與耶穌同釘十字架，現在活著的，不再是我，乃是耶穌在我裏面活著，並且我如今在肉身活著，是因信上帝的兒子而活，祂是愛我，為我捨己。」（加2:20）

認識了上帝和耶穌，再在品格上表現這種認識，人的超升，在天上和地下就沒有比這再可貴的了。這就是教育方面最崇高的教育，是開啟天城之門的鑰匙，是上帝要凡投靠耶穌的人一概應有的知識。

第 39 章・由《聖經》中得來的知識

「祢的言語一解開，就發出亮光，使愚人通達。」

　　《聖經》是上帝榮光的表示。我們接受《聖經》，信服《聖經》，順從《聖經》，《聖經》便是改變品格的利器。它那偉大的鼓動和激勵之力，足以振興身體上思想上和心靈上各方面的機能，足以使人生歸向正道。

　　現今的一般青年——年長的人也是如此——很容易受誘惑及犯罪，其原因就是因為他們沒有好好地去研究《聖經》，沒有去仔細揣摩其中的訓言。人既疏忽《聖經》中上帝的聖訓，生活和行為上就呈現意志薄弱缺少毅力的象徵。他們不肯費什麼心力把他們的腦筋從虛偽不潔的方面移開，引到足以激發聖潔高尚思想的事上。能像馬利亞那樣作上好的選擇，坐在耶穌腳前，靜聽聖師的訓導，聽了又能藏寶在胸，遵守奉行，這樣的人現在實在少極了。

　　《聖經》的真理蒙人接受之後，它就會提高他們的心靈和思想。不論長幼老少，對於上帝的道若有應有的欣賞和尊重，就能有一種內心的正直和堅守主義的能力，使他們足以抵擋罪的誘惑。

　　《聖經》的金玉之言，是人所應該彼此傳講寫述的。我們的智力、機能，以及腦力的精用，都當用以研究上帝的思想。上帝就是真理，我們應當研究祂的哲學，不要去研讀人所信口造出的理論。沒有別的文學能與上帝言論的價值相比。

　　限於世俗的心志，就不能從思忖上帝的道上找到樂趣；惟有經

聖靈改造過的心靈，便會在《聖經》的字裏行間見到神聖的美和天光的照耀。世俗的心志以為是荒涼的沙漠，屬靈的心志卻覺得是活水的佳源。

我們須使兒童從《聖經》中認識上帝；這就是我們所當給他們的知識。從理智初開之時，我們即當使他們熟悉耶穌的名字和祂一生的事蹟。我們所當教他們的第一課，就是上帝是他們的父親；所該實施的第一種訓練，就是友愛的順從。由上帝的《聖經》中我們要揀合乎他們的悟性，取足以啟發他們興趣的地方，恭恭敬敬循循善誘地讀給他們聽。最要緊的，要使他們領會上帝在耶穌裏所顯出的愛，及其偉大的教訓：「上帝既是這樣愛我們，我們也當彼此相愛。」（約壹4:11）

青年人當將上帝的道作為靈性和心志的食物。耶穌的十字架，青年人當視為一切教育的主要科目，早晚以思，日夜以行地在生活上表演出來。那麼救主就會天天做他們的知交。他們的心思意念，都會一一歸服於耶穌的指揮之下。他們便可與使徒保羅一樣說：

> 「我斷不以別的誇口，只誇我們主耶穌基督的十字架；因這十字架，就我而論，世界已經釘在十字架上；就世界而論，我已經釘在十字架上。」（加6:14）

實驗的知識

在以上這種情形之下，青年人就要因實驗的知識而認識上帝。他們可以親自證明上帝之道的真實和祂應許的可靠。他們已經嘗試，並且知道耶和華是聖善的。

耶穌所愛的門徒約翰有過這樣的經驗，所以他能見證說：

> 「論到從起初原有的生命之道，就是我們所聽見，所看見，親眼看過，親手摸過的；（這生命已經顯現出來，我們也看見過，現在又作見證，將原與父同在，且顯現與我們那永遠的生命，傳給你們；）我們將所看見，所聽見的，傳給你們，使你們與我們相交；我們乃是與父並祂兒子耶穌基督相交的。」（約壹1:1-3）

每一個信從耶穌的人，都能夠從自己的經驗中「印上印，證明上帝是真的；」（約3:33）都能夠憑著自己所看見、聽見、和感覺到的耶穌的功能作見證說：「我需要幫助，已在耶穌身上找到了；我的每一缺少，祂無不補足；我心靈上的飢餓，祂已餵飽。《聖經》對於我，是耶穌的顯示。我依從耶穌，因為耶穌是我的神聖救主。我信服《聖經》，因為我已從經驗中知道《聖經》是上帝對我心靈說話的聲音。」

研究自然科學的一助

凡在親身的經歷上認識上帝和上帝之道的人，就有資格可以研究自然科學了。《聖經》論到耶穌有言道：「生命在他裏頭，這生命就是人的光。」（約1:4）在罪未入世界之時，亞當和夏娃的四周是有清亮美麗的光──上帝的光──圍著的。這種神光，跟著他們的身子隨處照耀。他們縱目看去，沒有什麼能阻止他們明白上帝的品性和祂所造之物。但他們被那誘人的魔鬼屈服以後，那神光也就離了他們。因為失了聖潔的服裝，他們乃失了這照透萬物的神光，不再能真正地識得萬物，也不再能從上帝的作為上鑒賞上帝的品性

了。為此，現今的人對於萬物所含的教訓是不能有正當的明瞭的。如無神智的指導，人就要高抬自然和自然的定理，超過那創造自然的上帝。所以單是人的意識，在科學方面往往是與上帝之道的教訓背道而馳的。然而對於凡接受耶穌的生命之光的人，自然界就重新得著照亮了。在十字架上所發的光線中，我們對於自然界的教訓仍能夠有正當的領悟。

凡在個人經驗上認識上帝和祂的道的人，對於《聖經》之為神聖，是毫無疑問的。他已證明了上帝的話是真理，而且他知道真理是絕不能有矛盾的。他並不用人的科學之說，來試驗《聖經》；卻用《聖經》無偽的標準來試驗人的科學之說。他知道真的科學絕不會與《聖經》的話相反的；因為《聖經》出乎上帝，科學也出乎上帝，人若是真正地明白《聖經》，又真正地明白科學，就可見兩者是吻合的。凡是科學的理說，若與《聖經》的話有衝突，那麼這種所謂科學不過是人的猜測而已。

對於這等的學生，科學的研究就足以大大地啟發他思想和學問的範圍，在思考自然界的萬物之時，他就會對於真理有一種新的見解。自然界的課本和上帝的《聖經》就彼此對照，彼此解答；兩者都會使他因明白上帝的性格和他掌理萬物所用的定理而更認識上帝。

詩人大衛的經驗

從自然界和上帝的啟示方面接受上帝的道，這種經驗就是詩人大衛的經驗，也是我們人人都能得的經驗。他說：「祢耶和華藉著祢的作為叫我高興；我要因祢手的工作歡呼。」（詩92:4）

「耶和華啊，祢的慈愛，上及諸天；祢的信實，達到穹蒼。祢的公義，好像高山；祢的判斷，如同深淵。」「耶和華啊，人民牲畜，祢都救護。上帝啊，祢的慈愛，何其寶貴；世人投靠在祢翅膀的蔭下。」「祢也必叫他們喝祢樂河的水；因為在祢那裏，有生命的源頭，在祢的光中，我們必得見光。」（詩36:5-9）

「行為完全，遵行耶和華律法的，這人便為有福。遵守祂的法度，一心尋求祂的，這人便為有福！」「少年人用什麼潔淨他的行為呢？是要遵行祢的話。」「我揀選了忠信的道，將祢的典章擺在我面前。」（詩119:1-2, 9, 30）

「我將祢的話藏在心裏，免得我得罪祢。」（詩119:11）

「我要自由而行，因我素來考究祢的訓詞。」（詩119:45）

「求祢開我的眼睛，使我看出祢律法中的奇妙，」「祢的法度，是我所喜樂的，是我的謀士。」「祢口中的訓言，與我有益，勝於千萬的金銀！」「我何等愛慕祢的律法，終日不住的思想！」「祢的法度奇妙，所以我一心謹守。」（詩119:18, 24, 72, 97, 129）

「我在世寄居，素來以祢的律例為詩歌。」「祢的話極其精煉；所以祢的僕人喜愛。」「祢話的總綱是真實，祢一切公義的典章是永遠長存。」「願我的性命存活，得以讚美祢；願祢的典章幫助我。」（詩119:54, 140, 160, 175）

「愛袮律法的人，有大平安；什麼都不能使他們絆腳。耶
和華啊，我仰望了袮的救恩，遵行了袮的命令。我心裏守
了袮的法度；這法度我甚喜愛。」（詩119:165-167）

「袮的言語一解開，就發出亮光，使愚人通達。」（詩
119:130）

「袮的命令常存在我心裏，使我比仇敵有智慧。我比我的
師傅更通達，因我思想袮的法度。我比年老的更明白，因
我守了袮的訓詞。」「我藉著袮的訓詞，得以明白；所以
我恨一切的假道。」「我以袮的法度為永遠的產業，因這
是我心中所喜愛的。」（詩119:98-100, 104, 111）

上帝的品性更清楚的表示

舉目向上，祈求上帝的品性更清楚的表示，這是我們的權利。
摩西求上帝說：「求袮顯出袮的榮耀給我看。」上帝答道：「我要
顯我一切的恩慈，在你面前經過，宣告我的名。」（出33:18-19）
祂居然應允摩西的要求，並不責備他。

我們的思想和目光，是被罪遮暗的。只要把罪從我們心中剪
除，那麼我們因認識上帝的榮耀而在耶穌基督臉上見到的光輝，照
在《聖經》上面，再經自然的萬象反射，就會充分而又充分地向我
們宣告說：「耶和華，耶和華，是有憐憫，有恩典的上帝，不輕易
發怒，並有豐盛的慈愛和誠實。」（出34:6）

我們要在祂的聖光中見光，一直到我們的心靈思想意念都化成
祂聖潔的形像。

　　凡能如此仰仗《聖經》之神聖保證的人，前途實有無窮的希望。茫茫無邊的真理，偉大神聖的力源，都在他們眼前。光明燦爛的事，都要向他們顯出，從來想不到在《聖經》中所有的權利與義務，盡將一一發現。只要能順著上帝的旨意，走在謙卑服從的路上，人人都能夠一天一天地愈明白上帝的神論。

　　做學生的人，只要以《聖經》為他的指南，堅絕不移地保守主義，則無論什麼崇高的地位，他都能夠攀達。屬於人性的一切哲學，凡是不把上帝認為天地之本的，結果沒有不到混亂和辱沒的地步；但那受上帝所感的寶貴的信德，是能夠增添人生實力，造就高尚品格的。人如果能多講多想上帝的恩惠、慈悲、和仁愛，就會有更深更遠的目光，可以清楚地看出真理，就會有更高更聖的希望，來企求思想的精明和心靈的純潔。那在聖潔思想的清淨空氣中存活的心靈，就能藉著研究《聖經》與上帝來往而起變化。真理是如此地偉大，如此地廣泛，如此地深遠，以致人的本身就看不見了。於是他的心也就軟化，浸沒到謙卑、溫和、仁愛的美德中了。

　　人的天然機能，亦會因聖的順從而增加。學者的思想，必因攻讀生命之言而開闊、提高、加深。如果他們像但以理那樣對於上帝的道聽而能行，就也能像但以理那樣在各種學識方面猛進直前。他們的心志既是清潔，必能因清潔而日趨強固。每種才能都必振興發展。他們便能這樣造就自己，鍛煉自己，使他們影響所及的人，都可以從他們身上看出人與那位全智全能之神發生關係之後，能夠達到何等高的地位，成就何等大的事業。

永生的教育

我們今世的人生，乃是為永生做準備。今世所開始的教育，不會在今世完成的；卻要永世無窮地一直繼續下去，步步前進，沒有止境。在救人的大功方面，上帝的智慧和慈愛必將層出不窮地展現。人類的救主，把祂的兒女引到活水泉前，也必將各種豐富的知識厚賜他們；上帝奇美的作為，和祂創造與維持宇宙的明顯的神能，將在人的眼目中天天發現新的美點。從天上的寶座上神光所照，一切奧祕都要雲開霧散，人看見一切以前所從未想到，從未明白之事的簡單和明瞭，就要驚訝稱奇，感謝不已。

我們如今彷彿對著鏡子觀看，模糊不清；到那時就要面對面了；我們如今所知道的有限，到那時就全知道，如同主知道我們一樣。

論・健康佈道
Ministry of Healing

第八篇・職工的需要

「你上山到我這裏來。」

第 40 章・日常生活的良助

「你的日子如何，你的力量也必如何。」

　　一個真正基督徒展現的那種安靜而信行一致的純潔生活，有一種感動人的能力，比言語的能力強大得多。人本身的行為，比他的話有更大的勢力和影響。

　　祭司長和法利賽人所差去捉拿耶穌的差役回來報告說，「從來沒有人像祂這樣說話的。」這原因就是因為從來沒有人像祂這樣為人。要是耶穌不是那樣做人，就絕不能那樣說話。祂所說的話，都是從一個清潔、神聖、滿有仁愛、憐憫、公平、正直的心中出來的，所以就有一種服人之力。

　　我們在別人身上有多少感化力，全在乎我們自己的品格和為人怎樣。我們要使別人信服耶穌之恩的功能，當然先得從自己的心裏和生活上清楚耶穌之恩的功能。我們所傳的救人之福音，也必就是那使我們自己靈性得救的福音。在今日懷疑責難的世界上，我們要想感化別人，非得在自己的行為上表示信仰耶穌為世人切身的救主不可。如果我們要從時代的奔流中撈救罪人，我們自己的腳就必須穩穩地站在磐石──耶穌基督──上面。

　　基督徒的徽章，乃是人神相通的顯示，並不是什麼外表的記號，佩戴十字架或冠冕等等。我們以品格的變化來顯出上帝恩惠的權能，這就能夠使世人相信上帝曾差祂的兒子來做世人的救主。一種不自私的生活所發出的感化力，其影響周圍的人，是沒有什麼其他勢力所能比的。使人信服福音最強最充足的理由，就是透過一個

愛人而值得人愛的基督徒。

試煉的訓練之功

　　要做這樣的人，有這樣的感化力，必須步步下功夫，克己犧牲鍛鍊。許多人因為不明白這一點，所以就很容易在基督徒的生活上灰心喪膽。有不少虔心誠意地獻身為上帝服務的人，往往很奇怪、很失望地覺得他們周圍的困難和阻礙，反比以前更多了。他們求上帝使他們有耶穌那樣的品性，使他們配作上帝的事工，然而上帝所使他們處的境地，卻似乎要激起他們品格中的惡發作。他們以前自己感覺不到的錯處和弱點，都顯現出來了。於是像古時的以色列人一樣，他們就疑問道：「若是上帝真在領導我們，這些事為什麼都臨到我們呢？」

　　這些事臨到他們，正是因為有上帝領導他們之故。艱難和困苦，是上帝特別訓練人的方法，是祂所指定的成功的條件。鑒察人心的上帝，知道人的性格，比人自己更明白。祂看出某種人有些力量和易受感動之處，若加以正當的指示，即能於祂工作的進行上有利益。所以祂就按著祂的旨意，使這些人處於種種地位，使他們在各樣不同的情形之下，發覺自己品格方面以前所沒有知道的弱點。祂又給他們機會矯正這些缺點，養成為祂服務的資格。往往祂也容痛苦的火攻擊他們，使他們得以潔淨。

　　主耶穌基督使我們遭受試煉，正是因為祂看出我們裏面有些貴重的特質，要加以造就加以提煉之故。如果祂看見我們身上沒有什麼足以榮耀祂名的材料，祂就不費什麼光陰來琢磨我們。祂絕不把無用的石頭丟進祂的爐中；惟有貴重的礦石，祂才加以鍛鍊。鐵匠

把鋼鐵丟在火中，為要知道材料的性質如何成分如何。主耶和華容祂的選民被投於苦難的爐中，也無非是要試驗他們的性情和質地，看他們能否有所造就，能否成為祂的工具。

窯匠隨自己的心意，把泥土捏成各種樣式。他把泥土拿在手裏，搓著、捏著、拉著、搏著、弄濕了又曬乾，又丟在一旁不去動它，等它完全柔軟，再施行種種手續，捏成器物的形狀，在輪子上把它磨光、擦平，再放在太陽光中曬乾，丟到窯裏烘烤——經過這種種琢磨以後，泥土便成了有用的器皿。那位大工程師，也要這樣造就我們，模造我們。我們在祂手中，正像泥土在窯匠手中一樣。我們不可企圖去做窯匠的工作。我們的本分，是要委身於我們的大工程師，聽祂去搓捏我們。

> 「親愛的弟兄啊，有火煉的試驗臨到你們，不要以為奇怪（似乎是遭遇非常的事），倒要歡喜；因為你們是與耶穌一同受苦，使你們在祂榮耀顯現的時候，也可以歡喜快樂。」（彼前4:12-13）

籠中的小鳥，在白日的光亮之中聽見別的鳥摻雜的鳴聲，就學不會主人教它唱的歌調。它或能學會這一節，那一段，但終不能把整個曲子單獨地學會。然而主人把籠子遮起來，放在另外一處，使它只聽見自己所要唱的歌，於是小鳥在黑暗中學了又學，練習又練習，直到完全學會，就引頸高歌，音調極其和美。從此小鳥就從黑暗中出來，以後可以一直在光明中唱它的歌曲了。上帝對於祂的兒女也是如此。祂有一曲詩歌要教我們唱；我們在苦難的幽暗中學會了以後，就可以永久在光榮裏高唱。

上帝替我們選擇的職業

有許多人不滿意他們一生的事業。也許他們的環境不良；他們因為懷才不遇，以致鬱鬱不得志；往往他們的努力沒有什麼成績，或是不受人賞識；前途渺茫，對於將來沒有把握。

然而我們應該認清這一點：我們所要做的事，也許不是出於我們自願，卻仍應當受之為上帝所為我們選的職業。不論合意不合意，我們終得盡那與我們最近的責任。「凡你手所當作的事，要盡力去作；因為在你所必去的陰間，沒有工作，沒有謀算，沒有知識，也沒有智慧。」（傳9:10）

若是上帝要我們到尼尼微去傳信息，我們到約帕或迦百農去，都不能使祂完全滿意。祂把我們的腳步引到一處地方，差我們到那裏去，是有緣故的。在那地方，也許有人等著要得我們所能給的幫助。主從前差腓力去開導埃提阿伯的太監，差彼得去幫助羅馬百夫長，差以色列的小女子去救援亞蘭將軍乃縵，今日也照樣差遣男女和青年做祂的代表，去濟助凡需要神恩救援和指導的人。

上帝的打算是最好的打算

我們的打算，常常不一定是上帝的打算。為了我們和上帝的事業雙方的利益，祂或者不得不拒絕我們的好意，像從前大衛的那樁事情一樣。不過，有一點我們是可以確定無疑的：凡誠心把自己和自己的一切所有獻給主榮耀主名的人，主必祝福任用，來使祂的事工進展。如果祂以為好而不能成全他們的心願，祂就必給他們愛的表號，把別的差使託付他們，以此補償祂的拒絕。

主上帝明白我們，勝於我們明白自己。為了愛我們，謀我們的利益，祂往往不讓我們滿足自私的欲望和野心。祂不容我們錯過那近在我們身旁的平凡而神聖的本分；這種微末的本分中，往往含有我們在準備任更高的職務時所不可少的訓練。往往我們的謀算失敗，為要使上帝的計畫成功。

上帝始終不叫我們為祂作真正的犧牲。許多事物祂要我們交代給祂，但是祂所要我們交出的，無非是於我們走天路不利的障礙物而已。即使上帝要我們捨棄真正良好的東西，我們也可以確實知道祂是要藉此為我們成就更大的美事。

到將來的世界上，我們現在莫名其妙的煩惱和失望都可清楚而明顯；我們就會曉得，現在所有似乎未蒙應允的禱告和喪失了的希望，都要算是我們最大的幸福。

我們對於所有的本分——無論多麼低下的責任——都應該視為神聖；因為這都是上帝事務的一部分。我們天天的祈禱應該說：「主啊，幫助我盡我的力量。教導我做更好的工人。賜給我強大的能力和愉快的精神。幫助我在我的服務上表現救主慈愛的心腸。」

摩西一生的教訓

且想一想摩西的經歷。他以王孫及王位繼承人的資格，所受的教育，是很透徹的。凡是當代埃及所有的學識，和他們所以為能加增智慧的課程，他沒有一樣錯過的。文治軍事方面，他都受過最高的訓練。他覺得自己已是完全準備好，有資格可以救以色列人脫離

奴籍了。然而上帝的見解不是這樣。祂把摩西遣到曠野去牧羊，再受訓練四十年。

摩西在埃及所受的教育，有許多方面對於他是有益的；然而對於他一生的工作最有價值的教訓，是在曠野中牧羊的時候受的。摩西生來是個性情急躁的人。在埃及他是一個成功的軍事領袖，既得寵於王上，又為全國所敬愛，慣受頌讚和奉承。他又號召百姓都歸從他，想要用自己的力量來救以色列人。然而他做上帝的代表所要受的教訓，卻是與此大大不同。領了羊群，經過山嶺的曠野，走到平原的草地之時，他就學會了忠信、溫柔、忍耐、謙虛、克己等等的教訓。他從此知道怎樣照顧弱者，保護有病的，去把迷路的找回，容忍頑固之輩，餵哺小羊，照顧老者和弱者。

在這樣的工作上，摩西就與那位大牧人，那位以色列的聖者接近。他不再想做大事了；只求能夠忠心地盡上帝所交給他的責任。他覺得他的環境之中有上帝在。自然界的一切，都向他講述那位看不見的神。他於是乎認識上帝，知道他是一位實在的上帝。愈思忖上帝的品性，他就愈覺得上帝在他左右。他就在永久的膀臂之下，找到了庇護。

經過這一番修養之後，摩西才又聽得天上的呼聲，要他丟下牧羊的棒，拿起威權的杖，要他離開他的羊群，去做以色列的首領。這神聖的命令臨到他時，他卻覺得自己笨舌鈍口，沒有勇氣，沒有自信。他覺得自己非常缺少才能，實在毫無資格做上帝的傳話人。只是他一心信靠上帝，就接受了這個差使，他的使命極其重大，所有的一切精神腦力，都得用在上面。上帝因他迅速的順從就賜福給

他，他便變成有口才，有希望，能鎮定自若，配擔任這件人間最偉大的工作了。《聖經》論到他說：「以色列中再沒有興起先知像摩西的；他是耶和華面對面所認識的。」（申34:10）

那些以為別人不賞識他們的工作，或渴望高位重任的人，就該想到「高舉非從東，非從西，也非從南而來。惟有上帝斷定；祂使這人降卑，使那人升高。」（詩75:6-7）在天上永遠的計畫之中，每一個人都有他的地位。我們能否擔任這個地位，全在乎我們自己怎樣忠心與上帝合作。

我們當謹防自憐的態度。絕不要怨歎自己的不得志，或是你的努力無人賞識，或是工作太難。我們當想起耶穌為我們所受的一切，就可以把一切牢騷怨懟的思想壓下去。我們所受的待遇，還比我們的主所受的好一些。「你為自己圖謀大事嗎？不要圖謀！」（耶45:5）想得冠冕過於願背十字架的人，主在自己的福音事工上用不著他。祂所要的人，是想盡責任過於想得報酬的人；是專注原則過於擢升的人。

那些謙虛盡職，辦事好像是替上帝而辦的人，雖不像一般張旗敲鼓自稱大好人那樣耀武揚威，可是他們的工作，卻有更大的價值。那些大事鋪張的人，往往號召人來注意自己，站在人民和上帝之間，把上帝和人民隔開，並且他們的工作就成為失敗了。「智慧為首，所以要得智慧；在你一切所得之內，必得聰明。高舉智慧，它就使你高升；懷抱智慧，它就使你尊榮！」（箴4:7-8）

因為沒有自策自勵希冀上進的決心，許多人就在錯誤的辦法和方式上面演成刻板文章。但這是大可不必的。他們盡可以修養自己

的才能，提高辦事的效率和品質，那麼他們就可以常被人所需要；他們的才能，也可以儘量地得其所用了。

如果人真有升職的資格，上帝自會安排；祂不但會使他們自己覺得，也會使那些試驗過他們，明白他們的才幹，而又能夠循理推他們向前的人覺得。凡是天天忠心盡職去做所派給他們的工作的人，到了上帝所指定的時間，要聽祂說：「升高來！」伯利恒山上的牧羊人正在看羊的時候，有天使從天來拜訪他們。照樣，現今上帝謙卑的僕人在工作的時候，也有天使站在旁邊，聽他說話，注意他工作的方法，要看他能否勝任更重大的責任。

真正的偉人

上帝估計人，不是看他們的財產、學問、或地位；祂所注重的，是人品格的美和心思的純潔。祂要看他們的為人與祂相像的有幾分。得到了祂的靈有多少。人要在上帝的國中為大，必須有小孩子那樣的謙恭態度，忠實虔誠的信心，和純潔真切的愛。

> 「你們知道外邦人有君王為主治理他們，有大臣操權管束
> 他們。只是在你們中間不可這樣；你們中間誰願為大，就
> 必作你們的用人。」（太20:25-26）

天上所能賜給人類的一切恩典之中，當以與耶穌作苦難中的同伴，算是最重大的信任和最高貴的尊榮了。化身升天的以諾，乘著火車上騰的以利亞，都不能比孤死獄中的施洗約翰更偉大，更算榮幸。「因為你們蒙恩，不但得以信服耶穌，並要為祂受苦！」（腓1:29）

將來的計畫

　　許多人對於將來不能作一定的計畫。他們的人生是無定數的。他們不能察斷事情的結果，因此就滿心憂慮不安。但我們須記得上帝的子民在這個世界上的生活，不過是客旅的生活。我們沒有智慧來為自己的生命打算；我們的前途，也不用我們自己去醞釀。「亞伯拉罕因著信，蒙召的時候，就遵命出去，往將來要得為業的地方去；出去的時候，還不知往哪裏去。」（來11:8）

　　耶穌在世之日，並沒有為自己的生活打算。上帝為祂劃策，祂只接受上帝的計畫，天父就一天一天地把自己的旨意曉諭祂。我們也當這樣依靠上帝，以便我們的人生可以單單地成為上帝旨意的實現。我們只要把自己的行事為人委諸與祂，祂自會指引我們的腳步。

　　為了要自己經營一個光明燦爛的前程，反而一敗塗地，這樣的人真是太多了。你們要讓上帝為你們計畫，要像孩子那樣信靠主的引導，主必「保護聖民的腳步」（撒上2:9）。倘若他們能在事情的頭上看出末後的結局，見到他們做上帝的同工所在那裏行出的神旨的光榮，他們就會明白上帝絕不會領祂的子民到他們所不願到的路上。

薪水

　　耶穌叫祂的門徒來跟從祂的時候，並未應許他們什麼今生豐富的希望和世俗的利祿尊榮；更沒有同他們講定多少薪水。馬太坐在稅關上，耶穌對他說：「『你跟從我來。』他就撇下所有的，起

來，跟從了耶穌。」（路5:27-28）馬太並未在服務之先，要求多少薪水；他並沒有問耶穌能否給他與稅關上同等的待遇。他毫不遲疑地跟從了耶穌。他以為只要能與救主同來同往，能聽他的教訓，能與他共同做工，這就是他的報酬了。

那些在馬太以前被召的門徒，也是如此。耶穌吩咐彼得和他的夥伴來跟從祂，他們就立刻丟下漁船和網，來跟從了耶穌。這些門徒中，有的還有親友要他們供養，然而一聽見耶穌的呼聲，他們並沒有躊躇不決地問自己道：「我將怎樣過日子，怎樣供養家族呢？」他們只服從耶穌的呼召。後來耶穌問他們：「我差你們出去的時候，沒有錢囊，沒有口袋，沒有鞋，你們缺少什麼沒有？」他們居然能夠回答道：「沒有！」（路22:35）

今天，救主呼召我們來為祂做工，正像從前呼召馬太、約翰和彼得一樣。若是我們的心已受了祂愛的感動，那麼報酬的問題，便不會在我們心裏算為最大了。我們必因能與耶穌同工而覺得歡喜快樂，不怕把一切掛慮信託於祂。如果我們以上帝為我們的力量，就能夠清清楚楚地認清自己的本分，就能夠有為公犧牲的志向；我們的為人，也會受一種高尚的宗旨所指使；這種高尚的宗旨，能把我們的人生提高，駕乎一切低賤的意念之上。

上帝自會預備

有許多自認為跟從耶穌的人，心中仍存著憂悶煩惱；其緣故是因為他們未敢把自己交託在上帝手裏。他們不肯完完全全地投誠於祂，因為怕這種投誠會發生於自己不利的結果。這樣的人，除非能徹底地把身心奉獻於主，他們終不會得著安寧。

更有許多人的心，是在憂慮的重擔之下痛著；其緣故是因為他們要去應付世俗的標準。他們自己揀選了世俗的服務，接受了世俗的煩惱，隨從了世俗的習氣。因此他們的品格遭了毀傷，他們的人生也成了困倦疲勞。那不息的憂慮，是在消磨他們的生命之力。我們的主要他們丟下這個捆綁的重軛。祂請他們接受祂的軛；祂說：「我的軛是容易的；我的擔子是輕省的。」（太11:30）憂慮是盲目的，是見不到將來的；但耶穌卻能自始見終。在無論什麼困難之中，祂都有解救的方法預備著。「祂未嘗留下一樣好處，不給那些行動正直的人。」（詩84:11）

我們的天父，有千種方法，能替我們安排一切，我們一點也不知道。人若抱著專以上帝的服務為尊的原則，就必能憂慮全消，在腳前看出一條清楚平坦的大道來。

激發信心

忠心謹慎地盡今天的責任，這就是應付明天困難之最有效的準備。不要把明天的掛慮和不測加到今天的擔子上。「一天的難處一天當就夠了。」（太6:34）

我們要鼓足勇氣，常存希望。頹唐喪氣在上帝的工作上是有罪的，是不合理的。祂知道我們樣樣的需要。我們守約的上帝，是無所不能的萬王之王；同時祂也是仁慈溫和的牧羊人。祂的權威，是絕頂的，足以擔保祂對凡信靠祂的人所應許的一切事，必定準確地實現。祂有方法能解除一切難處，使凡事奉而重視祂所用的方法之人，得到支持。祂的愛，勝過一切的愛，像天高過於地一樣；祂照護自己的子民，那種愛是無窮而無量的。

在最幽暗的日子，情形似乎最困難最沒辦法的時候，要信靠上帝。祂是在行使自己的旨意，為自己的子民處理一切事務。凡是敬愛祂事奉祂的人，必定天天從新得力。

上帝能夠而且也是願意向自己的子民賜下他們所需要的幫助。祂必賜給各人所不可少的智慧，來應付各人的急難。保羅說：

> 「祂對我說，『我的恩典夠你用的；因為我的能力，是在人的軟弱上顯得完全；』所以我更喜歡誇自己的軟弱，好叫耶穌的能力覆庇我；我為耶穌的緣故，就以軟弱、凌辱、急難、逼迫、困苦、為可喜樂的；因我什麼時候軟弱，什麼時候就剛強了。」（林後12:9-10）

第41章 · 人與人的交往

「你們各人的重擔，要互相擔當；如此就完全了耶穌的律法。」

　　世人相處，事事都須表示自制、寬厚、和同情的精神。我們的性情、習慣、所受的教育，彼此大有不同，所以對於凡事的觀點和態度，也就不能一致，各有各的判斷和見解。我們對於真理的明白，對於人生行為的理想，不是在一切方面都能符合的，世界上找不出兩個在各種經驗方面完全一樣的人。這個人的困難，不是那個人的困難；這個人所以為容易的事，那個人卻以為是最費力最艱難的。

　　人的品性是十分脆弱，十分容易誤會的；所以各人必須謹慎，不可以隨便衡量人。我們鮮能知道自己的行為要使別人受什麼影響。有時我們說了一句話，或作了一件事，自己以為是無關緊要的；然而我們的眼睛若得睜開，就可以看見這一言一行之間，有極沉重的或善或惡的結果。

為負重擔的人著想

　　有許多人是沒有背過什麼重擔，心上沒有受過什麼真正的傷痛，也沒有為別人感覺過什麼煩惱和痛苦，所以就不能知道真負重擔之人的難處，正如同天真爛漫的兒童不會明白父親的掛慮和勞苦一樣。孩子或許會奇怪父親為什麼要這樣憂懼，這樣煩悶；在他以為這都是可以不必的。但是等到年事增長，自己負起了重擔，他就要回顧父親的一生，明白以前茫然不懂的事了。所謂事非親身經歷不知難；苦惱的經驗，給了他知識。

　　許多負重任之人的工作，沒有人知道，他們的勞苦，沒有人體會，直到死亡來把他們壓垮。等到別人來負起他們所遺下的擔子，遭遇他們所遭遇的困難，那時他們就能知道前人的信心和勇氣，曾如何地受了試煉。於是他們以前所急於斥責的種種過失，往往就不會出現了。經驗給了他們同情的教訓。上帝讓人處於負責的地位。他們若有錯，上帝自有方法改正他們，或是撤除他們。審判是上帝的工作，我們要謹慎，不可把上帝的工作搶到自己的手裏來做。

　　在大衛對待掃羅的行為上，有一個教訓。掃羅受膏作以色列的王，是出於上帝的命令。後來因為他的不順從，上帝就宣告要革去他的王位，然而大衛待他仍是何等地謙遜、何等地寬容啊！掃羅追索大衛的性命，來到曠野，竟孤身一人進了大衛和他的戰士躲著的山洞。跟隨大衛的人「對大衛說：『耶和華曾應許你說：我要將你的仇敵交在你手裏，你可以任意待他。』」大衛對跟隨他的人說：「我的主，乃是耶和華的受膏者，我在耶和華面前萬不敢伸手害他；因他是耶和華的受膏者。」（撒上24:4-6）救主曾有這樣的吩咐給我們：「你們不要論斷人，免得你們被論斷。因你們怎樣論斷人，也必怎樣被論斷。你們用什麼量器量給人，也必用什麼量器量給你們。」（太7:1-2）要記住，你們做人的記錄，不久必要在上帝面前受審查。不可忘記祂對你們說過這一句話：「你這論斷人的，無論你是誰，也無可推諉，⋯⋯因你這論斷人的，自己所行的卻和別人一樣。」（羅2:1）

容忍人的錯處

　　別人錯待我們，不論是真的或我們自己以為被別人錯待，我們

絕不可因之而心中忿怒。我們最當防畏的敵人，就是自身。人的情緒，若不受治於聖靈之下，足以在品格方面造成的災害，要比無論什麼罪惡都更劇烈。我們所能得的勝利，沒有比克服己身的勝利更有價值的了。

我們不可輕易隨從自己的情感受傷而喪志。我們活著，是要救人，不是要保守自己的情感或名譽。我們一心專以別人的得救問題為念，就不會再介意我們與人彼此相處之間所常有的小意見。別人對於我們，無論怎樣想，怎樣行，我們都不該因之而礙及我們與耶穌和聖靈的關係。「你們若因犯罪受責打，能忍耐，有什麼可誇的呢？但你們若因行善受苦，能忍耐，這在上帝看是可喜愛的。」（彼前2:20）

你們不要報仇。在可能的情形之下，要盡力減除誤會，要竭力避免一切不良的心地；在不犧牲原則的範圍之內，要盡力與別人求和。「你在祭壇上獻禮物的時候，若想起弟兄向你懷怨，就把禮物留在壇前，先去同弟兄和好，然後來獻禮物。」（太5:23-24）

若有人對你們說躁怒的話，切不可用同樣的態度回答他。記著，「回答柔和，使怒消退。」（箴15:1）而且靜默有驚人的能力。有的時候，對惱怒的人對話，反足使他更發怒；惟用靜默來對付憤怒，加以柔和忍耐的態度，就能使憤怒立即消退。

在別人用難堪刻薄的話向你攻擊時，要把胸懷守在上帝的話中。你的心中和腦中，要心存上帝的應許。若有人虧待你或誣告你，與其怒容相對，倒不如在心中背誦那寶貴的應許：

「你不可為惡所勝，反要以善勝惡。」（羅12:21）

「將你的事交托耶和華，並倚靠祂，祂就必成全。他要使你的公義，如光發出；使你的公平，明如正午。」（詩37:5-6）

「掩蓋的事，沒有不露出來的；隱藏的事，沒有不被人知道的。」（路12:2）

「祢使人坐車軋我們的頭；我們經過水火；祢卻使我們到豐富之地。」（詩66:12）

我們往往容易到人面前去求同情，求救助，而不去找耶穌。慈悲忠實的上帝，為謀我們的利益起見，卻往往使我們在最親信的人身上失望，以便我們可以覺悟，倚靠人和肉體之力是何等地愚昧。但願我們存著謙卑的態度，公正無私的精神，全心依賴上帝。祂知道我們心靈深處感覺而不能言的憂傷。在一切顯得黑暗而無出路的時候，要記著耶穌的話，「我所作的，你如今不知道，後來必明白。」（約13:7）

要研究約瑟和但以理的事蹟。上帝並不阻止那些要害他們之人的陰謀和奸計；然而因為他們能在困苦和艱難中依舊保持他們的忠誠和信託，上帝就利用敵人的計策，反來成就他們的好處。

我們在世之日，不能不遭遇逆境。種種的刺激，常要對我們襲來，試煉我們的性情；我們只有以正當的態度去對付，才能夠發展基督徒的美德。如果耶穌住在我們心裏，我們必能忍耐，必能溫柔，必能寬容，必能在煩惱和刺激之中保持歡愉的精神，必能日復

一日，年復一年地克服己身，養成更高尚的英雄氣概。這是我們應當修煉的功夫；然而若沒有耶穌的襄助、堅決的志氣、穩定不移的宗旨、時時儆醒的矢守，以及不輟不怠的祈禱，這個目的就不能達到。各人都有自己的仗要打。連上帝也不能使我們的品格高尚，不能使我們的人生有為，除非我們與祂協力同工。人若不肯作此奮鬥，也就失去勝利的勇力和快樂。

我們的困苦、艱難、煩惱、憂傷，自己不必保存什麼記錄。這一切都寫在天上的冊子上，必由天上照管。當我們在那裏數算種種不如意的事情之時，許多回昧甜蜜的思想，諸如時刻圍著我們的上帝的慈悲和仁愛，和天使所驚奇的上帝的愛，竟使獨生子為我們死；這種美妙的事就從我們的記憶中消逝了。你既做耶穌的工人，如果覺得你的煩惱困苦比一般人重，不要忘記你也要得一種安寧，是那些不背負你那樣的重擔之人所不知道的。為耶穌服務，其中就有安慰和歡樂。當使世人明白，與耶穌一同為人是沒有失敗的。

若是你不覺得快樂舒暢，就不要對人談你自己的心境；不要把黑雲趕到別人的人生上去。冷酷而無日光的信仰，是絕不能吸引人來歸向耶穌的；反而足以把人從耶穌面前驅走，趕到撒但為凡在歧途上徘徊的人所設的羅網裏去。與其想種種灰心之事，倒不如想到你奉著耶穌的名所能求得的能力。你的思想，應專注在看不見之物；你的思潮，當貫注於上帝對你之大愛的證據。信能經受困苦，抵抗誘惑，擔當灰心和失望。耶穌活著，為我們代求；凡是祂所能求到的，都是我們的。

你們以為耶穌不會珍愛凡完全為祂而生存的人嗎？不會親自顧訪凡像祂所鍾愛、被放逐的約翰那樣，為了祂的名字而在苦難中的人嗎？凡是真心為上帝服務的人，上帝絕不撇下一個讓他獨自作戰被大難所勝。祂保守每一個將生命與耶穌一同藏在祂裏面的人，像保守珍寶一樣。祂對每一個這樣的人說：「我必以你為印，因我揀選了你。」（該2:23）

從此，我們就應該談論一切應許；談論耶穌是何等地願意賜福。祂是一刻也不把我們忘記的。如果我們在不良的情形中仍能泰然仰仗祂的慈愛，躲藏到祂裏面，那麼我們覺得有祂同在，就會從心裏發出一種深切永恆的安樂。耶穌講到自己說：「我沒有一件事是憑著自己作的；我說這些話，乃是照著父所教訓我的。那差我來的，是與我同在；祂沒有撇下我獨自在這裏，因為我常作祂所喜悅的事。」（約8:28-29）

天父的慈容，圍著耶穌；除了無窮的愛所允許之有益於世界的事之外，什麼都不能臨到祂頭上。耶穌的安慰之源，就在乎此，而祂的安慰之源，也就是我們的安慰之源。為耶穌的靈所沾的人是住在耶穌裏的；他的周圍，有耶穌在，凡臨到他的事，是從耶穌那裏來的，除了主所准許的事以外，沒有什麼可以碰他。我們一切痛苦憂傷、一切試探患難、一切愁悶煩惱、一切危害逼迫——總而言之，凡事都互相效力，叫我們得益處。我們一切境遇和經歷，都是上帝的工具，要使我們藉以獲益。

不要說壞話

我們若能察覺上帝對待我們的寬容和忍耐，就不至於去論斷或

咎責別人。耶穌在世上的時候，倘若跟隨祂的人與祂熟悉以後，聽見祂說出一句苛刻、譭謗、暴躁的話，就要何等的驚異呢？我們絕不要忘記，愛耶穌的人，在品格上是要代表祂的。

> 「愛弟兄，要彼此親熱；恭敬人，要彼此推讓。」（羅
> 12:10）「不要以惡報惡，以辱罵還辱罵，倒要祝福；因你
> 們是為此蒙召，好叫你們承受福氣。」（彼前3:9）

謙讓

主耶穌要我們尊重每一個人的權利。人在社會上的權利，和做基督徒的權利，都應該受人顧及。我們要以文雅周全的禮貌，待每個人如上帝的兒女。

基督教，能使人成為君子。耶穌是有禮貌的，甚至於對待那逼迫祂的人也是有禮貌的；真正跟從祂的人，也必有同樣的精神。且看保羅在官長面前的態度是怎樣的。祂在亞基帕王之前的言辭，是真禮貌和真口才的一個例證。耶穌的福音，不提倡社會上流行的客套，卻要人從真正仁愛的心裏，湧出謙恭的禮貌。

人心裏若有暴躁的脾氣、苛刻的譭謗、無禮的言語，那麼任你怎樣修飾外表的作為，都不足以把內心的毛病剷除。我們如存了惟我獨尊的態度，就永不能顯出真正的文雅。愛需住在心裏才好。一個徹底的基督徒，一舉一動的動機和用意，是從心的深處愛主的意念而生的。從愛耶穌的根上，才會長出顧念弟兄的克己精神。愛把美德、禮義、高雅的品行灌輸給有它們的人；使人臉上生光，使人發聲柔和，美化人的全身，提高人的人格。

小事情的重要

　　人生不是由偉大的犧牲和非常的事業所組成的，乃是許多小事情所合成的。我們品行方面的大善或大惡，最普通是由那些似乎不足介意的小事所釀成的。因為在小事上不肯忍受試煉，我們的習慣就此養成，品格就成畸形；到大的試煉來時，我們便毫無準備。所以我們惟有在平日的小試驗上堅守道義，才能夠蓄養精力，在最危急最困難的處境，忠勇地站立得穩。

自勵、自制

　　我們從來不是孤獨的。不論我們揀選或是不揀選上帝，我們終是有一個同伴的。不要忘記，你無論到哪裏，無論作什麼，處處都有上帝在。人的思想、言語、行為，沒有能逃過祂的注意的。你的一切言論作為，都有一位證人──聖潔而恨罪的上帝。所以在說話行事之前，終要先想到這一方面。你做基督徒，就是皇家的一分子，是王室的兒女；所以不要說什麼或作什麼，來侮辱你「所敬奉的尊名。」（雅2:7）

　　當仔細揣摩那位神人的品格；常常自問：「耶穌若在我的地位，祂要怎樣行？」這應當作我們的本分的標準。不要徒然與那些有意要消滅你行善的宗旨或使你良心受疑難的人為伍。在陌生人面前、路上、旅行的車中、家裏，不要做半點不良形跡的事；乃要天天努力行善，來使你這經耶穌用自己寶血所贖的生命有所進步、提高、成為完美。

　　你們行事，常要以大義為主，切勿以情感為主。要用溫柔與和

平，來消除你們本性的暴躁。不要縱意於輕佻浮泛的事。卑鄙的戲謔詼諧之言，一句也不可以出口。就是你們的思想，也不可以讓它橫行；乃須加以約束，克服於耶穌之下，移到聖潔的事上。如此，你們的意念，就能得力於耶穌的恩惠，趨於真誠純潔了。

我們當時刻感覺那純潔思想之使人高超的能力。任何生靈之惟一的保障，就是正當的思想。人的「心怎樣思量，他為人就是怎樣。」（箴23:7）自制的能力，是愈用愈強的。起初覺得難做的事，因為常做，就容易了；久而久之，正當的思想和行為，就成了習慣。只要我們打定主意，我們就能放棄一切卑賤低劣的事物，升到高超的標準；就能夠受人尊敬，並蒙上帝寵愛。

嘉獎與鼓勵

要培養說別人好話的習慣。與你們交往相識的人，要多講他們的長處；對於他們的缺點和過失，則愈少介意愈好。在心裏想要怨怪什麼人所說或所做的事之時，要反過來讚揚這人所有的美德。你們尤要養成感恩的心。上帝使耶穌代我們死，我們要頌讚祂這神妙的慈愛。思想不平的事，在無論什麼時候都是不值得的。上帝叫我們要思想祂的慈悲和無比的仁愛，以便我們可以在歌頌的聲中滿心感動。

熱誠的工人，沒有工夫去想別人的過失。我們不能靠著別人之過失或失敗的糠秕而度日。說壞話的害處，是雙方的；說的人比聽的人受損失更重。人若撒紛爭和風潮的種子，就要在自己身心上面收那慘毒的惡果。找別人過失的這種行為，必在找的人自己身上釀成過失。我們既絮絮叨叨地專講他人之過，自己也就漸漸地與他們

同化了。但我們若仰望耶穌，講論祂的愛和完美的品格，我們便能化成祂的形像。祂已把高尚偉大的理想和標準樹立在我們之前，我們思之念之，就可以升到聖潔純美的空氣中，就是上帝所在之處。住在這樣的空氣之中，我們身上就會發出一種光輝，照耀凡與我們交接的人。

不要批評人，不要論斷人；要如此對自己說：「我必須作成我自己得救的工夫。若是我與那位想要救我的主合作，就當殷勤留神地保守身心。我人生上所有的一切過失，一切錯處，都必須丟開，都必須制勝；我必須在耶穌裏作新造的人。那麼對於那些在與罪惡奮鬥的人，我非但不減低他們作戰的能力，反能用鼓勵的話，增添他們的力量了。」我們彼此相待，往往太漠不關心了。有很多的時候，我們不想到旁邊的夥伴需要精力和鼓勵。你們該留心對別人保證你們是與他們表同情，是顧念他們的。你們要在祈禱中幫助他們，並且使他們知道你們如此做。

對犯罪的人表現忍耐的態度

表面上自認是耶穌工人的人，並不個個都是耶穌的真門徒。在掛著祂名字的人中——甚至連在列為祂的工人的人中間——有些是沒有在品格上代表祂的。這些人是不受耶穌的原則所治的；並且往往足使其他在基督徒的經驗方面還是幼稚的同工們發生疑問，在道理上灰心；然而我們都不必跟著他們走錯。耶穌已給了我們一個完善的榜樣，祂要我們效法祂。

直到時候的末了，麥子中總是要有稗子的。田主的僕人，因為關心主人的尊榮，要求主人容他們去把稗子拔除。主人卻說：

「不必，恐怕薅稗子，連麥子也拔出來。容這兩樣一齊長，等著收割。」（太13:29-30）

上帝以祂的慈悲和寬容，很耐心地待犯罪的人，連那些假心假意的人，祂也是一樣容忍他們。在耶穌所選的門徒中，也竟有賣祂的猶大；那麼現今上帝的工人中若有假冒的人，我們又何必希奇，何必因此灰心呢？洞察人心的耶穌，既能容忍那明知要賣祂的人，那麼，我們對待有過失的人，就應當何等地忍耐呢？

而且人人——甚至那些表面上最不好的人——不是都像猶大。暴躁、性急、凡事自持的彼得，在形式上要比猶大落後得多，他常常受救主的責備。然而彼得的人生，是何等犧牲，何等為社會為上帝服務的人生呀！是何等地足以證明上帝恩惠的神能呀！我們應當盡我們力之所及，對待別人，像耶穌在世上與祂的門徒來往談話時對待他們一樣。

你們先要把自己看為同工間之傳道者。要救一個人歸向耶穌，往往須費極多的工夫。既有一個人棄惡從善，在天上的眾天使也都歡喜。試問看守這些悔改了的人的「服役之靈」——天使——難道歡喜看見他們受有些自稱為基督徒的人之冷淡待遇嗎？如果耶穌待我們，也像我們平常彼此相待一樣，我們中間有誰能夠得救呢？

須記得，你們是不能識透人心的。你們所以為不正當的舉動，其動機在何處，你們是不知道的。有許多人是因為沒有受過正當的教育；他們的品格已彎曲，性情頑梗而生了節，似乎在一切方面都不正直。然而耶穌的恩典，仍能改變他們。切不可把他們丟在一旁。切不可把他們逼到灰心喪膽的地步，對他們說：「你已使我失

望，我不再想幫助你了。」我們在惱怒中躁然地說了幾句話，在我們以為這樣的人，只配聽這樣的話；然而也許這幾句話就足以把彼此心心相契之繩割斷了。

信仰行為一致的生活，寬容忍耐的態度，受衝撞而不發怒的精神，常常是最根本的理由，和最鄭重的懇求。如果你已有了他人所未有的機會和便利，就該想到這一層，而永久做一個敏慧、謹慎、柔和的教師。

你們要使火漆（又稱封蠟）顯出一個清楚明顯的印，絕不猛然把印對火漆上亂打亂掀；乃是要輕輕地把印按在溶化的火漆上面，徐徐地壓下，直到火漆變硬，印便顯然地留著。對付人的心靈，也是要這樣的。基督徒影響的持續不斷之功，即為其能力的所在；而這又在乎你們表示耶穌品格的穩固與否。見有過失的人，你們要把自己的經驗告訴他們，好幫助他們。告訴他們，你們行了大錯之時，同工夥伴的忍耐、仁愛、扶助，曾怎樣地給你勇氣和希望。

溫和仁愛的手段，對於反覆無常的人，不講理性的人，和卑賤無價值的人，有何等偉大的影響，不到那審判的大日，你們是永不明白的。我們遇有不知感恩的人，或是辜負聖托的人，就要勃然作怒，憤恨交加；這種表示，對方是料到的，也是準備受的。但是和善寬容的態度，就使他們驚奇，而往往足以打動他們的良心，激發一種要做高尚之人的願望。

「弟兄們，若有人偶然被過犯所勝，你們屬靈的人，就當用溫柔的心，把他挽回過來；又當自己小心，恐怕也被引誘。你們各人的重擔要互相擔當；如此，就完全了耶穌的

律法。」（加6:1-2）

凡自認是上帝兒女的人，大家應當記著，他們作傳道的人，
必要與各種思想不同的人接觸──粗人、細人；謙虛的人、驕傲的
人；虔心信教的人，多疑善難的人；受過教育的人，愚昧無知的
人；富人，窮人。這種種頭腦不同的人，不能用一樣的方法對付；
然而仁愛和同情，卻是大家都需要的。從彼此的接觸上面，我們的
思想應受修煉。我們是彼此相依的；在大家庭的情誼中，是彼此關
係密切的。

> 「天堂的存在乃關乎所有人；
>
> 　不分貴賤、無論主僕，
>
> 　彼此倚靠、相互協助，
>
> 直到一己之弱成就眾人之強。」
>
> ──詩人亞歷山大‧波普（Alexander Pope）

基督教與世人接觸，原在於社會的種種關係上面。凡已受了神
光之照的人，不論男女，都須把光照在黑暗的路上，啟示一般不認
得真道的人。人的社交力量，須經耶穌的靈感化，利用來救人歸向
耶穌。我們不可把耶穌隱在心裏，像藏匿的財寶，專供己用；乃是
要有耶穌在我們裏面像泉水之源，直湧到永生，給一切與我們交接
的人解渴安勞。

第 42 章・進步與服務

「要作大丈夫，要剛強！」

　　基督徒的人生，實有過於一般人所想的。溫柔、忍耐、謙虛、仁愛，這些固然都是要緊的，然而基督徒的人生，不單是這些而已；還有剛強、勇敢、堅忍、毅力，都是做基督徒所不可少的性格。耶穌所劃定的一條路，是狹而窄的克己之路；要走上這條路，而又要在這條路的種種困難和阻礙中擠身向前，不是弱者所能勝任的。

品格的力量

　　耶穌所要的人，是有剛強之氣的人；是不會等著別人把路鋪平，把一切阻礙剷除後才肯向前的人；是能夠用自己熱烈的精神來鼓動一般灰心的工人的頹衰之氣的人；是心腸熱，手段強，富有耶穌的愛，善於為主努力工作的人。

　　有些從事傳道工作的人，在品格上懦弱、沒有勇氣、缺少精神，而又極容易灰心的。這種人缺少奮勉急進的能力，沒有那種足能生出辦事之力的積極進取的性格——那種激發熱忱的精神和毅力。人若要獲得成功，必須膽大，必須懷抱希望之心；不要生出消極的德性，必須培養主動的能力。固然，他們是要能用柔和的回答來消平怒氣，可是同時他們也必須有豪傑的勇氣，來抵抗罪惡。在容忍凡事的仁愛之上，他們還需要那種品格的勢力，來使他們的舉動有一種積極的力量和影響。

有些人沒有堅決的性格。他們的計畫和宗旨都沒有一定的持久的步驟。這樣的人在世界上沒有多大實際的用處，這種懦弱，無決斷，無效能的性情，應得勝過才好。真基督徒的品格上面，有一種不屈不撓的氣概，是逆境不能侵，困難不能犯的。我們須有道德上的堅持——一種不為諂媚所迷，不受賄賂所動，不被威嚇所困的完整人格。

思想上的培養

上帝要我們處處利用機會，來求一種為祂做工的標準。祂要我們在祂的事工上用全力去做，時刻不忘記這工作的神聖和沉重可怕的責任。

有許多本來能夠做非常好的工作的人，因為嘗試的不多，就成功得很少。有千萬的人，活在世上，似乎沒有什麼大的目的，沒有什麼高尚的目標要達到。其原因之一，就是他們把自己的人生估計得太低了。耶穌為我們付了無窮的代價；祂就要我們照著祂所付的代價看重自己。

不要因為達到了一個低的標準就滿足。我們還沒有到我們所能及的地步，或上帝所要我們達成的地步。上帝給了我們理智之力，不是要我們放著不動，或誤用作世俗卑鄙的追求；乃要我們加以修養精煉，使之成聖提高，有充分的發展，用以促進天國的事業。

沒有一個人應當甘心作機械，專受別人的思想指揮。上帝給了我們思想和行動的本能；我們謹慎而行，向祂去求智慧，就能夠任重致遠。所以我們要保守上帝所給我們的個性，不要作別人的影

子。上帝是要在我們裏面，藉著我們、差我們成事的，我們要等著受上帝利用。

在無論什麼時候，絕不要以為我們已學夠了，所以可以不必努力。人的衡量，是要看他思想的修養而定的。我們的教育，應當終身不斷地進行；應當天天學習，天天把所學的實用出來。

不要忘記，無論居於什麼地位服務，你們是在表現動機，發展品格。無論做什麼事，總要做得準確，做得殷勤；要克服那找容易之事做的習慣。

一個人平日辦事的精神和主義，也就是他終身的精神和主義。上帝在他工作上所要的，不是那些只想做一定數量的工作，得一定的薪水，希望工作來就他們，而不肯改造自己訓練自己去就工作的人。那些只想把自己的德、智、體、三方面的精力用得越少越好的人，也不是上帝所能加以豐盛恩賜的人。他們的榜樣，是能傳染別人的。他們的根本觀念，就是自私自利。凡工作而須受監督，必須有人把他們的責任詳細開明以後才肯去做的人，不是主所要稱為良善忠心的人。主所需要的工人是殷勤、忠實、熱誠的人，是對於要做的事，無論什麼都願意去做的人。

有許多人，為了怕失敗，就逃避責任，因而變得懦弱無能了。因此他們就得不到那種從經驗而來的學問；這種學問是不能從學校，或書本，或其他一切優越的機會中得到的。

人能夠左右環境，卻不該讓環境管理。我們應當駕馭環境，使之作我們成事的工具。我們須作環境的主人，卻不該讓環境作我們

的主人。

有能力的人，乃是那些受過反抗、阻攔、挫折的人。他們因為肯用出全副精力去對付困難，他們所遭遇的一切困難，就成了絕對的利益。他們得了自立的能力。奮鬥和艱難要人實行信靠上帝的態度，和那種足能發出力量的毅然決然的精神。

服務的動機

耶穌服務人，並未劃定什麼界限，或用鐘點來計算祂的工作。祂的光陰、精力，全心全身，莫不用在為人群謀幸福的工作上。繁忙的白日，祂殷勤出力地去做工，漫長的黑夜，祂跪著求上帝的恩惠和扶助，使祂可以勝任更重大的工作。祂帶著誠懇有力的眼淚，向天上發出呼求，求神支持祂那人性的肉體能力，使祂可以前去應付那奸猾敵人的一切詭詐惡計，而安然成就祂超拔人群的使命。祂對凡為祂做工的人說：「我給你們作了榜樣，叫你們照著我向你們所作的去作。」（約13:15）

保羅道：「耶穌的愛激勵我們。」（林後5:14）這就是他一舉一動的根本觀念，與為人的原動力。在責任的路上，他的熱忱若有減退，只要向十字架一望，就能以叫他重振精神，奮身向前地對著克己的道上奔去。在幫助弟兄之時，他更是十分借重於耶穌的犧牲所含無窮之愛的表示，及其服人勵人的能力。

「你們知道我們主耶穌基督的恩典；祂本來富足，卻為我們成了貧窮，叫你們因祂的貧窮，可以成為富足。」（林後8:9）保羅這樣的陳述，是何等懇切，何等動人啊！你們知道祂從何等崇高的地

位降下，降到何等低微的深處。祂的腳踏上了犧牲的窄路，不偏不離，一直到捨了生命為止。從天上的王位到各各他的十字架，這條路上，祂未有一刻的休息。因為愛人，祂就承當一切侮辱，忍受一切虐待。

保羅規勸我們「各人不要單顧自己的事，也要顧別人的事。」（腓2:4）他叫我們「當以耶穌基督的心為心」。耶穌「本有上帝的形像，不以自己與上帝同等為強奪的；反倒虛己，取了奴僕的形像，成為人的樣式；既有人的樣子，就自己卑微，存心順服，以至於死，且死在十字架上。」（腓2:5 8）

保羅存著熱烈急切的心，要使人領悟耶穌的謙卑。他深信若能使人想到天上之主所作奇異的犧牲，人就會把自私的意念從心中剷除。故此他才娓娓不倦地逐層講解，希望我們對於救主為了罪人而受的奇恥大辱，多少能夠有所領會。他先叫我們想到耶穌在天上在祂父的懷中所居的地位，後又指示祂怎樣丟下所有的尊榮，甘心情願地屈身成人，處在人卑微的環境中，承當僕役之職，存心順服，以至於死，且受最可恥，最難堪，最痛苦的死——死在十字架上。我們想到上帝這樣奇妙的愛的表示，豈不從心中生出感激和敬愛，豈能不深深地覺得我們實在不屬自己嗎？這樣的一位主人，我們真不應該存著勉強和自私的態度事奉祂。

彼得說：「你們……知道你們得贖……不是憑著能壞的金銀等物。」（彼前1:18）若果金銀能夠買到人的得救，這件事在於那位說「銀子是我的，金子也是我的」（該2:8）的主，就可以何等容易地成功啊！然而惟有上帝兒子的寶血，才足以救贖罪人。那些不明

白這奇妙的犧牲而不肯伸手為耶穌服務的人，必抱著他們的私利之心而滅亡。

目標的統一

耶穌來是要成就救人的大工；祂的為人，就以此為目標，此外的一切，都在祂的工作之下。做祂門徒的人，也必須顯出同樣的熱忱，同樣的克己犧牲的精神，同樣的服從上帝吩咐的態度。

凡是接受耶穌為他個人救主的人，個個都會期望事奉上帝的機會。想到上天怎樣待他，他的心就被無限的敬愛和感激所動了。他急切地要把自己的精力才能，用來為上帝服務，好表示他胸中的感戴。他極希望能顯出他是怎樣地愛耶穌和耶穌所贖得的產業。勞苦、艱難、犧牲，都成了他的喜愛之物。

上帝的真工人，必能在工作上盡忠竭力；因他這樣行，就能夠榮耀主。為尊重上帝的命令，他必走正直的路。他必盡力培養利用他的一切才能。凡他所應盡的責任，他必存著為上帝而盡的態度去作。他惟一的心願就是耶穌能得到尊榮和完美的服務。

有一幅畫上面畫著一隻牛，站在祭壇和耕犁中間，旁邊題著幾個字道：「雙方都願意」——願意到田裏去出力，或到祭壇上去犧牲。這是上帝真兒女的態度——責任所在，無論到哪裏去都願意；願意克苦自己，願意為救主的事務而犧牲。

第 43 章・一種高尚的經驗

「你們要常在我裏面，我也常在你們裏面。」

　　我們常常需要耶穌的新啟示，天天有一種符合祂教訓的經歷。高尚神聖的境地，是我們可以達到的。在知識和道德上日日進步，本是上帝在我們身上的打算。祂的律法，是祂自己聲音的回聲，邀請著每一個人說：「升高一些；要成聖，聖而又聖。」我們可以天天向著基督徒品格的完善進步。

　　為主服務的人，須有一種更高、更深、更廣的經驗；這種經驗是許多人想也沒有想到的。有許多人雖已加入了上帝的大家庭，卻還不知道什麼叫做親眼看見上帝的榮耀，什麼叫做變成主的形狀，榮上加榮。有許多人已有了黃昏的眼光，能夠隱約地見到耶穌的超凡之德，他們的心裏就覺得非常的快樂，希望更能充分深切地感覺到救主的愛。這班人應當栽培心靈上的一切欲望來尋求上帝。聖靈運行在人的心裏，替凡肯讓祂出力的人出力，鍛鍊凡肯受祂鍛鍊的人，改造凡肯給祂改造的人。你們要給自己以屬靈思想和聖靈感通的教化。你們所看見的，不過是祂的榮耀晨曦的第一道光線。你們若能跟著這道光線去求認識上帝，就要知道「義人的路，好像黎明的光，越照越明，直到日午。」（箴4:18）

> 「這些事我已經對你們說了，是要叫我的喜樂，存在你們心裏，並叫你們的喜樂可以滿足。」（約15:11）

　　耶穌在自己的前面，時時能看到自己使命的效果。祂在地上的生活，處處是勞苦和犧牲，然而祂也想到祂所受的一切苦痛，都不

是徒然的，這就使祂滿心欣慰了。祂為人的性命而捨了自己的性命，上帝的形像在人的身上就得以恢復。祂要把我們從塵土中拉起，仿照祂自己的品格重塑我們的品格，用祂自己的光榮，使之美麗聖潔。

耶穌「看見自己勞苦的功效，便心滿意足。」（賽53:11）祂望見永生的長遠，看見那些將要因祂的苦難而得赦免並享受永生之人，是何等的幸福歡欣。祂為他們的過犯受害，為他們的罪孽壓傷；因祂受的刑罰，他們得平安，因他的鞭傷他們得醫治。祂聽見被贖之眾的歡呼，耳聞蒙救之人在那裏高唱摩西和羔羊的歌。雖然祂必須先流自己的血給他們施浸，雖然世人的罪愆要重重地壓在祂那無辜的心上，雖然那莫可言喻之禍的黑影在祂的頭上；但是為了前面的喜樂，祂仍自願忍受十字架，置一切恥辱於不顧。

凡是跟從耶穌的人，都要同享這種喜樂。我們的來生，固然是光榮而偉大的；然而我們的報酬，並不是完全要留到末日得救的時候才到手的。就在這個世界上，我們也要因著信而同享救主的快樂。我們當像摩西那樣恆心忍耐，如同看見那不能看見的主。

現在，教會正在奮鬥；現在，我們面前的世界是個黑暗的世界，是個幾乎完全拜偶像的世界。

主的快樂

但是日子將到，戰爭就要停止，勝利必將取得。上帝的旨意，必行在地上，如同行在天上一樣。除了天上的律法之外，蒙救者的國家，必不知有別的律法。人人都必成為快樂融和的一家人，穿著

讚美感謝的衣裳——耶穌的義袍。自然界的一切，顯得分外可愛，都要齊聲頌讚上帝，敬拜在祂腳下。世界將被天上之光包圍。月亮要像日光那樣明，日光要比現在亮七倍。快樂的年歲，像水那樣流。晨星一同歌唱，神的眾子大家歡呼；主耶穌基督和耶和華上帝要同聲宣告說：「罪沒有了，人也不再死亡。」

這種將來的榮耀景象，這種上帝親手描寫的情形，應為祂的子民所珍視。

你們來站在永生的門口，聽那歡迎凡在此生曾與耶穌合作，並因耶穌而受苦為榮為利之人的聲音。這些聖徒同著天使各把冠冕放在救主腳前，喊著說：「曾被殺的羔羊，是配得權柄、豐富、智慧、能力、尊貴、榮耀、頌讚的。……願頌讚、尊貴、榮耀、權勢，都歸給坐寶座的和羔羊，直到永永遠遠！」（啟5:12-13）

被贖的群眾就在那裏，彼此問候那些領他們來歸向這位高高在上之主的人，於是他們都合口同聲讚美那位藉著死而使人類能有上帝那樣的生命的救主。戰爭已告終了。一切艱難困苦都結束了。得救的聖民圍著上帝的寶座而立，凱旋的歌聲溢乎天庭之間。聖徒齊聲慶祝道，美哉、美哉、美哉，「被殺過的羔羊」！曾救我們來歸向上帝的羔羊！

> 「此後，我觀看，見有許多的人，沒有人能數過來，是從各國、各族、各民、各方來的，站在寶座和羔羊面前，身穿白衣，手拿棕樹枝；大聲喊著說：『願救恩歸與坐在寶座上我們的上帝，也歸於羔羊。』」（啟7:9-10）

「這些人是從大患難中出來的，曾用羔羊的血，把衣裳洗白淨了。所以他們在上帝寶座前，晝夜在祂殿中事奉祂；坐寶座的要用帳幕覆庇他們。他們不再饑，不再渴；日頭和炎熱，也必不傷害他們；因為寶座中的羔羊必牧養他們，領他們到生命水的泉源；上帝也必擦去他們一切的眼淚。」（啟7:14-17）「不再有死亡，也不再有悲哀，哭號、疼痛，因為以前的事都過去了。」（啟21:4）

我們應當時刻把這未見之事的景象存在心中。這就能使我們辨識永生之事和暫時之事的真價值。這會給我們能力，來吸引別人達到更高尚的人生。

在山上與上帝同處

「你上山到這裏來」，上帝這樣吩咐我們。依著祂的安排，摩西沒有做上帝的使者救以色列人之前，先要在山嶺幽靜之處與上帝交往四十年。在沒有把上帝的信息傳給法老之前，先要在焚燒的荊棘旁與天使談話。在未作以色列人的代表去接受上帝的律法之前，先被召到山上去目睹上帝的榮光。在未對拜偶像的百姓施行審判之前，先被藏在山洞裏，上帝對他說：「我要在你面前經過，宣告我的名，」（出33:19）「是有憐憫，有恩典的上帝，不輕易發怒，並有豐盛的慈愛……萬不以有罪的為無罪。」（出34:6-7）到臨終之時，他卸去為以色列首領之職以前，上帝又召他上了毗斯迦山之頂，把應許之地的榮美指給他看。

門徒在被差出去傳道之前，耶穌先叫他們同到山上去。五旬節的榮光和能力下降之前，先有與救主同談的一夜，和在加利利山上

的聚會，橄欖山上分別的情形和天使的應許，以及在耶路撒冷大樓上的團聚和祈禱。

耶穌本身每每要準備去受什麼大困難或做什麼重要的工作，必往靜寂的山中，徹夜地向天父祈求。在指派十二個使徒，登山訓眾，變化形像，和公堂受審，在十字架上殉難和復活之先，都各有一夜的祈禱。

祈禱的權利

我們如要領受屬靈的恩惠，也須劃出時間來作默想和祈禱。他們對於祈禱的效力和功能，沒有應有的重視。世上無論什麼能力所做不到的事，祈禱和信心能夠做到。我們所處的地位，終沒有兩次在各方面相同的。新的情形，新的困難，時時臨到我們；以前的經驗便不足為我們的響導。我們必須有那從上帝那裏來的繼續不斷的光線。

凡願意聽從耶穌聲音的人，耶穌會時刻傳信息給他們的。在客西馬尼園受苦之夜，那好睡的門徒沒有聆聽耶穌的聲音。他們能隱約地覺得當時的環境中有天使在，但終於失了這個景象的能力和光榮。因為昏迷貪睡，他們就沒有得到那足以強固他們靈性的證據，來幫助他們應付前面可怕的景象。現在也是這樣，那最需要神指示的人，卻因為未與上天相通，就得不到這種指示。

我們天天遭遇試探，所以不能不禱告。人生的路上，處處伏著危險；尤其是那些要從罪惡和災禍之中救別人的人，特別易受誘惑。在常與罪惡接觸之際，他們必須緊緊地拉住上帝，以免自己受

著腐化。從高尚聖潔的地步，走到低劣之處，是短促而確切的。在一刻之間，人就可以決定他永久的地位。一次沒有得勝，靈性就沒了保護；一件不良的習慣，若不嚴峻抗拒，就會長成鋼鎖鐵鏈，把整個的人困住。

許多人在誘惑之中孤身受敵，是因為他們沒有把上帝時時放在面前。何時我們讓那與上帝之間的交通隔斷，那麼防禦罪惡的戰線也就失去了。你們的一切好意善念都不足以使你們抵擋罪惡。你們須作禱告的男女。你們祈求的聲音，不可以微弱、偶然、時斷時續；卻要誠懇、堅決、有恆。做禱告不一定要每次跪下。你們獨處的時候，走路的時候，或日常工作忙碌的時候，都要養成與救主談話的習慣。你們心裏，要時時向上發靜默的呼求，求上帝扶助、光照你們，加添你們力量，給你們智慧。你們的每一口氣，都要成為祈禱的呼吸。

我們作上帝的工人，必須就地救人；人被黑暗包圍，在罪惡中沉溺，被污穢所染，我們要到他們那裏去，伸手把他們拉起。主上帝是我們的日頭與盾牌，只要我們的心向著祂不移，我們的衣裳就不致受四周的罪惡污染。唯有上帝是我們所倚靠，去救將亡之人，就不致遭羞辱。耶穌在我們心裏和行為上，這是我們的保障。有祂同在，我們心裏就會充滿痛恨一切惡事的空氣。我們的心靈，也能與祂完全同化，以便在思想上，在目的上，都可以與祂合而為一。

雅各從懦弱有罪的地位，成了與上帝角力的勇士，其道即在乎信和求。照樣，你們也可以成為人格高尚，志氣聖潔的男女，也可以成為忠誠、正直、公平的男女，不為任何事物所動。人人都有急

難、重擔、責任，然而處境愈困難，負的擔子愈重，你們需要耶穌也愈甚。

疏忽公共敬拜上帝的聚會，這是很重大的錯處。我們不該輕視聚會的權利。照料病人的人，往往不能享受這種權利，然而他們也當留心，不可以無故不到敬拜上帝的聖殿。做一切平常的事業，成功是在乎熱誠和犧牲的精神；為病人服務，尤其如此。身負責任的人，須當委身來受上帝的靈感動。你所處的地位，所負的責任，比別人重多少；你求聖靈幫助和認識上帝的心，也應該比別人急切多少。

我們工作上的需要，沒有比與上帝交往的那種確實的效果更大的。我們當日常的生活上顯出我們在救主之內有平康與安寧，祂的平安，存於心，就會形於色；連人的聲音，也會因之而有一種勸服的能力。與上帝相通，能使品格和行為都變為高尚。像從前耶穌的門徒一樣，人看見我們就會知道我們是與耶穌同在過的。這就能使上帝的工人有一種世上沒有別的事物能給的力量。這種能力祂不可自己放棄。

我們必須做與人神和好的人——一個有思想、有行為的人，一個靜默祈禱懇切工作的人。有了與上帝交往而得的力量，再加以積極的努力來養成一種謹慎有思想的胸懷，就能使人勝任人生的義務與責任，使人的心神在無論什麼困難的境地都有安寧。

神聖的謀士

在困難之中，許多人以為必須要到世上的朋友那裏去求安慰，

去把一切煩惱告訴他們，請他們幫助。當危難侵來之際，人的胸中便滿了疑懼，前途也顯得非常黑暗了。殊不知那位亙古永在的大謀士，卻是沒有一刻不在他們旁邊，請求他們把一切交託於祂。耶穌，挑負人類重擔的耶穌，在那裏說：「到我這裏來，我就使你們得安息。」飄零無定的人類，個個是與我們一樣靠上帝而生存的，我們不靠上帝，反去靠人嗎？

你們或要覺得自己的品格是何等薄弱，才能是何等微小，再看所要做的工作，又是何等偉大；然而你們縱有人間絕頂的智慧，也無以勝任前面的工作。我們的救主上帝說：「離了我，你們不能作什麼。」我們一切的工作，其結果全在上帝手中；所以無論有什麼事發生，我們終要堅心一志地信靠祂。

在事業、娛樂消遣、結識終身伴侶方面，以及你們交朋友的每一步，都要在謙恭誠懇的祈禱之中進行。這樣你們就能表示你們是尊敬上帝的，上帝也尊敬你們。在膽怯的時候，要禱告。你們若覺灰心喪氣，要把口對人緊緊地閉著，不要在他人的路上留下黑影，但要把一切告訴耶穌，舉起手來向祂求助。你們軟弱的時候要攀援神的無窮之力。當求上帝賜你們謙卑、智慧、勇氣；求祂增添你們的信心，使你們得在上帝的光中見光，在祂的愛中心曠神怡！

獻身與信靠

我們站在謙心悔罪的地位，上帝就能向我們彰顯自己的身手。我們根據以前的恩典和福惠為理由，求祂賜更大的福氣，這是祂所喜悅的。凡全心信靠祂的人，祂必實現他們的希望而有餘。主耶穌深知祂子民的需要；深知我們要為人類謀幸福，應需多少能力；祂

就盡我們所要用的，加恩降惠，使我們一方面利及別人，一方面提高自己的心靈。

我們須少倚仗自己的能力，多信靠上帝為我們並藉著我們所能成的事。你們所從事的，不是自己的事，乃是上帝的事。當聽祂的吩咐，由祂作主；不可自己留一點主張，不可與自己的私意作絲毫妥協。我們須明白什麼叫做在耶穌裏得自由。

單是每安息日聽講道，單是一遍一遍地讀《聖經》或一節一節地講解，若不把其中的真理在個人的生活上實行出來，那麼聽和講於聽的人和講的人都是毫無益處的。我們的悟性、意志、感情，都必須受上帝的道掌管；那麼上帝的道，就能因聖靈的作用而成為人生的原則。

你們既求主幫助，就當相信你們真能得到祂的幫助，藉此尊敬祂。一切權能和智慧都是我們的，我們只要求就是了。

你們當時刻行在上帝的光中，日夜思想祂的德性；如此你們就能見到祂的美善，歡頌祂的恩德。你們的心必因覺到祂的愛而發光輝。你們必被抬高，像有永久全能的手把你們托起一樣。靠著上帝所賜的智慧和能力，必能多明白，多成就，遠勝於你們以前以為可能的。

「你們要常在我裏面」

「你們要常在我裏面，我也常在你們裏面。枝子若不常在葡萄樹上，自己就不能結果子；你們若不常在我裏面，也是這樣。……常在我裏面的，我也常在他裏面，這人就多

結果子；因為離了我，你們就不能作什麼。……你們若常
在我裏面，我的話也常在你們裏面，凡你們所願意的，祈
求就給你們成就。你們多結果子，我父就因此得榮耀，你
們也就是我的門徒了。」（約15:4-8）

「我愛你們，正如父愛我一樣；你們要常在我的愛裏。」
（約15:9）

「不是你們揀選了我，是我揀選了你們，並且分派你們去
結果子，叫你們的果子常存；使你們奉我的名，無論向父
求什麼，祂就賜給你們。」（約15:16）

「看哪，我站在門外叩門；若有聽見我聲音就開門的，我
要進到他那裏去。我與他，他與我，一同坐席。」（啟
3:20）

「得勝的，我必將那隱藏的嗎哪賜給他，並賜他一塊白
石，石上寫著新名，除了那領受的以外，沒有人能認
識。」（啟2:17）

「得勝的……我要把晨星賜給他。」（啟2:26-28）「我又
要將我上帝的名，和我上帝城的名，並我的新名，都寫在
他上面。」（啟3:12）

「我只有一件事」

凡投靠在上帝名下的人，就能夠與保羅一同說：「我靠著那位
加添我力量的耶穌，凡事都能作。」以前的種種過犯與失敗，我們

靠著上帝的幫助，都能夠踏到腳下。我們可以同使徒保羅說：「我只有一件事，就是忘記背後努力面前的，向著標竿直跑，要得上帝在耶穌基督裏從上面召我來得的獎賞。」（腓3:13-14）

解開不生病的關鍵

《國家地理雜誌》揭開美國羅馬琳達長壽村的百歲祕訣！

專文推薦

胡子輝
香港港安醫院
副院長

克拉倫斯・伊恩 博士
美國加州威瑪健康與教育學院醫療主任
美國加州新起點醫療診所所長

蘇一仲
大金空調台灣總代理
和泰興業董事長

" 你最想知道的NEWSTART®生活疑問 **"**

醫療級NEWSTART®八大健康生活原則，能真正為您預防癌症、強化免疫力、反轉糖尿病、降低心血管疾病、改善骨質疏鬆、高血壓、關節炎、風濕痛，創造不生病、健康長壽的美好人生。

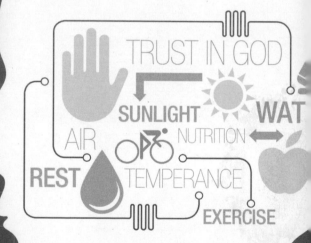

NEWSTART ® 八大新生

TRUST IN GOD
SUNLIGHT
WAT
AIR
NUTRITION
REST
TEMPERANCE
EXERCISE

時兆出版社

地址／台北市105松山區八德路二段410巷5弄1號2樓
電話／886-2-27521322分機24 傳真／886-2-2740-1448
網址／www.stpa.org 電子郵件／service@stpa.org

時兆免付費客服專線（限台灣地區）

0800-777-798

國家圖書館出版品預行編目(CIP)資料

論‧健康佈道 / 懷愛倫著；梅晉良譯. -- 初
版. -- 臺北市：時兆, 2018.4
    面；   公分
譯自：Ministry of Healing
ISBN 978-986-6314-78-0(平裝)

1.基督徒 2.靈修

244.93   107001844

論‧健康佈道：服務真詮新中文版（Ministry of Healing）

作者／懷愛倫（Ellen G. White）
譯者／梅晉良

董事長／金時英
發行人／周英弼
出版者／時兆出版社
服務專線／886-2-27726420
傳真／886-2-27401448
地址／台北市10556八德路二段410巷5弄1號2樓
網址／http://www.stpa.org/
電子信箱／stpa@ms22.hinet.net

主編／周麗娟
文字校對／林思慧、陳美如
封面設計／時兆設計中心、邵信成
美術編輯／時兆設計中心、邵信成
法律顧問／宏鑑法律事務所
電話／886-2-27150270

商業書店總經銷／聯合發行股份有限公司 電話 886-2-82422081
基督教書房／電話：0800-777-798
網路商店／http://store.pchome.com.tw/stpa

ISBN／978-986-6314-78-0
定價／新台幣NT$420元
出版日期／2018年4月 初版一刷